PETER TASE

DICTIONARY

(WITH THE MOST USED WORDS)

ENGLISH - GUARANI
GUARANI - ENGLISH

LULU.COM
http//www.lulu.com
UNITED STATES

The author represents and warrants that s/he either owns or has the legal right to publish all material in this book.

DICTIONARY

ENGLISH - GUARANI
GUARANI - ENGLISH

ISBN # 978-0557-27679-0

LULU.COM
http//www.lulu.com

PRINTED IN THE UNITED STATES OF AMERICA.

ENGLISH - GUARANI

a

aback \ə-'bak\	py'atarováva
bandon \ə-'ban-dən\	heja, jei, piã
bandonment \ə-ban-dənment\	jeheja, jueja
abashed \ə-'bash\	otĩ, picha
abate \ə-'bāt\	momichĩ
abbreviate \ə-'brē-vē-,āt\	mombyky
abbreviation \ə-brē-vē-āshən\	emombyky
abdomen \'ab-də-mən\	tyé, ojapi hyépe
abduct\ab-'dəkt\	ñemonda
abduction \ab-'dək-shən\	monda
aberration \,a-bə-'rä-shən\	javy
abet \ə-'bet\	ñatoĩ
abeyance \ə-'bā-ən(t)s\	ñeha'arõva'erã
abhor\əb-hòr\	royrõ, gueroyrõ
abide \ə-'bīd\	jejoko, su'u
ability \ə-'bi-lə-tē\	katupyrykue
abject\ab-jekt\	mboriahu
ablaze\ə-blāz\	tatarendy
able \'ā-bəl\	katupyry
abnegate \'ab-ni-,gāt\	ñemboyke
aboard\ə-bòrd\	pype
abode\ə-bōd\	tenda, oga
abolish \ə-'bä-lish\	pe'a, juka, mbojeí
abominable \ə-'bäm-nə-bəl\	py'avai
aboriginal \,a-bə-'rij-nəl\	ypykue
abort \ə-'bòrt\	membykua
abortion	membykuáva

\ə-'bòr-shən\	
abortive \ə-'bòr-tiv\	mopane, morangue
abound \ə-'baùnd\	mumu, reta
about\ə-baùt\	mba'guigua
above\ə-bəv\	hi'arigui
abrasion \ə-'brä-zhən\	ikatuvajaiporu
abrasive \ə-brä-siv\	hapy, hovere
abreast\ə-brest\	yképe
abridge\ə-'brij\	emombyky
abroad \ə-bròd\	rrivéño, pytagua,
abrupt \ə-brəpt\	mboypyriguára
abscond \ab-'skänd\	kañy, poí pýgui
absence \'ab-sən(t)s\	pore'ỹ
absent \ab-sənt\	pore' ỹva, oi'ỹva
absentee \,ab-sən-'tē\	homa
absolve \əb-'zälv\	oñyrõ, ñyrõ
absorb \əb-sòrb\	pyte, syryku
abstain\əb-stān\	jeheja, jeí, jejoko
abstraction \ab-'strak-shən\	jeipyte
absurd \əb-serd\	disparate
absurdity \əb-'sər-də-tē, \	disparate
abundance \ə-'bən-dən(t)s\	teta
abuse \ə-'byüs\	ñembuepoti
abusive \ə-byü-siv \	puruvai
abyss\ə-'bis,\	yvykua
accelerate \-lə-,rāt\	mbopya'e
acceleration \ik-se-lə-rä-shən\	mbopya'e
accelerator	mbopya'eha

5

	\ik-'se-lə-rā-tər\	
accent	\ak-sent\	muanduhe
accentuate	\ik-sen-shə-wāt,\	momuanduhe
accept	\ik-sept\	mbohasa
acceptable	\ik-'sep-tə-bəl,\	mboaje
acceptance	\ik-'sep-tən(t)s\,	mboajekupyty
access	\'ak-ses\	pa'ũ, hasaha,
accessible	\ik-'se-sə-bəl,\	guerekova
accessory	\ik-'se-sə-rē\	joapyha
accident	\'ak-sə-dənt,\	mba'evai
acclaim	\ə-'klām\	jerure
acclamation	\,a-klə-mā-shən\	ñembohovái
acclimate	\a-klə-māt\	pokuaa
accolade	\a-kə-lād\	mbojerovia
accommodate	\ə-'kä-mə-,dāt\	rekovaerã akame
accommodation	\əkä-mə-dāshən\	ñemoiporã
accompaniment		mo'ĩrũha
accompanist	\ə-'kəmp-nist,\	mo'ĩrũ
accompany	\ə-'kəmp-nē\	mo'ĩrũ, ñemoĩrũ
accomplice	\ə-'käm-pləs,\	kotyguára, irũ
accomplish	\ə-'käm-plish,\	hupyty
accomplished	\ə-'käm-plish,\	akãporã
accord	\ə-'kórd\	ñemoñe'ẽpeteĩ
according	\ə-kórd\	erehaicha
accost	\ə-'kóst,\	hyepype
account	\ə-'kaúnt\	japagavaerã-kuatiare
accountable	\ə-'kaún-tə-bəl\	katupyry
accountant	\ə-'kaún-tənt\	papahára
accredit	\ə-'kre-dət\	mbojeroviá
accumulate	\ə-'kyü-mə-,lāt\	mbyaty
accumulation	\ə-kyü-mə-lāshən\	ñembyaty
accuracy	\'a-kyə-rə-sē\	ñeikotevẽ
accurate	\a-kyə-rət\	ñeikotevẽva
accursed	\ə-kərst,\	ñaña
accuse	\ə-'kyüz\	mombe'u
accused	\ə-'kyüz\	mombe'u vaekue
accuser	\ə-'kyüz\	mombe'uhara
accustom	\ə-'kəs-təm\	pokuaa
ache	\'āk\	tasy
achieve	\ə-'chēv\	hupyty
achievement	\ə-'chēv-mənt\	yehupyty
acknowledge	\ik-'nä-lij, ak-\	povyvy, kuaa
acknowledgement	\ik-'nä-lij-mənt/	jehechakuaa
acquaint	\ə-'kwānt\	mombe'u
acquaintance	\ə-'kwān-tən(t)s\	kuaaha, jekuaáva
acquiescence	\-'e-sən(t)s\	nemoneĩ
acquire	\ə-'kwĩ\	jogua
acquisitive	\ə-'kwi-zə-tiv\	taryrýi, hakate'ỹ
acquit	\ə-'kwit\	jora, moñyrõ
acquittal	\ə-kwi-təl\	angaipa jejora
across	\ə-'krós\	yvyra rakã michĩ
act	\'akt\	tembiapo
acting	\'ak-tiŋ\	ko'ãgagua
action	\'ak-shən\	tembiapo
activate	\aktəvāt\	jejapo
active	\'ak-tiv\	kyre'ỹ, ha'eve

activism \\'ak-ti-,vi-zəm\\	jepaý
actual \\'ak-ch(ə-w)əl\\	añetegua, teéva
actually \\'ak-ch(ə-w)ə-lē\\	oikóva, oikovéva
actuary \\'ak-chə-,wer-ē,\\	japo
acuity \\ə-'kyü-ə-tē\\	tekoandu, tekokatupyry
acumen \\ə-'kyü-mən\\	jehecha puku, hakuáva, techa puku
acute \\ə-'kyüt\\	ouháicha ojejapóva
ad lib \\'ad-'lib\\	ikarapã'ỹva, ipyratãva
adamant \\'a-də-mənt, \\	mohenda, mbojuehe
adapt \\ə-'dapt\\	mbojoapy, mbojo'a
add \\'ad\\	
addition \\ə-'di-shən, a-\\	ñemboheta
adept \\ə-,dept\\	katupyry
adequacy \\'a-di-kwə-sē\\	katupota'eve ijeheguíva
adequate \\-kwət\\	iporama
adhere \\ad-'hir\\	joaju, ja, na
adjournment \\-mənt\\	ñepu'ã
adjudge \\ə-'jəj\\	mombe'u, mbojehu,
adjudicate \\ə-'jü-di-,kãt\\	tembimbota
adjust \\ə-'jest\\	mbojoja
adjustment \\ə-'jəs(t)-mənt\\	ñemyengovia
administer \\əd-'mi-nə-stər\\	moangapyhy
administrator \\əd-'mi-nə-,strã\\	ñangarekohára
admirable \\ad-m-rə-bəl\\	hechapyrã
admiration \\,ad-mə-'rã-hən\\	porãngareko

admire \\əd-'mī(-ə)r\\	momorã, momba'e
admit \\əd-'mit-\\	moneĩ
admittance \\əd-mi-tən(t)s \\	jeikeha
admonish \\ad-'mä-nish\\	momarandu, ñemoñe'ẽ
adobe \\ə-'dō-bē\\	mboheha
adolescent \\-sənt\\	mitãrusu anga, memby'anga
adorable \\ə-'dór-ə-bəl\\	tupaitũ
adore \\ə-'dór\\	hayhu rasa
adorn \\ə-'dórn\\	moporã
adornment \\-mənt\\	jegua
adrift \\ə-'drift\\	ñepyrũ
adult \\ə-'dəlt\\,	kaguaagua
adulterate \\ə-'dəl-tər-ər\\	moambue
adulterer \\ə-'dəl-tər-ər\\	hembirekópe
advantageous \\ad-van-'tã-jəs,\\	changui me'ẽha
adventure \\əd-'ven-chər\\	tembiasakue
adventurous \\əd-ven-ch(ə-)rəs\\	hova'atã
adverb \\'ad-,verb\\	ñe'ẽteja
advertise \\'ad-ver-,tīz\\	anduka, marandu
advertisement \\,ad-ver-'tīz-mənt\\	marandu
advertising \\'ad-ver-,tīz\\	momarandu
advise \\əd-'vīz\\	tekombo'e
adviser \\əd-'vīz\\	tekombo'eha
advocacy \\'ad-və-kə-sē\\	ñuvã, mo'ã, pytyvõ
aeroplano \\'ad-və-kə-sē\\	veveguarenda
affection \\ə-'fek-shən\\	kunu'u
affectionate \\ə-'fek-sh(ə-)nət\\	hekoayhúva

affidavit		
\ a-fə-ˈdā-vət\	mombe'upyre	
affiliate	kuatiaruka,	
\ə-fi-lē-ˌāt\	moñomoirũ	
affinity\ə-fi-nətē\	aguĩgua	
affirm		
\ə-ˈfərm\	mohatã, mboaje	
affirmation		
/a-fər-ˈmā-shən\	jejoko, jepytaso	
affix \ə-ˈfiks,\	jatyka, mombyta	
affliction	py'apy, jepy'apy,	
\ə-ˈflik-shən\	angata,	
	heta mba'e jára,	
affluent \-ənt\	riko iterei	
afford		
\ə-ˈfórd\	hupyty, pojái	
affront	hovake,	
\ə-ˈfrənt\	mbohovái	
afloat \ə-ˈflōt\	vevúi	
afraid	mondýi,	
\ə-ˈfrād\	mongyhyje	
afresh \ə-ˈfresh\	pyahu	
after \ˈaf-tər\	upe rire	
afterbirth	aupa, memby	
\ˈaf-tər-ˌbərth\	ryru	
afternoon	ka'aru, kuri,	
\ ˌaf-tər-ˈnün\	asajéma,	
aftershock	ta'anga,	
\-ˌshäk\	mbohovái	
aftertaste\-ˌtāst\	tembyre	
afterward		
\ˈaf-tə(r)-wərd\	upéi	
again \ə-ˈgen\,	ambue	
against\ə-genst\	rehe, hese	
age \ˈāj\	rekove ára	
aged \ˈā-jəd\	ñembotuja	
agent \ˈā-jənt\	ojapóva	
aggrandize		
\ə-ˈgran-ˌdīz \	mbotuicha	
aggravate		
\ˈa-grə-ˌvāt\	mohatã	
aggregate		
\ˈa-gri-gət\	aty, no'õngue	
agile \ˈa-jəl, \	pyryrỹi, rari	
agility		
\ə-ˈji-lə-tē\	pyryrỹi	
agitate\ˈa-jə-ˌtāt\	mbokacha	

agitation\aje-tãt\	pya`e	
	mba'e pe,	
agog \ə-ˈgäg\	aokytyha	
agonize		
\ˈa-gə-ˌnīz\	teko asy	
agony \ˈa-gə-nē\	ñembyasy	
agrarian		
\ə-ˈgrer-ē-ən\	kokuegua	
agreement		
\ə-ˈgrē-mənt\	ñemoñe'ẽpeteĩ	
	tenonde,	
ahead \ə-ˈhed\	renondépe	
ailment		
\ˈāl-mənt\	mba'asy	
aim \ˈām\	japikuaaha	
airplane		
\ ˈer-ˌplān\	guyratã	
aisle \ˈī(-ə)l\	hasaha`i, pa`ũ`i	
ajar \ə-ˈjär\	juruvy	
akin \ə-ˈkin\	mbojoja	
algae \ˈal-gə\	ygáu	
alibi \ˈa-lə-ˌbī\	sãmbyky	
alienate\a-lə-ˌbī\	moñemyrõ	
alight \ə-ˈlīt\	mbogueyĩ	
align \ə-ˈlīn\	mbohysýi	
alignment		
\ə-ˈlīn-mənt\	ñembohysýi	
alike \ə-ˈlīk\	joguaha	
alive \ə-ˈlīv\	oikovéva	
all \ˈól\	paité, oĩmbá	
allay		
\a-ˈlā, ə-\	mombytu'u	
allegation	kuaavuka,	
\ ˌa-li-ˈgā-shən\	mombe'u	
allege \ə-ˈlej\	mohatã	
allegiance		
\ə-ˈlē-jən(t)s\	tekojeroviaha	
alleviate	mombytu'u,	
\ə-ˈlē-vē-ˌāt\	mbovevui	
alley \ˈa-lē\	táva tape po'i	
allied \ə-ˈlīd\,	kotyhára	
alligator		
\ˈa-lə-ˌgā-tər\	jakare	
	heja, eheja	
allow \ə-ˈlaú\	tomba'apo	
allowable	moinge, heja,	
\ə-ˈlaú-ə-bəl\	moneĩ	

8

allude \ə-'lüd\	ñe'ẽreity
allure \ə-'lür\	mbotavy, py'areraha, rairõ
alluring \ə-'lür\	py'areraha
almighty \ȯl-mī-tē\	tupã
almond \'ä-mənd,\	mbokaja ra'ỹi
almost \'ȯl-ˌmōst\	haíme
alms \'ä(l)mz\	tupãmba'e
aloe vera \-ver-ə\	caraguatarẽ, ivĩraisĩ iró
alone \ə-'lōn\	ha'eño
alongside \-'sīd\	amogotyo
aloud \ə-'laúd\	ahy'o, ñe'e kekẽ
also \'ȯl(t)-(ˌ)sō \	avei, uvei
altar \'ȯl-tər\	ita karai
alter \'ȯl-tər\	moambue
altercation \ˌȯl-tər-'kä-shən\	ñorairõ
alternate \ȯl-tər-nət\	mopa'ũ
although \ȯl-'thō\	ramo jepe
altitude \al-tə-tüd \	yvatekue
altogether \ˌȯl-tə-'ge-thər\	a, mba, paite, mbaite
always \'ȯl-wēz, -wəz\	tapía, akoi/araja, arañavõ
amass \ə-'mas\	mbyaty, mbohovi
amaze \ə-'māz\	hechapyráva
amazement \ə-'māz-mənt\	ñemondýi
amazing \ə-'māz -iŋ\	mba'e guasuete
ambiance \'am-bē-ən(t)\	arapytu
amble \'am-bəl\	tavahu, guatareí/ojeiko ápe ha pépe
ambush \ambúsh\	ñuha/kotyruá
ameliorate \ə-'mēl-ye-ˌrāt,\	moparãvé
amend \ə-'mend\	myatyrõ
amenity \ə-'me-nə-tē, \	ñeime porã
amicable \'a-mi-kə-bəl\	porayhu
amid \ə-'mid\	mbyte, pyte/raje
amnesia \am-'nē-zhə\	tesarái rasy
amnesty \'am-nə-stē\	ñyrõ
among \-'məŋ(k)st\	apytépe, mbytépe
amorous \'a-mə-rəs, \	mokyre'ỹ, moakãrakú
amount \ə-'maúnt\	hetakue, teta, papapy
ample \'am-pəl\	heta porã, iporãma
amplitud \-ˌtüd,\	mbotuichave
amputate \'am-pyə-ˌtāt\	apĩ
amuse \ə-'myüz\	mbovy'a, mbohory
amusement \ə-'myüz-mənt\	tory, vy'a
amusing \ə-'myü-ziŋ\	hetia'e
an \ən, (ˌ)an\	peteĩ
anachronism \ə-na-krə-ni-zəm\	ymaguare, hi' arahasámava
anal \'ā-nəl\	tevi rehegua
analogous \ə-'na-lə-gəs\	joja
analysis \ə-na-lə-səs\	ñehesa'ỹijo
analyze \'a-nə-ˌlīz\	hesa' ỹijo
anarchy \a-nər-kē, \	teko mburuvicha'ỹ
ancestor \'an-ˌses-tər \	ypykue, tamoi, ruyma
ancestry \'an-ˌses-trē\	ñemoñangáva
anchor \'aŋ-kər\	yga ty'ãi
ancient \'ān(t)-shənt,\	yma guare
and \ən(d),\	ha, ha'e
anecdote \a-nik-dōt\	jehupyre, káso
anemia	tuguy'i, tuguy'ỹ

9

\ə-'nē-mē-ə\	
anemic	
\ə-'nē-mik\	huguy pokãva
anesthesia	
\ˌa-nəs-'thē-zhə\	ñandupe'a
anew \ə-'nü, \	jevy, jey
angel \'ān-jəl\	tupã rymba
	pochy, ñarõ,
anger \'aŋ-gər\	hovapoi
angina \an-jī-nə\	ahy'o rasy
angle \'aŋ-gəl\	takamby
	pindapoi,
angle \'aŋ-gəl\	pirakutu
angry \'aŋ-grē\	pochy, ñarõ
animal \a-nə-məl\	tymba
ankle	pyñuã,
\'aŋ-kəl\	pytasãngue
annals \'a-nəlz\	tevi rehegua
annex \ə-'neks, \	mbojuapy
annihilate	
\ə-'nī-ə-ˌlāt\	mbopaha
anniversary	tembi'ára,
\ˌa-nə-'vərs-rē, \	arajevy
announce	
\ə-'naún(t)s\	kuaauka
announcement	
\ə-'naún-smənt\	marandu
annoy \ə-'nói\	moñeko'õi
annoyance	ñembyaju,
\ə-'nói-ən(t)s\	angekói
annual \an-yəl, \	arajevyevy
anonymous	ijara'ỹva, apoha
\ə-'nä-nə-məs\	jekuaa'ỹva
answer	
\'an(t)-sər\	mbohovái
answering	
\'an(t)s-riŋ\	mbohovái
antagonism	
\an-ta-gə-ˌni-zəm\	ñembojhovái
antecedent	
\ˌan-tə-'sē-dənt\	tenondegua
anterior	tenondegua,
\an-'tir-ē-ər\	mboyvegua
anthem	purahéi,
\'an(t)-thəm\	momorahéi
anthology	
\an-'thä-lə-jē\	ñe'ẽvoty aty

anthrax	
\an-thraks\	yati'i
anticipate	
\an-'ti-sə-ˌpāt\	motenondé
antidote	põjhá
\'an-ti-ˌdõt\	ombojhovaiva
antipathy	
\an-'ti-pə-thē\	pï'aró
antique	yma guare, tuja,
\(ˌ)an-'tēk\	yma rehegua
antiquity	
\an-'ti-kwə-tē\	ymareko
antithesis	
\an-'ti-thə-səs\	ñembojhovái
antler \'ant-lər\	tatĩ, akãratĩ
antonym	
\'an-tə-ˌnim\	ñe'ẽjuehegua'ỹ
antsy	
\'ant-sē\	jahéi, mbopochy
anvil \'an-vəl\	mbotaha
anxiety	
\aŋ-'zī-ə-tē\	yepï'apî
anxious \aŋshəs\	oipotaitereí
	oimeraẽva,
any \'e-nē\	oimehaichagua
anybody	
\-ˌbä-dē, -bə-\	máva, ava
anymore	nderemba'apove
\ˌe-nē-'mór\	ima
anyone	
\'e-nē-(ˌ)wən\	mava
anyplace \-plās\	oimehapereí
anything \-ˌthiŋ\	enderombarei
anytime	
\'e-nē-ˌtīm\	oimeraẽva
anyway \-ˌwā\	oimeraẽ háicha
anywhere \-wer \	oimeraẽ hápe
apart \ə-'pärt\	ambue tendápe
apartment	
\ə-'pärt-mənt\	jepe'a
ape \'āp\	ha'ã, ha'anga
aperture	jepe'a, jepe'aha,
\'ap-ə(r)-\	pa'ũ
apex	apy, apýra,
\'ā-ˌpeks\	kytomi
apologize \-ˌjīz\	ñyrõ, moñyrõ
apostle \əpä-səl\	tupã remimbou

appall \ə-'pól\	kyhyje, pirîmba
apparel\ə-per-əl\	ao aty
apparent \ə-'per-ənt,\	hechapyre, hesakã
apparition \ˌa-pə-'ri-shən\	jechauka, ñapysẽ
appear\ə-'pir\	jekuaa, ñapysẽ
appearance \ə-'pir-ən(t)s\	tova, joguaha
appease\ə-'pēz\	mbopy'aguapy
append \ə-'pend\	yoajú, yoapĩ'pĩré
appendage \ə-'pen-dij\	tuguái, apy riregua
appendicitis \ə-pen-də-sī-təs\	tye apy ruru
appetite \'a-pə-ˌtīt\	juruhe, ñembyahyi, vare'a
applaud \ə-'plód\	jepopete guerohory
applause \ə-'plóz\	jepopete guerohory
applicable \'a-pli-kə-bəl \	moĩ, jopy
applicant \'a-pli-kənt\	pytuhẽ
apply \ə-'plī\	moĩ, jopy
appoint\ə-'póint\	mbohéra, héra
apportion \ə-'pór-shən\	mboja'o, me'ẽ peteĩteĩ
appraisal \ə-'prā-zəl\	tepy me'ẽha
appraise\ə-'prāz\	mbohepy
appreciate \ə-'prē-shē-ˌāt,\	mbohepy, momba'e, hayhu
apprehend \ˌa-pri-'hend\	pyhy
apprentice \ə-'pren-təs\	temimbo'e
apprise \ə-'prīz\	mombe'u, momarandu
approach \ə-'prōch\	ñemboja, ñemoaguĩ
approachable \ə-'prō-chə-bəl\	ikatúva ñañemongeta hendive

approbation \ˌa-prə-'bā-shən\	moneĩ
appropriation \ə-'prō-prē-ā-shən\	ñemomba'e
approve \ə-'prüv\	momorã
approximate \ə-'präk-sə-mət\	ñemboja, ñemoaguĩ
april \'ā-prəl\	jasyrundy
apropos \ˌa-prə-pō\	ñembopĩ' a'peteĩ
apt \'apt\	catupĩrĩ
aptitude \'ap-tə-ˌtüd, \	yapó cuaá, catupĩrĩ
aquatic\əkwätik\	yreheguá
arbiter \'är-bə-tər\	temimbota ivĩrayara
arbitrate \är-bə-ˌtrāt\	mohendá
arc \'ärk\	yvyra karapã
arch \'ärch\	karapã
archaism \'är-kē-ˌi-zəm, \	ñe'ẽ yma guare
archive \'är-ˌkīv\	ñongatuha
ardent \'är-dənt\	hendýva
ardor \'är-dər\	takuvo, jope
area	área
argentinian \ˌär-jən-'tē-nə\	kurepi
arise \ə-'rīz\	jehupi, ñemoĩ
arithmetic \ə-'rith-mə-ˌtik\	papapy
ark \'ärk\	karameguã
arm \'ärm\	jyva
armoire \ärm-'wär\	tembiporu renda
army \'är-mē\	tetã ñuvãha imbokáva
aroma\ə-'rō-mə\	tyakuã porã
arouse \ə-'raŭz\	mombáy
arrange \ə-'rānj\	myatyrõ
arrangement \ə-'rānj-mənt\	myatyrõ
array \ə-'rā\	jepejuha, pejuha
arrears \ə-'rir\	mbotapykue
arrival \ə-'rī-vəl\	guahẽ, ñeguahẽ

arrogance	\ˈer-ə-gən(t)s,\	ñembotuicha
arrow	\ˈer-(ˌ)ō,\	hu'y
arson	\ˈär-sən\	ái, jehapy
art	\ˈärt, ərt\	tembiapo porã apoha
artery	\är-tə-rē\	tajygue
articulate	\är-ˈti-kyə-lət\	sakã, hesakã
articulation	\är-ti-kyə-lā-shən\	ñúdo, joajuha
artist	\ˈär-tist\	tembiapo porã apoha
ascend	\ə-ˈsend\	jupi
ascent	\ə-sent\	pororupiha
ascertain	\ˌa-sər-ˈtān\	jetypeka, porandu
ascribe	\ə-ˈskrīb\	ja, mboja
ash	\ˈash\	tanimbu, kusugue
ashamed	\əshāmd\	motĩ, motindy
ashen	\ˈa-shən\	apatĩ, havẽ
aside	\ə-ˈsīd\	moingoe
asinine	\ˈa-sə-nīn\	výro, tavy
ask	\ˈask,\	ñeporandu
askance	\əskans\	'ê, maña
askew	\ə-ˈskyü\	yke'a
asleep	\ə-ˈslēp\	okéva, ñemonge
aspen	\ˈas-pən\	temblón
asphalt	\as-fôlt\	itaryku
aspire	\ə-spī(-ə)r\	pytuhẽ
ass	\ˈas\	mburika, chavurro
assailant	\ə-ˈsāl\	rairõ, ndyry
assassin	\ə-ˈsa-sən\	jukaha, jukahare
assassinate	\ə-ˈsa-sə-ˌnāt\	juka
assay	\ˈa-ˌsā,\	hecha, ma'ẽ
assemble	\ə-ˈsem-bəl\	mbyaty, mbuaty
assembly	\ə-ˈsem-bəl\	amandaje
assent	\ə-ˈsent,\	ñemoneĩ
assert	\ə-ˈsərt-\	moañete

assess	\ə-ses-\	me'ẽ tepyrã
assessment	\ə-ˈses-mənt,\	mbohepy
asset	\ˈa-ˌset\	changui
assiduous	\ə-ˈsij-wəs\	meme, py'ỹi
assist	\ə-ˈsist\	pytyvõ
assistance	\ə-ˈsis-tən(t)s\	ñepytyvõ
assonance	\ˈa-sə-nən(t)s\	pujoja
assorted	\-ˈsór-təd\	napeteĩchai
assortment	\-ˈsórt-mənt\	ñemohenda
assume	\ə-ˈsüm\	mombarete, mohatã
assumption	\ə-ˈsəm(p)-shən\	ñeimo'ã
assurance	\ə-ˈshúr-ən(t)s\	ñe'ẽñeme'ẽ
assure		mombarete
assuredly	\ə-ˈshúr-əd-lē\	añetehápe
asterisk	\ˈas-tə-ˌrisk\	mbyja'i
asthmatic	\az-mə\	pytiã chiã
astraddle	\ə-ˈstra-dəl\	ovakambývo
astray	\ə-ˈstrā\	mokañy
at	\ət, ˈat\	pahague
atheism	\ˈā-thē-ˌi-zəm\	tupãre ndojeroviáiva,
atmospheric	\ˌat-mə-ˈsfir-ik, \	ára pytu
atractive		juky ka'avo
attach	\ə-ˈtach\	mbojoaju
attaché	\ə-ˈtach\	mbojoapypyre
attachment	\ə-ˈtach-mənt\	joaju
attack	\ə-ˈtak\	ñembojapaite
attain	\ə-ˈtān\	hupyty
attendant	\ə-ˈten-dənt\	terekua
attention	\ə-ˈten(t)-shən\	japysaka
attentive		py'

\ə-'ten-tiv\	arechaukaha
attenuate	
\ə-'ten-yə-wət, \	momichĩ
attest	mombe'u,
\ə-'test\	moañete
attic\'a-tik\	py'amano
attire\ə-'tī(-ə)r\	jeguaka
attorney\ə-tər-nē\	pysyrõha
	porogueru,
attract \ə-'trakt\	mbou
attribute	
\'a-trə-,byüt\	teko
attrition\ətrishən\	pague
audacious	
\ó-'dā-shəs\	py'aguasu
audience	
\ó-dē-əns\	herakuã
audition\ódishən\	tendu
auditor\ó-də-tər\	ohenduva
auditorium	
\,ó-də-'tór-ē-əm\	tenduha
augment	
\óg-'ment\	mbotuichave
august\ó-'gəst\	jasypoapy
aunt \'ənt\	kypy'y
aura \'ór-ə\	yvytu pytu
aurora\ə-'rór-ə\	ko'ẽtĩ
auspices\ós-pəs\	pytyvõ
authentic	
\ə-'then-tik,\	añetegua
author \'ó-thər\	apoha
authority	
\ə-'thär-ə-tē,\	tendoha
autopsy\ó-täp-sē\	te'õngue ñekytĩ
	ro'y ñepyrũ,
autumn \'ó-təm\	toguekúi
auwful	ochy, mondyiha
auxiliary	
\óg-'zil-yə-rē,\	oipytyvõva

avail \ə-'vāl\	pytyvõ
available	
\ə-'vā-lə-bəl\	moĩ, myatyrõ
avarice\a-və-rəs\	takate'ỹ
avaricious	
\,a-və-'ri-shəs\	hakate'ỹ
avenge \ə-'venj\	jehepy
avenue\a-və-nü\	tape guasu
aver \ə-'vər\	moañete
average\a-vrij\	mbytegua
avert \ə-'vərt\	mombia, mbová
	joko,
avoid	ñembombia
avow \ə-'vaü\	mombe'u, moneĩ
avowal \-'vaül\	ñemombe'u
await \ə-'wāt\	ha'arõ
	opáyva,
awake\ə-'wāk\	ndokéiva
awaken	
\ə-'wā-kən\	mombáy
award	
\ə-'wā-kən\	jopói
away \ə-'wā\	mombyry
awe \'ó\	ñemondýi
awhile	
\ə-'hwī(-ə)l,\	sapy'a
awkward	
\'ó-kwərd\	pituva, plíki
awl \'ól\	lechusa kutuha
awning \'ó-niŋ, \	mo'ãha
awry \ə-'rī\	moĩmbyre
axe \'aks\	hácha
axis \'ak-səs\	mbytegua
azure \'a-zhər\	hovyngy

13

b

beginning	
\\bi-'gi-niŋ,\\	ypy, ñepyrũ
babble\\'ba-bəl\\	ñe'êtavy
baby \\'bā-bē\\	kunumi
bachelor	
\\'bach-lər \\	ha'eño
back \\'bak\\	atukupe
back \\'bak\\	atukupe
	kaguai,
backbite \\-ˌbīt\\	moherakuãvai
backfire \\ˌfī(-ə)r\\	mbokavícho
background	
\\'bak-ˌ(g)raúnd\\	tugua
backhand	
\\'bak-ˌhand\\	po'a'ỹ
backing \\ba-kiŋ\\	jokoha
backlash	
\\'bak-ˌlash\\	mbohovái
backseat\\-'sêt\\	trasero
backspace	
\\-ˌspās\\	jeguevi
backtrack	
\\'bak-ˌtrak\\	jevy, guevi
backup \\-ˌəp\\	autukupe jokoha
backwardness	
\\'bak-wərd\\	tapykuépe
backyard	
\\-'yärd\\	trasero korapy
bacon	kure pire
\\'bā-kən \\	kyrakue
bad \\'bad\\	ñaña, , moñái
badge \\'baj\\	herakuã porãva
	mbojavy,
baffle \\'ba-fəl\\	mbojehe'a
bag \\'bag\\	mba'yru ao
baggage\\'ba-gij\\	mbosako'i
baggy \\'ba-gē\\	kangy, kaigue
bail \\'bāl\\	jerovia repy
baker \\'bā-kər\\	mbujape apoha
baking \\'bāk-\\	maha'ê apoha
balance	ha'ãha

\\'ba-lən(t)s\\	
balcony\\bal-conī\\	oga juru
bald \\'bóld\\	akãperõ
	apakua,
bale \\'bāl\\	apakuapy
balk \\'bók \\	moĩ renondépe
ball \\'ból\\	mboka ra'ỹi
ballast	
\\'ba-ləst\\	yga mbopohyiha
balloon \\bə-'lün\\	mba'e apu'a
	jeporavo
ballot \\'ba-lət\\	mburuvicharã
	takuára,
bamboo\\bam-bü\\	takuavusu
ban \\'ban\\	ñembotove
banana	pakova, pakova
\\bə-'na-nə\\	kuã
bandit\\'ban-dət\\	moñái
bang \\'baŋ\\	japete
	mosê, ity
banish \\'ba-nish\\	hetãgui
banjo 'ban-(ˌ)jō\\	jahuha
bank \\'baŋk\\	apyka, guapyha
banknote	
\\'baŋk-ˌnōt\\	pirapire, viru
	aoveve, aty
banner \\be-ner\\	rechaukaha
banquet	
\\'ban-kwət\\	karu guasu
baptism	
\\'bap-ˌti-zəm\\	ñemongarai
baptize \\bap-tīz\\	mongarai
barbarian	
\\bär-'ber-ē-ən\\	sagua'a
barber	tague apĩha,
\\'bär-bər\\	tague kytĩha
bare \\'ber\\	apívo, ao'ỹ
	haimete, ténge,
barely \\'ber-\\	mante hasýpe
bargain	ñemu, mongeta,
\\'bär-gən\\	jereko

14

barium \\'ber-ē-əm\\	tavapy		**\\'byü-tə-, fĭ**	ñemoporã
bark \\'bärk\\	ñarõ, jagua ñe'ẽ		**beauty** \\byü-tē\\	porãngue
barn \\'bärn\\	tymba rupa		**because**\\bi-'kóz\\	rehe, gui, háre
barrier\\ber-ē-ər,\\	jokoha		**beckon**\\'be-kən\\	por señas
base \\'bās\\	topyta		**bed** \\'bed\\	tupa
baseless \\'bās-\\	ỹre tapo, ypy		**bedeck** \\bi-dek-\\	moporã
basement \\'bās-mənt\\	koty yvyguy		**bedew**\\bi-'dü, -\\	mohe'õ
bash \\bash\\	pete, mbota, nupã		**bee** \\'bē\\	eiru, jate'i
			beef \\'bēf\\	vaka ro'o
bashfulness \\'bash-fəl\\	ñemotĩ		**beer** \\'bir\\	kaguy
basin\\'bā-sən\\	ña'ẽ guasu			lembu, yvyra kyĩha
basis \\'bā-səs\\	tapo, ypy, yta		**beetle** \\bē-təl\\	
bask \\'bask\\	mbokuarahy		**before** \\bi-'fór, bē-\\	mboyve, yma, raẽ,
basket \\'bas-kit,\\	ajaka			
bastard \\'bas-tərd\\	ñemoña rekope'ỹ		**beget** \\bi-'get\\	moñemoña
			begin \\bi-'gin-\\	ñepyrũ, mboypy
baste \\'bāst\\	mbovyvy sambo		**beginner** \\bi-'gi-nər, \\	pyahu, oñepyrũva
bath\\'bäth\\	jahuha, koty jahuha		**behave**\\bi-'hāv\\	raha
batter \\'ba-tər\\	pete, japete, nupã, jatyka		**behavior** \\bi-'hā-vyər\\	arriéro pórte
battle \\'ba-təl\\	ñorairõ		**behead** \\bi-'hād\\	akã'o, ñakã'o
bayonet \\'bā-ə-net\\	kyse puku		**behold** \\bi-'hōld, bē-\\	ma'ẽ, maña, sareko
beach \\'bēch\\	tembe'y		**being** \\'bē-(i)ŋ\\	tekove, teko
beacon\\'bē-kən\\	tendy yvate		**belated** \\bi-lā-təd,\\	yga ñembojaha
bead \\'bēd\\	mombe'u		**belch** \\'belch\\	urẽ, gue'ẽ
beak \\'bēk\\	guyra tĩ		**belfry** \\'bel-frē\\	itapu renda
beam \\'bēm\\	aratiri, aravera		**belief** \\be-'lēf\\	jerovia, jegueroviapy
bean \\'bēn\\	kumanda, habichuela		**believe** \\be-'lēv\\	rovia, jerovia, imo'ã
bearable \\'ber-ə-bəl\\	ñembohasakuaá va		**believer**\\be-'lēv\\	ogueroviáva
beard \\'bird\\	tendyva		**belittle** \\bi-'li-təl\\	royrõ, reko mba'eve, ramo
bearer\\'ber-ər\\	reruha, rahaha			itapu, guyra pong
beast \\'bēst\\	mymba		**bell** \\'bel\\	
beat \\'bēt\\	mbovu, pyvu		**bellicose** \\'be-li-, kōs\\	oñorairõséva
beaten \\'bē-tən\\	pyvuha		**bellow** \\'be-(.)lō\\	mburea, kororõ
beating \\'bē-tiŋ\\	ñenupã		**belly** \\'be-lē\\	tye
beau \\'bō\\	potaha, oipotáva		**belong** \\bi-'lóŋ,\\	jarareko
beautiful \\'byü-ti-fəl\\	porã		**beloved**\\bi-'lóŋ\\	hayhupyre
beautify	moporã,		**below** bi-'lō\\	yvýpe, guýpe
			belt \\'belt\\	ku'asã,

	ku'akuaha, chumbe
	mbyasy, rombyasy
bemoan\bi-'mōn\	
bench\'bench\	viru róga
	jo'a, mbojo'a,
bend\'bend\	pepy, mokarẽ
beneath\bi-nēth\	hýpy
benediction	
\be-nə-dik-shən\	tovasa, jovasa
benevolence	
\bə-'nev-lən(t)s,	py'a porã
benevolent\Vənt\	py'a porã
	py'a marangatu,
benign\bi-'nīn\	heko pochy'ỹva
bent \'bent\	jero'a, teko vã
	ja'o, korói,
	ravira,
berate\bi-'rāt,-\	mbokavaju
beret\bə-'rā\	akã ao
berry \'ber-ē, \	morotĩsa'yju
	tupa jo'a, tupa
berth\'bərth\	rerupy
	jerure, jerure
beseech\bisēch\	asy
beset \bi-'set,\	moñeno
beside \bi-'sīd,-\	yke, terekua
best \'best\	porãve
bet \'bet\	ha'ã, jepara
betray \bi-'trā,\	py'ajoyvy
betrayal \bi-trā-\	poguyrõ
better \'be-tər\	porãve
between\bi-twēn\	apytépe, pa'ũme
beverage\bev-rij\	ygua, jey'urã
	ñangareko,
beware \bi-wer\	ñongatu
bewilder	
\bi-'wil-dər,-\	heja, mboyke
bewilderment	
\-dər-mənt\	oñemondýiva
bewitch\bi-wich\	pohano
beyond\bē-'änd\	mive
bias \'bī-əs\	jepoyhu rei
	tupã ñe'ẽngue
bible \'bī-bəl\	ryru
bibliography	arandukapurupy
\bi-blē-'ä-grə-fē\	re

bicker \bi-kər\	juavy, ñorairõ
bid \'bid\	hekopegua
bidding \'bid-\	ñeha'ã
bifurcate	
\'bī-(,)fər-,kāt, \	ñemoakamby
big \'big\	tuicha, guasu
bigot \'bi-gət\	noma'ẽiva
bile \'bī(-ə)/\	mba'ero
bilingual	
\(,)bī-'liŋ-gwəl\	ñe'ẽkõi
bilious \'bil-yəs\	mba'ero
bin	mba'yru, kahõ
	mbojoaju,
bind \'bīnd\	mbojuaju
binding\'bīn-diŋ\	mboape kuatia
binoculars	
\bə-'nä-kyə-lər \	kõi
bird \'bərd\	guyra, guyra pu
birth	teñói, ñesẽ
bishop	pa'i ruvicha,
\'bi-shəp\	avare guasu
bit \'bit\	kuruvi
bitch \'bich\	jagua kuña
bite	su'u
bitter \'bi-tər\	ro
bizarre \bə-'zär\	hechaga'u
black \'blak\	hũ
	ryru, tyryru
	ñande ryépe
bladder \bla-dər\	oĩva
	togue, rogue,
blade \'blād\	hogue
blame \'blām\	ja, mboja
	potĩ, joheipyre,
blameless \blām\	marã'ỹ
blanch \blanch\	sake, je'o
bland \'bland\	ja'o, ñe'ẽ api
blank \'blaŋk\	morotĩ
blanket\blaŋkət\	ahoja
blaspheme	ñemotie'ỹ
\blas-'fēm, \	tupãme
blast \'blast\	ñembohasa voi
blatant\blātənt\	tova'atã
blaze \'blā-tənt\	tata rendy
bleak \'blēk\	tave'ỹ, yvy nandi
bleary \'blir-ē\	arai, araíva

16

	ruguy,
bleed \'*blēd*\	mbohuguy
blemish	
\'*ble-mish*\	tacha marã, ky'a
	mbojopara,
blend \'*blend*\	mbojehe'a
blender*blen-dər*\	mboyku
	hovasa,
bless \'*bles*\	mbohovasa
blessing \'*bles-*\	tovasa, jovasa
blight \'*blīt*\	kaigue
blind \'*blīnd*\	hesa'ỹ, hesatũ
blinder*blīn-dər*\	tesairũ
blink \'*bliŋk*\	resapirĩ, resavi
blister \'*bliŋk*\	mbiru'a, apiru'a
blitz \'*blits*\	relámpago
	moapeno,
bloat \'*blōt*\	mbovu, mboruru
	mongora,
block \'*bläk*\	mbojoko
blond \'*bländ*\	ava sa'yju
blood \'*bled*\	tuguy
bloody\'*ble-dē*\	huguy, huguýva
bloom \'*blüm*\	ipotýva
blooming	ho porãva,
\'*blü-mən, -miŋ*\	okakuaa porãva
blooper*blü-pər*\	apu'a hepyete
blouse \'*blaüs*\	typói
blow \'*blō*\	mboyvytu
	ñembyasy,
blue \'*blü*\	hovasy
bluish\'*blü-ish*\	hovyngy
blunder	
\'*blən-dər*\	ñe'ẽrei, mba'erei
blunt \'*blent*\	tĩmbe, hainga
	motĩ,
blush \'*blesh*\	mbohovapytã
bluster	peju, mboyvytu,
bles-tər\	mombe'u
	ñe'ẽngatu,
blustering	juruguasu,
\'*bles-tər-*\	ojejapóva
	kure ka'aguy,
boar \'*bór*\	tañykatĩ,
	yvyra pe,
	techaukaha
board \'*bórd*\	rysýi

boarder*bór-dər*\	mbohupa
boastful	jejapo, jerovu
boastfulness	ñemomba'e
\'*bōst-*\	guasu
	embarcación
	yga, yga'i,
boat \'*bōt*\	kachivéo,
	guata ygápe y
boating \'*bōt-*\	rupi
bobbin\'*bä-bən*\	yvyrajere
	tete, hete joja,
body \'*bä-dē*\	hete ñembo'y
	karugua, tuju,
bog \'*bäg,* \	tujukua, ypa
bogeyman	mbokaja,
\'*bú-gē-, man*\	mbokaja'a
bogus \'*bō-gəs*\	tovamokõi, japu
	pupu, jy,
	mbopupu,
boil \'*bói(-*\	momimói
boisterous	
\'*bói-st(ə-)rəs*\	ayvu
bold \'*bōld*\	hova'atã
boldness *bōld-*\	hova'atã
bolster	reforzar
\'*bōl-stər*\	myatãve
bomb \'*bäm*\	tembipu
bona fide	
\'*bō-nə-, fīd,*\	añetegua
bonbon*bän-bän*\	mahe'ẽ'i
	cadenas itasã,
bond \'*bänd*\	karéna
bondage	
\'*bän-dij*\	pytyvõhára
bone \'*bōn*\	kangue, kã
bonus \'*bō-nəs*\	hepyme'ẽ
boo-boo	aichejáranga,
\'*bü-(,)bü*\	ñehunga, jekutu
booby	tavy, výro,
\'*bü-bē*\	tavyrai
book \'*bük*\	aranduka, kuatia
bookish	
\'*bü-kish*\	oikuaaséva
boom \'*büm*\	hyapu
boon \'*bün*\	tovasa, jovasa
boor \'*búr*\	tie'ỹ, tavy
boorish*búr-ish*\	kachiãi

boost \\'būst\\	myaña, muaña
booster\\bū-stər\\	moingove
boot \\'būt\\	sapatu puku
booze \\'būz\\	pichoro
border	rembe'y, tetã
\\'bór-dər\\	rembe'y
bore\\'bór\\	kua, kuára
bored\\'bór\\	kaigue, mongueráiva
boring \\'bór-iŋ\\	kaigue
born\\'bórn\\	susu'a, jati'i
borrow \\'bär-ō \\	poru
borrower\\bär-ō,\\	poruka
bosom\\bū-zəm\\	pyti'a, ñe'ã
boss \\'bäs\\	mayoral uru, tendota
bossy \\'bä-sē\\	oporojo-kuaiséva
both\\'bōth\\	mokõive
bother \\'bä-thər\\	mbyaju, mboaju, myangekói
bothersome \\'bä-thər-səm\\	mbyajúva
bottle\\'bä-təl\\	liméta, kaguaka
bottom \\bä-təm\\	tugua, kupe, tevi
bottomless\\-ləs\\	huguare
bough\\'baú\\	takã, yvyra rakã
bouillon \\'bü(l)-,yän, \\	jukysy
boulder\\bōl-dər\\	ita guasu
bound\\'baúnd\\	kutipo, ytororõ
boundary \\'baún-d(ə-)rē\\	apýra, paha, apy
boundless \\'baún(d)-ləs\\	apyve'ỹ, apyra'ỹ
bountiful \\'baún-ti-fəl\\	heta, heta porã
bounty\\baún-tē\\	teta
bouquet\\bō-kã,\\	yvoty apesã
bow \\'baú\\	jerojy, ñesũ, ñakãity
bowel \\'baú(-ə)l\\	tye, tyekue
bower \\'baúr\\	yvyra rogue, kuarahy'ã, chamame
bowl \\'bōl\\	ña'ẽ

bowling \\'bō-liŋ\\	volicho
box\\'bäks\\	ryru, mba'yru
boy\\'bói\\	mitã, mitãkuimba'e
boyhood\\'bói-\\	mitã kuéra, mitã reko
boyish\\'bói\\	mitãkuimba'e, mitãrusu
brace \\'brās\\	oñemyatãva
bracelet \\'brās-lət\\	pyapy jegua, pyapy kuja
bracket\\'bra-kət\\	jokoha
brag \\'brag\\	jerovu, jejapo, ñemomba'eguasu
braggart \\'bra-gərt\\	ñe'ẽngatu, juruguasu, ojejapóva
braid \\'brād\\	ñope, korõ
brain \\'brān\\	apytu'ũ
brainy \\'brā-nē\\	arandu, iñakã porãva
brake\\'brāk\\	jokoha, jurukaha, jurujokoha
bramble \\'bram-bəl\\	ñuatĩ, jukeri, sarã
bran\\'bran\\	pysyrõmbyre, rorakue
branch \\'branch\\	takã, yvyra rakã
brand\\'brand\\	pore, techaukaha, pere, mbore
brandish \\'bran-dish\\	esgrimir mbovava
brass \\'bras\\	ña'ẽ
brat\\'brat\\	tĩsyrýva
brave\\'brāv\\	py'aguasu, ha'eve
bravery \\'brāv-rē\\	py'apy
brawl\\'bról\\	ñorairõ
bray\\'brā\\	vúrro rasẽ
brazen \\'brā-zən\\	hova'atã
brazier \\'brā-zhər\\	tatapỹi rendy ryru

18

breach\\'brēch\\	pa'ũ
	mbujape, týra, mbeju, chipa
bread \\'bred\\	
breadth \\bretth\\	pykatu, pykue
break\\'brāk\\	mbovu, pyvu
breakable \\'brā-kə-bəl\\	soro, ñemopẽ
breaker \\'brā-kər\\	joka, mondoro, mondyry
breakfast \\'brek-fəst\\	rambosa, rambosaguã
breast\\'brest\\	pyti'a, káma, titi, ao rye, pa'ũ
breath\\'breth\\	pytu, pytuhẽ
breathe \\'brēth\\	ambu, pytuhẽ, pytu
breathing \\brē-thiŋ\\	pytu
breathless \\'breth-ləs\\	pytu
breed\\'brēd\\	mongakuaa, moñemoña
breeding\\'brēd-\\	ñemoñare
breeze\\'brēz\\	yvytu po'i, yvytu kangy
breezy \\'brē-zē\\	pyteha
brevity \\'bre-və-tē\\	mbyky
brew \\'brü\\	japo, mboaje, mbo
briar \\'brī(-ə)r\\	ñuatĩ, jukeri, sarã
bribe \\'brīb\\	mbopopegua ñemi
bribery \\'brī-b(ə-)rē\\	mbopopegua ñemi
brick \\'brik\\	yvy jygue, ita yvy
bridal \\'brī-dəl\\	menda
bride \\'brīd\\	kichiha
bridge\\'brij\\	hasaha, yvyvorasa, yvyvorasaha
bridle \\'brī-dəl\\	jokoha, jurujokoha
brief \\'brēf\\	mbyky

bright \\'brīt\\	vera, mimbi
brighten \\'brī-tən\\	hesape, myesakã
brightness \\'brī-tən-\\	tesakã
brilliance \\'bril-yən(t)s\\	rataindy
brilliant \\'bril-yənt\\	vera, mimbi
brim\\'brim\\	tembe, tembe'y
brine \\'brīn\\	jukyry
bring \\'briŋ\\	ru, gueru, mbou
brink \\'briŋk\\	tembe, tembe'y
brisk \\'brisk\\	pya'e, kyre'ỹ, hagẽ
bristle \\'bri-səl\\	tague, kavaju áva
bristly \\'bri-səl\\	mopirĩ
brittle \\'bri-təl\\	soro, ñemopẽ, jekakue
brittleness \\'bri-təl-\\	jekarei
broach \\'brōch\\	a colación
broad \\'brōch\\	py, pyrusu
broil \\'bróil\\	moka'ẽ, mbichy
broiler \\'brói-lər\\	mbohesyha
broken\\brō-kən\\	pẽngue
broker\\brō-kər\\	ojapóva, tahachi
bronchitis \\brän-'kī-təs\\	pyti'a chiã
bronco\\bräŋ-kō\\	kavaju
brook \\'brük\\	ysyry michĩ
broom \\'brüm\\	typycha
broth \\'bróth\\	jukysy
brother\\brə-thər\\	tyke'ýra, ryke'y
brotherly \\'brə-thər-lē\\	ñopehẽngue
brotherwood	joyke'y
brown\\'braùn\\	pire hũ, kamba momýi, kuatia, kuatiamomýi
browse \\'braùz\\	
browser \\'braù-zər\\	ygapóra, oikóva y rupi
bruise\\'brüz\\	tuguyno'õ, pireũ
brunt \\'brənt\\	japi, jejapi
brush \\'brəsh\\	joheiha, tãi

19

	joheiha
brutality \brü-'ta-lə-tē\	tajasu reko
bubble \'bə-bəl\	tyjúi, kamambu
bucket \'bə-kət\	balde ryru, y ryru
bud \'bəd\	votõ
buddy \'bə-dē\	irũ, javeve
budge \'bəj\	mongu'e, momýi
buffoon \(,)bə-'fün\	toryja, toryjára, jojaiha
bug \'bəg\	tymba'i, kui'ĩ
build \'bild\	jogapo, mopu'ã
building \'bil-diŋ\	oga tuicha
bulb \'bəlb\	yvy'a
bulge \'bəlj\	jokuapy, apakuapy
bulgy \'bəlj\	mbotuicha
bulk \'bəlk\	hetakue, papapy
bulky \'bəl-kē\	tuicha
bull \'búl,\	vaka ména, vakame
bullet \'bú-lət	mboka ra'ỹi
bumblebee \'bəm-bəl-,bē\	mamanga
bump \'bəmp\	mbota, topeta
bumpy \bəm-pē\	yvykua, yno'õngue
bunch \'bənch\	apesã, háse
bundle \bən-dəl\	apytĩmby, jokuapy
bungle \bəŋ-gəl\	mbyai, momeguã
bunk \'bəŋk\	tupa jo'a
bunny \'bə-nē\	tapiti, akuti
buoy \'bü-ē\	vevúi
bur \'bər\	ñuatĩ
burden \'bər-dən\	jokuapy, mba'e pohýi
bureau \'byür-(,)ō,\ '	mba'apoha kuatia renda
burglar \'bər-glər\	mondaha, pomboja, sope
burial \bər-ē-əl\	ñeñotỹ, te'õngue ñeñotỹ
burly \'bər-lē\	hete guaséva

	kamba, kái, kaigue
burn \'bərn\	kaigue
burner \'bər-nər\	tata guasu
burning \bər-niŋ\	hendýva
burp \'bərp\	urẽ, gue'ẽ
burrow \'bər-õ\	taity, mymba kuára
burst \'bərst\	kapu, mbopu, mombu
bus \'bəs\	mba'yrumýi
bush \'bùsh\	yvyra rakã'i
bushy \'bù-shē\	hypy'ũ
business \'biz-nəs,\	ñemuha, ñemu
business like \'biz-nəs-,līk, \	guápo, katupyry
bustle \'bə-səl\	ayvu
busy \'bi-zē\	omba'apóva
but \'bət\	vatu, ha
butcher \búchər\	so'o'úva
butchery \'búch-rē, \	so'o ñemuha
butler \'bət-lər\	imba'e ỹva
butt \'bət\	tevi, tevikua
butter \'bə-tər\	kamby kyrakue, kamby kyratã
butterfly \-,flī\	panambi
button \'bə-tən\	votõ
buttress \'bə-trəs\	mbojeko, pytyvõ
buxom \bəksəm\	guyra pyti'a ro'o
buy \'bī\	mba'ejogua
buyer \'bī\	joguaha
buzzer \bə-zər\	chicharra itapu'i
by \bī,\	rehe, pe, me, rupi, pype
bypass \'bī-pas\	joao, ñemombia

C

	mba'yrumýi
cab \\'kab, \\	porupyrã virúre
cabbage	
\\'ka-bij\\	tajao
cabin \\'ka-bən\\	tapỹi, ráncho
cabinet	
\\kab-nit \\	tembiporu renda
cactus	
\\'kak-təs\\	túna
cadaver	
\\ke-'da-vər\\	te'õngue
	javy tuicha, japo
cake \\'kāk\\	vai
calculate	
\\'kal-kyə-ˌlāt\\	papa, karkula
calendar	
\\'ka-lən-dər\\	arapapaha
calf \\'kaf,\\ '	vakara'y
	tenói, ñehenói,
call \\'kól\\	amandaje
calling \\'kó-liŋ\\	katupyry, tenói
callous	
\\'ka-ləs\\	kyat, akytã
calm \\'käm \\	py'aguapy, kirirĩ
calmness	
\\käm-\\	py'aguapy
camera	
\\'kam-rə, \\	ta'anga ñohẽha
	mokára,
	tembiapo
campaign	mbojapo haguã
\\(ˌ)kam-'pān\\	peteĩ
can \\kən,\\	itape
canal \\ke-'nal\\	y mbosyryha
canary	
\\ke-'ner-ē\\	guyraju, tyeju
cancer	
\\kan-sər\\	akytã vai
candelabrum	
\\-brəm\\	tataindy renda
candid	ñe'ẽ resakãva,
\\'kan-dəd\\	ñe'ẽ karẽ'ỹva

candle	
\\kan-dəl\\	tataindy
candor	py'a pe'a, ñe'ẽ
\\'kan-dər\\	karẽ'ỹ
candy	
\\'kan-dē\\	he'ẽ, mahe'ẽ
	takuára,
cane \\'kān\\	guaripóla
canine	
\\'kā-ˌnīn,	tãimbuku
canister	
\\'ka-nə-stər\\	itape, láta
canker	
\\'kaŋ-kər\\	ai, jai
cannery	apoha,
\\'ka-nə-rē\\	apohaguã
cannibal	
\\'ka-nə-bəl\\	ava ro'o uha
cannon	mboka, mboka
\\'ka-nən\\	guasu
canny \\'ka-nē\\	katupyry
canoe \\ke-'nü\\	yga, kachivéo
canopy	
\\kanəpē\\	mo'ãha, óga ao
cantaloupe	
\\'kan-tə-ˌlōp \\	merõ
canteen	
\\kantēn\\	volícho, kantína
canvas	
\\'kan-vəs\\	ao, poyvi
canvass	
\\kan-vəs\\	porandu heta
canyon	mboka, mboka
\\'kan-yən\\	guasu
cap \\'kap\\	ape, ahoja
capability	
\\ˌkā-pə-'bi-lə-tē\\	jaque, ojáva
capable	katupyry,
\\kā-pə-bəl\\	ha'eve, pu'aka
capacious	
\\ke-'pā-shəs\\	pyrusu
capacity	oikéva

21

\kə-'pa-sə-tē \	
cape \'kāp\	ape
capital \'ka-pə-təl,	pirapire heta, tavusu, táva guasu
capitalism \'ka-pə-tə-liz-əm\	táva tetã akã
caprice \kə-'prēs\	tembipota rei, ava reko
capricious \kə-'pri-shəs,\	aváva, avarekóva
capsize \'kap-,sīz, \	japaro, apajeréi, japajeréi
captain \'kap-tən \	tuvicha, mburuvicha
captivate \'kap-tə-,vāt\	jura, monambi, moĩ, poguýpe,
captive \'kap-tiv\	jurapyre
captivity \kap-'ti-və-tē\	ka'irãi
captor\'kap-tər\	pyhy
capture \kap-chər\	jagarra
caramel \'kär-məl\	mahe'ẽ'i
carbon \'kär-bən\	tatapỹi
carcass \'kär-kəs\	tete...
card \'kärd\	kuatia'atãi'i
cardinal \'kärd-nəl,\ '	rojo, cardenal papýva
care \'ker\	jepy'apy, py'apy
career\kə-'rir\	ñani, ñeñani
careful \-fəl\	ñangareko, ñongatu
carefulness \-fəl\	angareko, cháke, háke, hépa
careless \-ləs\	hechagi, hecha rei
caress \kə-'res\	havi'u, mokunu'ũ, mochichĩ, rochichĩ
cargo	jokuapy, mba'e

\'kär-(,)gō\	pohýi
caricature \'ker-i-kə-,chür\,	ta'anga gua'u, ta'anga pukarã
caries \'ker-ēz\	tãi kua, tãi ñembyai
carnage \'kär-nij\	so'o ñemuha
carnation \kär-'nā-shən\	karave
carnivorous \kär-'ni-v(ə-)rəs\	so'o'úva
carol \'ker-əl	niño ára purahéi
carouse \kə-'raúz\	guata
carpenter \'kär-pən-tər\	yvyráre, omba'apóva
carpet \'kär-pət\	ao yvy rehegua
carrier \'ker-ēər\'	reruha, rahaha
carrion \ker-ēən\	so'o ra'o
carry \'ka-rē\	raha, gueraha
cart \'kärt\	roja, rova
cartilage \kär-tə-lij,\	kyrýu
carton\'kär-tən\	kutia'atã, kartõ
cartoon \kär-'tün\	ta'anga pukarã japo ta'anga
carve \'kärv\	yvyrágui
cascade \kas-kād\	ytu, ytororõ
case \'kās\	ojehu va'ekue, opáichavo
cash \'kash\	ha'eve
cask \'kask\	tyru guasu
casserole \'ka-sə-,rōl \	ña'ẽ
cast \'kast\	mombo, muatã
castigate \'kas-tə-,gāt\	ñarõ, jatapy, kaguai
castilian \ka-stil-yən\	karaiñe'ẽ
casting \'kast-\	fundida mbokapu, kapu
castle\'ka-səl\	óga guasuete

castor oil \\'kas-tər\\	ñandyry, ñandy
castrate \\kas-trāt\\	ha'ỹi'o, tapi'a'o
casual \\'kazh-wəl\\	kate'ỹ, púa tarara
casualty \\'ka-zhəl-tē\\	ohasa asýva
cat \\'kat\\	mbarakaja
catalog \\'ka-tə-,lóg\\	mbohysýi kuatiápe
cataract \\'ka-tə-,rakt\\	ytororõ, tesatũ
catching \\'kach\\	ováva, rerováva, oñembojaséva
catchy \\'ka-chē,\\	oja reíva, ñemboja reíva
category \\'ka-tə-,gór-ē\\	chae
caterpillar	so, yso karu
cathedral \\kə-'thē-drəl\\	tupão guasu
cattle \\'ka-təl\\	tymba, tymba kuéra
cause \\'kóz\\	jurapyre, ypy, reheve
cavalier \\ka-və-lir\\	karai, karai marangatu
cave \\'kāv\\	itakua, yvykua
cavern \\ka-vərn\\	yvykua, kuára
cavity \\'ka-və-tē\\	kuára, pyko'ẽ, pa'ũ nandi
caw \\'kó\\	ñe'ẽ ype
cease \\'sēs\\	pa, pi
ceaseless \\'sēs-ləs\\	manterei, jeheja'ỹre
cedar \\'sē-dər\\	ygary
cede \\'sēd\\	me'ẽ, ñeme'ẽ
ceiling \\'sē-liŋ\\	ogahoja, ogasoja, óga ape
celebrate \\'se-lə-,brāt\\	rohory, guerohory
celebrated \\'se-lə-,brāt\\	herakuã guasuva,
	momorãmbyre
celestial \\sə-'les-chəl\\	hovyngy
celibate \\se-lə-bət\\	nomendáiva
cell \\'sel\\	koty'i ñemboty
cellar \\'se-lər\\	koty yvyguy
cement \\si-'ment\\	itaminiku'i, itaku'ijy
center \\'sen-tər,\\	mbyte, apyte, puru'a
centipede \\'sen-tə-,pēd\\	japeusa
central \\'sen-trəl\\	mombyte
century \\'sen(t)-sh(ə-)rē\\	sa ro'y, siẽ áño
cerebral \\sə-'rē-brəl\\	apytu'ũ
certain \\sər-tən\\	hatã, mbarete, katuetei
certainty \\'sər-tən-tē\\	jekuaa porã, jekuaa añete
certificate \\(,)sər-'ti-fi-kət\\	kutia'atã
cesspool \\-,pül\\	yvu pypuku
chafe \\'chāf\\	ka'api, kytĩ yvyra
chain \\'chān\\	itasã
challenge \\'cha-lənj\\	jeporoheka
chamber \\'chām-bər\\	oty
chameleon \\kə-'mēl-yən\\	tejutara
champion \\'cham-pē-ən\\	ipu'akaveva
chance \\chan(t)s\\	ja, hi'aragua
change \\'chānj\\	moambue, jerova
changeable \\'chān-jə-bəl\\	ambue
channel \\'cha-nəl\\	y mbosyryha
chant \\'chant\\	llano purahéi
chaos \\'kā-,äs\\	sarambi

chapel\cha-pəl\	tupão'i
chaplain \cha-plən\	mbokáva pa'i
chapter \'chap-tər\	ñembyaty
char \'chär\	tatapÿi
character \'ker-ik-tər\	teko, teko vai(mal carácter)
charcoal \chärkōl\	tatapÿi resa
charge \'chärj\	pirapire pyhy
chariot \cher-ē-ət\	mba'yru
charity \'cher-ə-tē\	mborayhu, porayhu
charlatan \'shär-lə-tən\	ñe'ëngatu,jurum y'ÿi, my'ÿi,kumby'ÿi
charm \'chärm\	mbovy'a
chart \'chärt\	yvyra pe, techaukaha rysÿi
chase \'chās\	japi, tymba api, guyra api, mymbajuka
chaste \'chāst\	marä'ÿ, teko potïva
chastise \(.)chas-'tïz\	nupã
chastisement \(.)chas-'tïz\	ñenupã, ñembyepoti
chastity \'chas-tə-tē\	marä'ÿ, teko potï
chat	ñemoñe'ë, guerere
chattel \'chat\	tembiguái
chatter \'cha-tər\	tu'i
cheap \'chēp\	hepy'ÿ, ndahepÿi
cheapen \chē-pən\	mboguejy, hepyguejy
check \'chek\	juruka, joko
checker\chekər\	koty'i
cheek \'chēk\	tova, tova yke, tatypy
cheer \'chir\	rosapukái,

	rohory
cheerful \chir-fəl\	hory, opukavýva
cheerfulness \'chir-fəl\	tory, tetia'e
cheerless \-ləs\	ñembyasy, hovasy, asy
cheese \'chēz\	kesu
cherish \'cher-ish\	mbohepy, momba'e, hayhu
chest \'chest\	karameguä
chestnut \'ches(t \	manduvi guasu, kuruguái joguaha
chew \'chü\	su'u, mindu'u
chick \'chik\	ryguasu ra'y
chicken \'chi-kən\	ryguasu
chide \'chïd\	ñe'ëngururu
chief \'chēf\	sämbyhyha
child \'chï(-ə)ld\	mitä, kunumi
childhood \'chï(-ə)ld- hüd\	mitä kuéra
chill \'chil\	ro'y, ho'ysä
chilly \'chi-lē\	ho'ysä
chime \'chïm\	tarara, gualala
chimney \chim-nē\	tatatïsëha
chin \'chin\	tañykä
chip \'chip\	yvyra ku'ikue
chirp \'chərp\	ñe'ë, guyra ñe'ë
choice \'chóis\	poravokuaa, poravoha, jeporavo
choir \'kwï(-ə)r\	purahéi joa, purahéi joja
choke \'chōk\	oñapymi, mbo'yguy, juvy
cholera \kä-lə-rə\	pochy, ñeko'õi
choosy\chü-zē\	jero, apesÿi
chop \'chäp\	kytï
choral \'kór-əl\	purahéi joa rehegua
chord \'kórd\	sä, liña
chorus\'kór-əs\	purahéi joa

chosen			\'kla-mər\	
\'chō-zən\	poravopyre		**clamorous**	
christen			\'klam-rəs\	sapukái asy
\kri-sən\	mongarai		**clan** \'klan\	te'ỹi
christendom			**clandestine**	ñemi,
\'kri-sən-dəm\	kirito		\klan-'des-tən\	ñemihapegua
christening				mbopu, hyapu,
\'kri-sən-\	ñemongarai		**clang** \'klaŋ\	gualala
christmas	tupãsy memby		**clap** \'klap\	popete, jepopete
\'kris-məs\	arete		**clarification**	myesakã,
chronic			\'kler-ə-,fī, \'	muesakã
\'krä-nik\	tuja, kuera'ỹ		**clarify**\kler-ə-fī\	mosaka
chronicle			**clarity**	tesakã, tesape,
\'krä-ni-kəl\	pohã'ỹ		\kler-ə-tē\	tembipe
chunk \'chəŋk\	pehẽngue		**class** \'klas\	teko, iája
church \'chərch\	tupão		**classic**	poravopyre,
cicada			\'kla-sik\	ojepokuaáva
\sekä-de\	ñakyrã		**classical**	
cigar\si-'gär\	marã'ỹ		\'kla-si-kəl\	ojepokuaáva
cigarette	pitarã'i, petỹ		**classification**	
\,si-gə-'ret\	kuatia timbo		\kla-sə-fə-kä-shən\	ñemohenda
	tanimbu,		**classify**	
cinder\sin-dər\	kusugue		\kla-səfī\	mbohysýi
cinema				guarara, tororõ,
\si-nə-mə,\	ta'angamỹi			pararã, tyapu
cinnamon			**clatter** \'kla-tər\	guasu
\'si-nə-mən\	yvyrapetái		**clause** \'klóz\	mboty
cipher \'sī-fer\	ñongatu		**clavicle**	
	kora, apu'a,		\'kla-vi-kəl\	ilílla
circle \'sər-kəl\	jerepy		**claw** \'kló\	pyapẽ, pysãpe
circular			**clay** \'klã\	ñay'ũ, ñai'ũ
\'sər-kyə-lər\	apu'a, syry		**clean** \'klēn\	potĩ
circulation			**cleanliness**	
\sər-kyə-lä-shən\	ñembojere		\'klen-lē\	teko potĩ
circumference			**cleanse** \klenz\	mopotĩ
\sə(r)-'kem(p)-\	jerepy			sakã, satĩ,
circumvent	joko, ñemombia,		**clear** \'klir\	hesakã
\,sər-kəm-'vent\	ñemboyke		**clearance**	
	tavaguasu,		\'klir-ən(t)s\	arapy
city \'si-tē\	tavusu		**clearing**\klir-iŋ\	sakã
clad \'klad\	ijaóva		**cleavage**	
	joja jerure,		\klē-vij\	jeka, tiri
	mba'erepy		**cleave** \'klēv\	mbovo
claimant	jerure		**cleaver**\klē-vər\	kyse
\'klã-mənt\			**clef** \'klef\	kutu
clamber			**cleft** \'kleft\	jeka
\'klam-bər,\	jupi, ñakarama		**clemency**	ñyrõha
clamor	sapukái asy			

\\'kle-mən(t)-sē\\	
clench \\'klench\\	pyhy, japyhy, pojái, kuácha'ĩ
clergy \\'klər-jē\\	pa'i, avare
clerk \\'klərk,\\	isãso ỹva
cleverness	
\\'kle-vər\\	arandu, kuaa
cliff \\'klif\\	je'aha, yvykua pypuku
climb \\'klīm\\	jejupi
climber\\klī-mər\\	jupiha, py rupiha
clinch \\'klinch\\	momba, sapymi
cling \\'kliŋ\\	nupã, mbyepoti
clip \\'klip\\	ñapĩ, hague'o
clipper	
\\'kli-pər\\	tijeras
clipping	
\\'kli-piŋ\\	ñekytĩ, ñeñapĩ
clique \\'klēk\\	javeve, kombi
cloak \\'klōk\\	ape
clock \\'kläk\\	ára rechaukaha
clod \\'kläd\\	akytã
clog \\'kläg\\	mopa'ã, joko
close \\'klōz\\	mboty
closed \\'klōzd\\	mbotyha
closeness	
\\klōs-\\	aguyi
closet\\'klä-zət\\	karameguayvate
closure	
\\klōzhər\\	opa
clot \\'klät\\	typy'a
clothing	
\\klōthiŋ\\	ao
cloud \\'klaůd\\	arai
cloudless \\-ləs\\	yvyreja
cloudy\\klaů-dē\\	araíva
clove \\'klōv\\	kutuha
cloven	
\\'klō-vən\\	jeka, tiri
clover	
\\'klō-vər\\	kumare
clown \\'klaůn\\	toryja, toryjára
cloy \\'klói\\	monguerái
clue \\'klü\\	pypore
clump \\'kləmp\\	javorái, ñanandy
clumsiness	pituva reko

\\'kləm-zē-\\	
clumsy	
\\kləmzē\\	pituva
cluster	
\\kləs-tər\\	atypy
clutter	
\\'klə-tər\\	sarambi
coach \\'kōch\\	carruaje,mba'yru jere
coagulate \\-lət,\\	typy'a
coal \\'kōl\\	tatapỹi
coast \\'kōst\\	tembe'y, y rembe'y
coat \\'kōt\\	jejaho'iha
coax \\'kōks\\	spy'amovã
cock \\'käk\\	ryguasume
cockroach	
\\'käk-,rōch\\	tarave
cocky \\'kä-kē\\	kupyju
cocoa	
\\'kō-(,)kō\\	kuvuasu
coconut	mbokaja,
\\'kō-kə-(,)nət\\	mbokaja'a
cocoon	kuru, yvoty kuru,
\\kə-'kün\\	yvoty akytã
coddle	rochichĩ,
\\'kä-dəl\\	mochichĩ
code \\'kōd\\	taryrýi
codger \\'kä-jər\\	tujakue
codify	
\\kä-də-fī-\\	potapyre
coed	
\\'kō-(,)ed\\	jopara
coerce	
\\kō-'ərs\\	myaña, rairõ
coercion	jejapouka
\\-ər-zhən, -shən\\	mbaretépe
coffer \\'kó-fər-\\	karameguã
coffin \\'kó-fən\\	te'õngue ryru
cog \\'käg\\	tãi
cohabitate	
\\(,)kō-'ha-bət-\\	jopyhy
cohesion	
\\kō-'hē-zhən\\	joaju, joapy
coiffure	
\\kwä'fyůr\\	ñeakãkarãi
coil \\'kói(-ə)l\\	enrollar japakua

26

coin \ˈkóin\	viru apu'a		\kämi-kəl\	
coincide			**coming**	
\ kō-ən-ˈsīd, \	joja, ñe'ẽjoja		\ˈkə-miŋ\	jeju
coincidence			**comma**	
\kō-ˈin-sə-dəns\	joja		\ˈkä-mə\	kyguái
colander				japouka, jokuái,
\ˈkä-lən-dər\	mboguaha		**command**	mondo,
cold \ˈkōld\	ho'ysã		\kə-ˈmand\	sãmbyhy
coldness \ˈkōld-\	ro'y, ara ro'y		**commander**	
collaborate			\kə-ˈman-dər\	mburuvicha
\kə-ˈla-bə-ˌrãt\	ñopytyvõ		**commence**	
collaboration			\kə-ˈmen(t)s\	ñepyrũ
\kə-ˈla-bə-ˌrãt\	ñepytyvõ		**commencement**	
collar \ˈkä-lər\	ajúra, ajuratã		\kəmmens-mənt\	ñepyrũmby
colleague			**commend**	
\ˈkä-(ˌ)lēg\	irũ		\kə-mend\	momorã
collect \ˈkä-likt\	mbyaty, mbuaty		**commendation**	
collection	aty		\kä-məndã-shen\	mboaguara
	mbo'eha		**commensurate**	
	guasu,arandu		\kə-ˈmen(t)s-rət\	mbopojái
college \ˈkä-lij\	róga		**commerce**	
collide	mbota, topeta,		\kä-(ˌ)mərs\	ñemu, makáte
\kə-ˈlīd\	ñembota		**commercial**	
color \ˈkə-lər\	sa'y, kolo		\kə-ˈmər-shəl\	mba'evende
colossal			**commercialize**	
\kə-ˈlä-səl\	kakuaa jepéva		\kə-ˈmər-shə-līz\	jeheka
colt \ˈkōlt\	kavaju ra'y		**commissioner**	
column	atukupe kangue		\kə-ˈmi-shnər\	tahachio
\ˈkä-ləm \	rysỹi		**commitment**	
coma \ˈkō-mə\	kyguái		\kə-ˈmit-mənt\	ñe'ẽme'ẽ
comb \ˈkōm\	kygua		**commode**	
combat			\kə-ˈmōd\	hyakuã'ỹva
\käm-bat\	ñorairõ		**commodity**	mba'erepy,
combatant			\kə-ˈmä-də-tē\	temiñemu
\kəm-ˈba-tənt \	oñorairõva		**common**	
combination			\ˈkä-mən\	tapiagua
\kämbə-nã-shen\	jopara		**commotion**	
combine			\kə-ˈmō-shən\	mopirĩ
\kəm-ˈbīn\	jopara		**commune**	
come \ˈkəm\	ju, mbou		\kə-ˈmyün\	táva róga
comedian	pukarã,		**communicable**	momarandu,
\kə-ˈmē-dē-ən\	ombopukáva		\kəmyü-nike-bəl\	kuaaukaha
comet\ˈkä-mət\	jaguaveve		**communication**	
comfort	mombareteve,		\kəmyünəkãshən\	momaranduha
\ˈkəm(p)-fərt\	mbohetia'e		**community**	
comic\ˈkä-mik\	pukarã		\kə-ˈmyü-nə-tē\	jeiko oñondive
comical	pukarã		**commuter**	que viaja

\kə-ˈmyü-tər\	diariamente al trabajo		\kəm-ˈpōz\	
companionship			**composer**	
\kəm-pan-yən-ship\	jeiko oñondive		\kəm-ˈpō-zər\	purahéi apoha
companion			**comprehend**	kuaa,
\kəm-ˈpan-yən\	chera'a		\ˌkäm-pri-ˈhend,	hechakuaa
comparative			**comprehension**	techakuaa,
\-tiv\	mbojojáva		\kämpri-henshən \	jekupyty
compare			**comprise**	kuaa,
\kəm-per\	mbojoja		\kəm-ˈprīz\	hechakuaa
comparison			**compromise**	
\kəm-per-ə-sən, \	mbojoja		\ˈkäm-prə-ˌmīz\	myatyrõ
compassion			**comptroller**	
\kəm-ˈpa-shən\	ñepu, py'akutu		\kən-ˈtrō-lər\	ñemaña
compatriot			**computation**	
\kəm-ˈpā-trē-ət\	tetãygua		\kämpyü-tāshən\	jepapa
compel	jura, mbojapo		**comrade**	
\kəm-ˈpel\	pota'ỹme		\käm-rad\	javeve
compensate	tekovia,		**concave**	
\ˈkäm-pən-sāt\	mbyekovia		\kän-kāv\	pygua, pyko'ẽ
competence			**conceal**	ñomi, mo'ã,
\ˈkäm-pə-tən(t)s\	katupyry, haeve		\kən-ˈsēl\	mokañy
competent			**concede**	
\ˈkäm-pə-tənt\	katupyry, ha'eve		\kən-ˈsēl\	me'ẽ, moneĩ
compile				jererovu,
\kəm-ˈpī(-ə)l\	mbojoaju		**conceit**	jejerovia rei,
complacency			\kən-ˈsēt\	jerovu
\-sən(t)-sē\	jerovia		**conceited**	jejapo, ti'atã,
complacent			\-ˈsē-təd\	ovúva
\kəm-ˈplā-sənt\	rovia		**conceivable**	
complain			\kən-ˈsē-və-bəl\	ñeimo'ãva
\kəm-ˈplān\	pyahẽ, chi'õ		**conceive**	hechakuaa,
complete			\kən-ˈsēv\	moingove ypy
\kəm-ˈplēt\	oĩmbáva		**concept**	
completion			\ˈkän-ˌsept\	ñeimo'ã
\kəm-ˈplē-shən\	henyhẽva		**conception**	
complicate	mbohasy,		\ˈkän-ˌsept\	puru'a, he'iséva
\ˈkäm-pli-kət\	mbojehe'a		**concern**	
complicated			\kən-ˈsərn\	py'apy
\ˈkäm-plə-kā-təd\	jehe'a, apañuãi		**concession**	
compliment			\kən-ˈse-shən\	mba'eñeme'ẽ
\ˈkäm-plə-mənt\	mboaje, mboty		**conciliate**	
comply	ñe'ẽrendu,		\kən-ˈsi-lē-ˌāt\	moingo porã
\kəm-ˈplī\	mboaje		**concise**	
component			\kən-sīs\	mbyky
\kəm-ˈpō-nənt\	moporã		**conclude**	
compose	moporã		\kən-ˈklüd\	japopa, momba
			conclusion	paha

28

\kən-'klü-zhən\	
concoct	
\kən-'käkt \	japo, japouka
concoction	
\kən-'käkt,-\	jopara
concord	
\'kän-ˌkórd,\	jerupeteĩ
concubine	
\'käŋ-kyü-ˌbīn\	kuña, ndivegua
concur	
\kən-kər\	ha, je'ói
condemn	mbovai, mbopaga
\kən-'dem\	angaipa
condense	momichĩ,
\kən-'den(t)s\	mombyky
condiment	
\'kän-də-mənt\	mbohe, myatyrõ
condition	
\kən-'di-shən\	teko, tekovia
condolences	guerombyasy,
\kən-'dō-lən(t)s\	ñepu
condom	tembo ryru,
\'kän-dəm,\	tembo pire
condone	hechakuaa,
\kən-dōn\	rokirirĩ
conducive	sãmbyhyha,
\-'dü-siv, -'dyü-\	guerahaha
conduct	tekopy, tekorã,
\'kän-(ˌ)dəkt\	teko porã
conduit	
\'kän-ˌdü-ət, \	tape kua
confederacy	
\kən-fe-drə-sē\	ñombojoaju
confess	mombe'u, moneĩ,
\kən-'fes\	jepy'ambi
confessional	
\-'fesh-nəl, \	ñemombe'u
confidant	jeroviaha, ohendúva, ñemombe'u
\'kän-fə-ˌdänt \	ñemi
confide	
\kən-fīd\	rovia, jerovia
confidence	
\'kän-fə-dən(t)s\	jerovia

confident	jeroviaha,
\kän-fə-dən \	ohenduva
confidential	ñemihapegua,
\kän-fə-den-shəl\	ñongaturã
confine	tembe'y, paha,
\'kän-ˌfīn \	yvy paha
confirm	
\kən-fərm\	moañete
confirmation	
\kən-fər-māshən\	moañete
confluence	
\'kän-ˌflü-ən(t)s\	ysyry ñemoirũha
confound	mbotyai, mokañy, hesarea,
\kən-'faúnd,\	mbopy'atarva
confront	mbohovái,
\kən-'frənt\	ñorairõ
confuse	mbojavy, mbojehe'a,
\kən-'fyüz\	apañuãi
congeal	
\kən-jēl\	jehupyty
congenial	
\kən-'jē-nē-əl\	porã, horýva
congestion	
\kən-'jest\	no'o, ruru
congratulate	rohory, guerohory,
\kən-gra-chə-lāt\	momorã
congratulation	jererohory
congregation	
\käŋ-gri-gā-shən\	feligreses
congressman	porombuekoviáv
\käŋ-(g)rəs-mən\	a, hechaukáva
congress-woman	porombuekoviáv
\(g)rəs-ˌwü-mən\	a, hechaukáva
conjugate	
\'kän-ji-gət, \	mosusũ
conjugation	
\kän-jə-'gā-shən\	mbojoajuha
conjunction	
\kən-'jəŋ-shən\	ñe'ẽjoajuha
conjure	
\kän-jər\	henói, 'e réra
connect	mbojoapy,

\kə-'nekt\	moinge pype
connive \kə-'nīv\	ñepu'ã, guyryry
connoisseur \ˌkä-nə-'sər \	kuaaha
connotation \ˌkä-nə-'tā-shən\	mombe'u nunga hechauka mo'ã
conscience \'kän(t)-shən(t)s\	py'a
consciousness	py'a
consecrate \'kän(t)-sə-ˌkrāt\	mongarai
consent \kən-sent\	moñeĩ
conservation \känsər-vā-shən\	ñongatupy
consider \kən-'si-dər\	techakuaa
consolation \kän-sə-lā-shən\	angapyhy, mytue
consonant \kän(t)-s(ə-)nənt\	pundie
consort \'kän-ˌsórt\	ména, tembireko, ndivegua
conspicuous \kənspi-kyə-wəs\	sakã, hesakã, ojekuaáva
conspiracy \kən-'spir-ə-sē\	ñepu'ã, guyryry
constant \'kän(t)-stənt\	poguapy, noñemováiva
constellation \kän-stə-lā-shən\	mbyja aty
constipate \'kän(t)-stə-ˌpāt\	pa'ã, tepoti
constituent \-wənt, \	moporã
construct \kən-'strəkt\	jogapo, mopu'ã
consult \kən-səlt\	ñeporandu
consultant \kən-'səl-tənt\	pytyvõ, moñe'ẽ
consuming \kən-'sü-miŋ\	kotevẽ, temikotevẽ kotevẽmby
consumptive \-'səm(p)-tiv\	hasypo'íva

contagious \-jəs\	ováva, rerováva, oñembojaséva
container \kən-'tā-nər\	ryru, mba'yru, mba'eryru, ña'ẽ
contemplate \'kän-təm-ˌplāt,\	ma'ẽ, maña, sareko
contemporary \kən-tem-pərerē\	agagua, javegua
contempt \kən-'tem(p)t\	royrõ, jahéi
contented \kən-'ten-təd\	hory, angapyhy
continental \ˌkän-tə-'nen-təl\	yvyguasu, yvyvusu
continual \kən-tin-yü-əl\	pave'ỹ, oso'ỹva
continuance \kən-tin-yü-əns\	uperiregua, jejapove, ãga oúva
continue \kən-'tin-(ˌ)yü\	japo mante
continuous \kən-'tin-yü-əs\	pave'ỹ, oso'ỹva
contortion \kən-'tórt\	jepoka, jetepoka, kucha'ã
contraband \'kän-trə-ˌband\	ñemu ñemi
contradict \ˌkän-trə-'dikt\	mbohovái
contraption \kən-'trap-shən\	ñe'ẽngue, tallaha, jurumy'ỹi
contrary \'kän-ˌtrer-ē, -ˌ \	ambue, jovái
contribution \ˌkäntrəbyüshən\	me'ẽ, gueru
controller \kən-'trō-lər, \	ñemaña
convalesce \ˌkän-və-'les\	ñakãrapu'ã, py'atã
convent \'kän-vənt, \	amandaje, aty guasu
conversant \kən-'vər-sənt \	oikuaáva, arandu, pohe
convert \kən-'vərt\	moambue, mbova, ñembova

conveyance \kən-'vā-ən(t)s\	ñeme'ẽ, ñembyekovia		**couplet** \kə-plət\	mbojoja
cook \'kük\	tembi'u'apoha		**courage** \'kər-ij, 'kə-rij\	py'aguasu, py'apy
coolant \'kü-lənt\	py'ajokoha, ñemoro'ysãha		**courteous** \'kər-tē-əs\	heko porã, heko rory
coolness\'kül-\	to'ysã		**covenant** \'kəv-nənt, ' \	ñe'ẽme'ẽ
cooperate \kō-'ä-pə-ˌrāt\	minga, ñopytyvõ		**cover** \'kə-vər\	jaho'i, ñuvã, ñuã, mama
copper\'kä-pər\	kuarepoti pytã		**coverage** \kəv-rij\	ahoja
core \'kór\	py'a, tekoresa		**covert** \kō-vərt\	kañy, ñemi, pytũ
corn \'kórn\	avati		**covetous** \'kə-və-təs\	taryrýi, hakate'ỹ
corner \'kór-nər\	takamby		**cow** \'kaú\	vacá
cornet\kór-'net\	turu		**cowardly** \-lē\	py'amirĩ, py'aju
corps \'kór\	tete		**crack** \'krak\	mondyry, mbotiri, mbovo
corpulent \-lənt\	hete guaséva, ho'óva		**crackle** \'kra-kəl\	pururũ, tarara, pororo
corral \kə-'ral, -'rel\	kora, tokái		**cram** \'kram\	mandu'a, py'aho
correctness \-'rek(t)-nəs\	heko vatu, myatyrõ		**crawl** \'król\	mbotyryry, tyryry
correspond \ˌkór-ə-'spänd,\	kuatiañe'ẽ		**craze** \'krāz\	tavy, mbotarova
corridor \'kór-ə-dər\	akuã, oñaníva		**cream** \'krēm\	mba'e hu'ũ
corrupt \kə-'rəpt\	harupyre, meguã		**creation** \krē-'ā-shən\	japo mba'evégui
corruption \kə-'rəp-shən\	ñembyai, jeharu		**credit** \'kre-dit\	jerovia, viru oñeme'ẽva
costly\'kós(t)-lē\	hepy, hasy		**creed** \'krēd\	rovia, malisia
cottage \'kä-tij\	tapỹi, oga'i		**creek** \'krēk,	ysyry, yakã
cotton \'kä-tən\	mandyju, limpiar el a. hesa'ỹijo		**creepy** \'krē-pē\	mbojeguarúva
cougar\'kü-gər\	jagua pytã		**crevice** \kre-vəs\	tiri, jeka
cough \'kóf\	hu'u		**crew** \'krü\	omboguatáva yga, teko'avy, tembiapo vaikue
council \kaún-səl\	moingo porã		**crime** \'krīm\	
count \'kaúnt\	moinge pype		**crimson**	pytã
countenance \kaún-tən-ən(t)s\	hechakuaa, rokirirĩ		**cripple** \'kri-pəl\	apa, marachachã
counterfeit \'kaúnt-ər-ˌfit\	japu, añetegua'ỹ, añete'ỹhápe		**critic** \'kri-tik\	ñarõ, jatapy kaguai
country \'kən-trē\	yvy tuicha, yvy tetã mba'e		**criticize** \'kri-tə-ˌsīz\	ñarõ, jatapy, kaguai
coup \'kōp\	pete, japete, yvy, pitukãi, akãpete		**croak** \'krōk\	ñe'ẽ ype

31

crochet \ krō-shā\		ty'ãi, potãi
crockery \ 'krä-k(ə-)rē\		ñay'ũ jygue, pererĩ
crocodile \ 'krä-kə-ˌdī(-ə)\\		jakare
cross \ 'krós\		yvyra juasa,
crossing \krō-siŋ\		hasa
crotch \ 'kräch\		takamby, takamby pa'ũ
crouch \ 'kraùch\		mokarapã, mboyvy
crow \ 'krō\		yryvu
crowd \ 'kraùd\		herakuã, pavẽgua, jekuaapyre, techahára
crucial \ 'krü-shəl\		tapo, ypy
crucifix \ 'krü-sə-ˌfiks\		ñandejára, kurusúre
crude \ 'krüd\		ñandy hũ, yvyguýgui oúva
cruel \ 'krü-(ə)l\		py'ahatã, ñaña
crumple \krəmpəl\		cha'ĩ, apicha'ĩ
crunch \ 'krənch\		ñamindu'u, su'u
crush \ 'krəsh\		mombe, mbope, jopy
crust (earth crust)		terrestre/ yvy ape
cry \ 'krī\		sapukái
crystal \ 'kris-təl\		ita vera
crystallize		rypy'a, typy'a

	\ 'kris-tə-ˌlīz\	kurapepẽ
cucumber \ 'kyü -bər\		joguaha aky, oje'úva
culminate \ 'kəl-mə-ˌnāt\		oguahẽva, hu'ãme
cultivate \ 'kəl-tə-ˌvāt\		ñotỹ, ñemitỹ
cultural \kəlch-rəl\		arandu
cumbersome \ 'kəm-bər-səm\		tuicha
cumulative \kyü-myə-lə-tiv \		mbyaty, mbojo'a
curable \ 'kyür-ə-bəl\		pohano, monguera
curator \ 'kyür-ˌā-tər\		ñongatu
cure \ 'kyür\		pa'i, avare
curfew \ 'kər-(ˌ)fyü\		jepoko
curiosity \kyür-ē-ˈä-s(ə-tē\		kuaaserei, techaserei
currency \ 'kər-ən(t)-sē\		viru apu'a
curved \ 'kərv\		karapã
cushion \ 'kü-shən\		aramboha
custodian \ˌkəs-ˈtō-dē-ən\		ñangarekoha
customary \ 'kəs-tə-ˌmer-ē\		jepokuaa
cynical		hova'atã
caballero		karai

d

dab \ 'dab\		momba'e
dad \ 'dad\		ru
daffodil \da-fədil\		jeheterayhu
daily \ 'dā-lē\		tapiagua,

		ko'ëregua
daisy	\'dā-zē\	yvoty morotĩ
dale	\'dāl\	yvyty pa'ũ
damage	\'da-mij\	momarã, mbyai
damaging	\'da-mi-jiŋ\	mbyaiha
damp	\'damp\	he'õ, akỹ
danger	\'dān-jər\	mongyhyjeha
dangerous	\'dān-jə-rəs\	poromongy-hyjéva
dangle	\'daŋ-gəl\	saingo, mosaingo
dare	\'der\	ñanima
darkness	\'därk\	pytũ, ñypytũ, pytũmby
darn	\'därn\	myatyrõ
dash	\'dash\	mombu, joka, mbota, ñembota
daughter	\dò-tər\	memby
dauntless	\-ləs\	py'aguasu
dawn	\'dòn, '\	ko'ẽ, ko'ẽtĩ, ko'ẽju, ko'ẽsoro, ko'ẽngy
day	\'dā\	ára
dazzle	\'da-zəl\	mbohesamimbi, myesakã
dead	\'ded\	mano, ote'õva, ikupyjojáva, apysape, nohendúiva
deaf	\'def, \	hendu'ỹ
deafness	\'def-\	
dealer	\dē-lər\	ñemuha, ñemuhára, oñemúva
dealings	\dē-liŋ\	jokuaa, ñemombe'u
dean	\'dēn\	itujavéva, hi'arevéva
death	\'deth\	ñemano, mano, te'õ
debate	\di-'bāt,\	mongetajere
debilitate	\di-'bi-lə-tāt,\	mokangy, mbopy'akangy
debriefing	\(.)dē-'brēf\	mombe'u, marandu
debt	\'det\	ñeme'ẽ jey va'erã
debut	\'dā-byü,\	ñepyrũ
decapitate	\di-'ka-pe-tāt,\	akã'o, ñakã'o
decease	\di-sēs\	pytupa
deceit	\di-'sēt\	mbotavy, pokarẽ, ñuhã
deceive	\di-'sēv\	mbotavy
decent	\'dē-sənt\	joheipyre
declare	\di-'kler\	mombe'u, ñemoñe'ẽ
decoy	\'dē-kói,\	ñuhã
decrease	\di-krēs\	momichĩ, mboguejy
dedicate	\'de-di-kət\	me'ẽ, kuave'ẽ
deduce	\di-'düs\	nohẽ
deed	\'dēd\	tembiapo
deep	\'dēp\	hypy, pypuku, pyko'ẽ
deepen	\dē-pən\	mbohypy
default	\di-'fólt,\	techagi, ate'ỹ reko
defeat	\di-'fēt, dē-\	pu'aka, pyrũ, mboyke
defect	\dē-fekt,\	oĩ'ỹva, marã, noimbáiva
defend	\di-fend\	pysyrõ, pytyvõ
defense	\di-fens\	pysyrõhára
deference	\de-fe-rəns\	teko rory
defiance	\di-'fī-ən(t)s\	jeporoheka
deficiency	\di-'fi-shən-sē\	oĩmba'ỹva, noĩporãiva
define	\di-'fīn\	hachauka teko
definition	\de-fe-'ni-shən\	heko mombe'u
definitive	\di-'fi-nə-tiv\	nomyivéima, opytaitéva
deflect	\di-flekt\	mombia, mbová
deform	\di-'fórm\	mbyai, mokechẽ
degree	\di-'grē\	kokatu
delectable	\di-'lek-tə-bəl\	porã iterei, he terei
delete	\di-'lēt,\	pe'a, mbopaha
delicate	\'de-li-kət\	sỹi, apesỹi, ojeka reíva

	hasy katúva
delicious \di-'li-shəs\	porã iterei
delighted \di-lī-\	mbovy'a
deliver \di-'li-vər,\	me'ẽ, mbohasa, mbopojái
delusion \di-'lü-zhən \	mbotavy, pokarẽ
demeanor \di-'mē-nər\	teko, tekopy, tekorã
democracy \di-'mä-krə-sē\	jekopytyjoja, opa tetãygua sãmbyhy
demonstration \de-mən-strā-shən\	jehechauka
denigrate \'de-ni-ˌgrāt\	mongy'a héra hechauka
denote \di-'nōt\	he'iséva
dense \'den(t)s\	hypy'ũ, iñypytũ
dent \'dent\	pyko'ẽ, pygua
denunciation \di-nən-sē-ā-shən\	mombe'u, ñemombe'u
deny \di-'nī-\	mbotove, me'ẽ'ỹ
depart \di-'pärt\	partir sẽ, piã, ñuguaitĩ
depend \di-pend\	saingo, jepoka, pa'ã
dependent \di-'pen-dənt\	isãso'ỹva
deplete \di-plēt\	momba, mbohypa
deplore \di-'plór\	mbyasy
deploy \di-'plói\	pyso
deposit \di-pä-zət\	ike
depraved \di-'prāvd\	hekovaíva
depressed \di-pres\	mboguejy
deprive \di-'prīv\	pe'a, hekýi
deranged \di-ränj\	mbyai, mosarambi
derive \di-'rīv,\	ñepyrũ
descend \di-send,\	guejy
describe \di-'skrīb\	ta'angahai, mombe'u anga
desert \de-zərt\	nandi, tave'ỹ
deserve \di-'zərv\	momba'e guasu arã
desirable \di-'zī-rə-bəl\	potapyre oñembyasy
desolate \'de-sə-lət, ' -\	etereíva, perõitéva
despair \di-sper\	jerovia'ỹ
desperate \'des-p(ə-)rət,\	py'aropu
despicable \di-'spi-kə-bəl\	royrõ, jahéi, royrõ
despite \di-'spīt\	jepe, ramo jepe
despondent \-dənt\	kangy, mbokue, tindy, soso
despot \'des-pət\	mburuvicha ñaña
destination \des-tə-nā-shən\	tenonderã, poravi
destitute \'des-tə-ˌtüt, \	poriahu, mboriahu
destroy \di-'strói \	mbyai, mongu'i, mbokusugue, hundi
detach \di-'tach, dē-\	mbojei, mboyke, pe'a
detail \di-'tāl\	sa'iha
determine \di-'tər-mən\	tekome'ẽ
detour \dē-ˌtúr \	mombia
develop \di-'vel-əp, dē-\	mongakuaa, mopu'ã
devil \'de-vəl \	aña
devise \di-'vīz\	moporã akãme
devotion \di-'vō-shən,dē-\	ayhu, tupã rayhu
diameter \dī-'a-mə-tər\	mbyte rasaha
diary \'dī-(ə-)rē\	tapiagua
dictator \'dik-ˌtā-tər\	tuvicha ha'eño
dictionary \'dik-shə-ˌner-ē, \	ñe'ẽryru, ñe'ẽrenda
die \'dī\	mano

34

differ \\'di-fər\\	joavy, juavy, mbohasa
differential \\di-fə-ren-shəl\\	mbojuavy, moingoe
difficult \\'di-fi-(,)kəlt\\	asy, hasy
diffident \\-dənt \\	koygua, otĩva, saite
diffusion \\di-'fyü-zhən\\	pysopyre
digestion \\dī-'jes-chən\\	tembi'u guapy
dignified \\'dig-nə-,fīd\\	marangatu
dignity \\'dig-nə-tē\\	ha, marangatukue
dilapidated \\də-'la-pə-,dāt\\	embyaipáva, kechẽ
dilate \\'dī-,lāt, '\\	mbo'are, pyso
diligence \\'di-lə-jən(t)s\\	kyre'ỹ, katupyry
dimension \\də-men-shən \\	tuichakue
dinner \\'di-nər\\	tembi'u, hi'upy
diplomacy \\də-'plō-mə-sē\\	tetã ñemongeta
dirigible \\'dir-ə-jə-bəl\\	sãmbyhy, moteno-ndehára
dirty \\'dər-tē\\	ky'a, jare, tajasu
disable \\dis-ā-bəl\\	pituva
disagree \\dis-ə-'grē\\	joavy, juavy
disagreement \\dis-ə-grē-mənt\\	avy, joavy
disapproval \\dis-ə-'prü-vəl\\	rova api, mbotove
disarray \\dis-ə-'rā\\	mosarambi, moĩ vai
disbursement \\-'bərs-mənt\\	virume'ẽ, tembirepykueme'ẽ
discharge \\dis-'chärj\\	ro'okue'o
discomfort \\dis-kəm(p)-fərt\\	tesako'õ, angekói
discontent \\dis-kən-'tent\\	py'aro, ovy'a'ỹva
discourage \\dis-'kər-ij\\	motindy, moambue ojaposéva
discourse \\'dis-,kórs, \\	ñemoñe'ẽ
discover \\dis-'kə-vər\\	juhu, ñuã'o
discrete \\dis-krēt\\	kirirĩ
disengage \\dis-ən-'gāj\\	mondoho
disgust \\di-skəst\\	mbojeguaru
dishearten \\(,)dis-'här-tən\\	motindy, moambue ojaposéva
dishonest \\(,)dis-'ä-nəst\\	tie'ỹ, tajasu
dismiss \\dis'mis\\	pe'a, mosẽ
dismount \\(,)dis-'maúnt\\	vyrareity
disobedient \\-ənt\\	ndojaposéiva oje'éva chupe
disorderly \\-'órd-ər-lē\\	sarambi apoha, sarambipyre
dispensation \\dis-pən-sā-shən\\	pohanoha renda
displace \\(,)dis-'plās\\	mosẽ
displeasure \\(,)dis-'ple-zhər\\	ñeko'õi
disregard \\dis-ri-'gärd\\	techagi
disrupt \\dis-'rəpt\\	joko sapy'a, mbopoi sapy'a
disseminate \\di-'se-me-,nāt\\	mosarambi, myasãi
dissimilar \\di(s)-'si-mə-lər\\	oéva, juavy, ojoavýva
dissipate \\'di-sə-,pāt\\	mosarambi, mbogue
dissolve \\di-zälv\\	mboyku
distant \\dis-tənt\\	mombyry
diverse \\dī-'vərs\\	ojoavýva, juavy, ikoéva
diversity \\də-'vər-sə-tē\\	ambue, ikoe, ojuavýva
dividend	ja'opyre

\'dɪ-və-ˌdɛnd\	
dog \'dóg, 'däg\	jagua
domain\dō-mān\	poguy
donate\'dō-ˌnāt\	me'ē rei
donkey\'däŋ-kē\	vúrro, mburika
dormant	kañy,
\'dór-mənt\	ndojekuaáiva
double \'də-bəl\	kõi, jo'a, tovamokõi
doubt \'daút\	py'aheta, py'amokõi
downcast	kangy, mbokue,
\'daún-ˌkast\	tindy
downfall\daúnfól\	tapere, ogakue
downhill\daúnhil\	yvyguejy
download	mboguejy,
\'daún-ˌlōd\	monandi
downstairs	
\'daún-ˌsterz\	yvýpe, guýpe
downtown	mbyte,apyte,
\ˌdaún-ˌtaún\	apytere, puru'a
drag \'drag\	mbotyryry, tyryry
drain \'drān\	yséha
dramatic	mba'evai
\drə-'ma-tik\	omopirĩva
drawing\dróiŋ\	ta'anga
dread \'dred\	kyhyje rasa
dreadful\dredfəl\	omondýiva
dream \'drēm\	topehýi, kerandy
	ijaóva,
dress \'dres\	oñemondéva
dried \'drīd\	kã, piru, pirekã
drift \'drīd\	ñepyrũ

drill \'dril\	mbokuaha
drink \'driŋk\	syryku, 'u, jopy
	sãmbyhy,
drive \'drīv\	mboguata
drizzle \'dri-zəl\	hayvi, hayviru'i
droop \'drüp\	mbojo'a, mokarẽ
dropper	óga tyky, óga
\'drä-pər\	ape kua
	moñapymi,
drown \'draún\	mbo'yguy
	angu'a,angu'a
drum \'drəm\	tarara, guatapu
drunkard	
\'drəŋ-kərd\	ka'u, pichoro
dry \'drī\	piru, hypa
dual	kõi, joapy
	ñe'ẽngu,
dumbness\dəm\	ñe'ẽkatu'ỹ
duplicity	
\dü-'pli-sə-tē\	mokõimbyre
durable	
\dür-ə-bəl\	oiko aréva
	vove, kuépe,
during \'dür-iŋ \	guare
dusk \'dəsk\	ka'aru pytũ
dust \'dəst\	mba'e ku'i
duty \'dü-tē\	apoukapy
dwarf \'dwórf\	karape, tupe
dwell \'dwel\	iko, ikove
dye \'dī\	tykue hũ
dynamic	kyre'ỹ, heko'
\dī-'na-mik\	aposéva, ha'eve

e

	mayma, ñavõ,
each \'ēch\	opa,apaitéva
ear \'ir\	nambi
early \'ər-lē\	voi

earnings	
\'ər-niŋz\	jeike
earth \'ərth\	yvy, tetã
earthly \'ərth-lē\	yvypegua

	tasy'ỹ, teko	**elegance**	ñembokate,
ease \'ēz\	hasy'ỹ	\'e-li-gən(t)s\	ñembofifi
	kuarahysẽ,	**elevate**	hupi, mopu'ã,
east \'ēst\	kuarahy resẽ	\'e-lə-ˌvāt, -vət\	mboyvate
eastern	kuarahy resẽ	**eleven** \e-lə-vāt\	pateĩ
\'ē-stərn\	gotyogua		mbo, mbojehu,
	karu,	**elicit** \i-'li-sət\	mbopochy
eat \'ēt\	ñemboapyte	**eliminate**	
echelon		\i-'li-mə-ˌnāt\	mosẽ, juka
\e-shə-län\	pyrupiha	**elongate**	
	ñembogue, jasy	\i-'lóŋ-ˌgāt\	mbopuku, vyso
eclipse	kañy, pore'ỹ,	**elucidate**	
\i-'klips\	pytũ	\i-'lü-sə-ˌdāt\	ha'ỹijo
economic	mba'eñongatu,	**emancipation**	
\ˌe-kə-'nä-mik\	ñongatu	\i-man-sə-pā-	
economy		shən\	sãso
\i-'kä-nə-mē\	mohemby	**embark**	
edge \'ej\	tembe, tembe'y	\im-'bärk\	mbojupi ygápe
edible	hi'upy, ja'upyrã,	**embarrassing**	otĩva,
\'e-də-bəl\	mba'eupy	\im-'ber-əs, \	oporomotĩva
edifice \e-də-fəs\	óga tuicha	**embedded**	moinge pype,
edition \i-dishən\	kuatia ñenohẽ	\im-'be-dəd\	ike pype
	hai kuatia, moĩ	**embezzlement**	
	kuatiápe, pyaha	\im-'be-zəl, em-\	ñemonda
editor \'e-də-tər\	kuatia	**emigrant**	
education	tekombo'e,	\'e-mi-grənt\	osẽva hetãgui
\ˌe-jə-'kā-shən\	jehekombo'e	**emotion**	
effective \ifektiv\	ha'eve	\i-'mō-shən\	pirĩ, py'akyrỹi
effectual			poru,
\i-'fek-chə-(wə)l\	ha'eve, katupyry	**employ**	momba'apo,
effeminate \-nət\	kuñareko	\im-'plói, em-\	moneda, jokuái
efficient		**empty**	nandi, nandi
\i-'fi-shənt\	katupyry, guápa	\'em(p)-tē\	vera
effort \'e-fərt\	ñepia'ã		pohano,
effusive		**enchant**	mbopaje,
\i-'fyü-siv\	hetia'e, hory	\in-'chant, en-\	moakãraku
egg \'eg, 'āg\	tupi'a, rupi'a	**encircle**	
eight \'āt\	poapy	\in-'sər-kəl, en-\	mongora
eighty \ˌā-tē\	poapypa	**enclose**	
eject \i-'jekt\	ity, poi, mombo	\in-'klōz, en-\	mboty, mongora
elastic \i-'las-tik\	ojepysóva	**encompass**	ha'ãmba, reko
elated \i-'lāt\	mbovy'a	\in-'kəm-pəs\	poguýpe
	poravo,	**encounter**	juhu, johu,
election	jeporavo,	\in-'kaún-tər-\	huguaitĩ, huvaitĩ
\i-'lek-shən\	tembiporavo	**encourage**	moingove,
electrical		\in-'kər-ij,\	ñanima
\i-'lek-trik, ē-\	syryendy	**encumber**	joko, mopa'ã

\in-'kəm-bər\			**equality**	
endorsement			\i-'kwä-lə-tē\	tekojoja
\in-'dór-smənt\	motupã		**equipment**	
endurance			\i-'kwip-mənt\	aty poravopyre
\in-'dùr-ən(t)s\	jy, tatã		**erotic** \i-'rä-tik\	hakuchi
energetic	mbarete,		**erupt** \i-'rəpt\	japo, mboaje
\ˌe-nər-'je-tik\	mbaretekue		**escalate**	
engrave \in-'grāv\	karãi		\'es-kə-ˌlāt,\	mboheta, retave
engulf \in-'gəlf\	mokõ, syryku			piã, dipara,
	mboyvate,		**escape**	mbovu kamisa
enhance	mbotuicha,		\is-'kāp\	lomo
\in-'han(t)s, \	moporã		**escrow** \'es-krõ\	ñangareko
enjoin \in-'jóin\	jerure jey jey		**esophagus**	
	mbotuicha,		\i-'sä-fə-gəs\	tembi'u rape
	momba'e		**especial**	
enlarge \in-'lärj\	guasu		\is-'pe-shəl\	poravopyre
enlargement	mbotuichave,		**espionage**	pyrague,
\in-'lärj-mənt,\	pyso, mbopy		\'es-pē-ə-ˌnäzh\	nambikupe
enormous			**essence** \e-əns\	teko, karaku
\i-'nór-məs, ē-\	tuicha iterei		**essential**	
enrapture	mbojurujái,		\i-'sen(t)-shəl\	karaku
\in-'rap-chər,\	mbotavy		**establish**	
	téra rysỹi, viru		\i-'sta-blish\	moĩ, mohenda
enroll	jaike agua			opa mba'e
\in-'rōl, en-\	mbo'ehaó			orekóva peteĩ
	mombarete,		**estate** \i-'stāt\	tekove
ensure	mohatã,			hayhu,
\in-'shùr\	moañete			mbohepy,
entangle	mbojehe'a,		**esteem**	mbojerovia,
\in-'taŋ-gəl\	moapañuãi		\i-'stēm\	mboaje
entertain	mbovy'a,			jerovia,
\ˌen-tər-'tān\	mbohory		**estimate**	porangareko
envelop			\'es-tə-ˌmāt\	vlerësim
\in-'ve-ləp, en-\	mboapakua		**etch** \'ech\	karãi
envelope			**eternal**	
\'en-və-ˌlõp,\	kuatiañe'ẽ ryru		\i-'tər-nəl\	apyra'ỹ, apyre'ỹ
envious	rekose		**ethical**	
\'en-vē-əs\	ñanemba'e'ỹva		\'e-thi-kəl\	tekoporã
environment	arapytu, jere,		**euphoria**	
\in-vī-rə(n)-mənt\	tekoha, koty		\yü-'fór-ē-ə\	vy'a
envisage	japo tenonde,		**evaluate**	
\in-'vi-zij, en-\	japo mboyve		\i-'val-yə-ˌwāt\	mbohepy
envision			**evasion**	
\in-'vi-zhən, \	imo'ã rei		\i-'vā-zhən, ē-\	ñemombyry
envoy \'en-vói,\	mondopyre			sỹi, joja, pe, ape
epoch \'e-pək,\	ára		**even** \'ē-vən\	joja
equal \'ē-kwəl\	javeve, ha'ete		**evening** \'ēv-niŋ\	ka'aru

event \i-'vent\	apopyre
eventual \i-'ven-sh-wəl\	hapykuegua, hapykuerigua
ever \'e-vər\	jepi, oimeraẽ
every \'ev-rē\	mayma, ñavõ
evidence \'e-ve-dən(t)s\	tesakã, mba'e ojekuaa porãva
evident \'e-ve-dənt\	sakã, hesakã
evil \'ē-vəl\	ñaña, pochy
evoke \i-'võk\	mandu'a
evolution \,e-ve-'lü-shən\	ñemomýi tenonderã gotyo
exacerbate \ig-'za-sər-,bãt\	mohatã
exact \ig-'zakt\	ha'ete
examination \ig-za-mə-nā-shən\	tesa'ỹi'o, kuaa ra'ã, ñeporandu
example \ig-'zam-pəl\	techaukarã
excellent \'ek-s(e-)lənt\	poravopyre
exception \ik-'sep-shən\	sapy'agua
excerpt \ek-sərpt\	pehẽngue, kuruvi
excessive \ik-se-siv\	eterei, iterei
exchange \iks-'chãnj\	moambue, jerova, myengovia
excited \ik-'sĩt, ek-\	moakãraku, akãraku
exclaim \iks-klãm\	kyndýi, momorãva
excruciating \ik-'skrü-shē-ãt-\	pohýi eterei
excusable \ik-'skyüz\	komu
execute \'ek-si-,kyüt\	japo, apohára
exercise	tembiaporã

\'ek-sər-,sīz\	
exhausted \ig-'zóst\	kane'õ, pituva
exhibit \ig-'zi-bət\	mombe'u, hechauka
existence \ig-'zis-tən(t)s\	tekove, ñeimeha
exit \'eg-zət,\	ñesẽ, resẽ
expect \ik-'spekt\	ha'arõ, jerovia
expenditure \ik-'spen-di-chər	poru, porupyre
expensive \ik-'spen(t)-siv\	hepy
experience \ik-spir-ē-ən(t)s\	tembiasakue arandu
expiration \ek-spə-rā-shən\	pu'aka
explain \ik-'splãn\	mohesakã
explicable \ek-'spli-kə-bəl\	ñemohesakã
exploitation \ek-splói-tã-shən\	mombu
explosion \ik-'splõ-zhən\	momba'apo rei
exponent \ik-'spõ-nənt,\	mombe'u
expose \ik-'spõz\	mombe'u, hechauka
extend \ik-stend\	mosarambi, muasãi
external \ek-'stər-nəl\	okapegua
extinct \ik-'stiŋ(k)t, 'ek-,\	amyrỹi
extinguish \ik-'stiŋ-(g)wish\	mbogue
extreme \ik-'strẽm\	pahague
eye (s) \'ĩ\	tesa, sa

f

fabric \ '*fa-brik*\	poyvi, ao, aopo'i	**father** \ '*fä-thər*\	ru, túva
fabulous	ikoe,		kyrave,
\ '*fa-byə-ləs*\	ñeimo'ã'ỹva	**fatten** \ '*fa-tən*\	mongyra
façade *fə-'säd*\	tova, óga rova	**fault** \ '*fölt*\	angaipa, jejavy
face \ '*fās*\	tova	**favor** \ '*fā-vər*\	pytyvõ
faceless	ijara'ỹva, apoha	**fear** \ '*fir*\	kyhyje, py'amirĩ
\ '*fās-ləs*\	jekuaa'ỹva	**fearless** \ '*fir-ləs*\	py'aguasu
facial \ '*fā-shəl*\	tova rehegua	**feast**	arete
facilitate	mbohape,	**february**	
fə-'si-lə-,tāt\	pytyvõ	*fe-b(y)ə-wer-ē* \	jasykõi
	apopyre,		mongaru,
fact \ '*fakt*\	ojejapopyre	**feed** \ '*fēd*\	hembi'ume'ẽ
	apoha,		andu, ñandu,
factory	apohaguã,	**feel** \ '*fēl*\	ñepu
\ '*fak-t(ə-)rē*\	apopy	**fellow** \ '*fe-(,)lō*\	tete pehẽngue
fade \ '*fād*\	mboje'o	**felony** \ '*fe-lə-nē*\	teko'avy
fail \ '*fāl*\	javy, poti	**female** *fē-māl*\	kuña, tembireko
fair \ '*fer*\	marangatu	**feminine**	
fairly \ '*fer-lē*\	ha'etépe	\ '*fe-mə-nən*\	kuña rehegua
faith \ '*fāth*\	jeroviapy	**ferment**	
fake \ '*fāk*\	tovamokõi	*fər-ment*\	taguino
fall \ '*föl*\	kukúi	**fertile** \ '*fer-təl*\	ñemoña katúva
fallacy '*fa-lə-sē*\	añete'ỹhápe	**fever** \ '*fē-vər*\	taku
falseness *föls-*\	pokarẽme		tyvi, tovykã,
familiar		**fiber** \ '*fī-bər*\	taju, yvi
fə-'mil-yər\	ojekuaáva		mbaraka'i
famine		**fiddle** \ '*fi-dəl*\	hasẽngy, ravel
\ '*fa-mən*\	ñembyahýi	**fidelity**	jeroviapy,
famous	herakuã,	*fə-'de-lə-tē, fī-*\	jerovia reko
\ '*fā-məs*\	ojekuaáva	**fierce** \ '*firs*\	ñarõ, ñarõ iterei
fancy	ñeimo'ã,		rari,
\ '*fan(t)-sē*\	ovevéva akãgui	**fiery** \ '*fī(-ə)-rē*\	iñakãrakúva
far \ '*fär*\	mombyry	**fifty** \ '*fif-tē*\	popa
	opa mba'e		ñorairõ,
	orekóva peteĩ		ñombohovái,
farm \ '*färm*\	tekove	**fight** \ '*fīt*\	ñeha'ã
fashion	ñemonde	**file** \ '*fī(-ə)l*\	ñongatuha
\ '*fa-shən*\	ãgagua	**filling** \ '*fi-liŋ*\	jatyka, myenyhẽ
fast \ '*fast*\	pya'e	**film** \ '*film*\	pire pererĩ
fat \ '*fat*\	kyra, avevo	**filth** \ '*filth*\	ky'akue, ky'a
	reruha, ikatu'ỹva	**final** \ '*fī-nəl*\	pahague
fatal \ '*fā-təl*\	jajoko	**finalize**	japopa, moĩmba

\ 'fī-nə- ˌfīz\		
finance \fə-'nans\	hepyme'ẽ	
	juhu, huguaitĩ,	
find \'fīnd\	huvaitĩ	
fine \'fīn\	po'i, ku'i, sa'i	
finger\'fiŋ-gər\	kuã, pysã	
firm \'fərm\	hatã, mbarete	
first \'fərst\	peteĩha, ypýpe	
fish \'fish\	pira	
fist \'fist\	poapu'a	
fixed \'fikst\	pytaso, oku'e'ỹ	
flag \'flag\	aoveve	
flammable		
\'fla-mə-bəl\	myendy	
flashing		
\'fla-shiŋ\	mimbi, vera	
flatten \'fla-tən\	mbope, mombe	
	he, he'ỹ (sin	
flavor \'flā-vər\	sabor)	
flea \'flē\	tũngusu	
fleet \'flēt\	ygarataeta	
	ndahasýiva	
flexibility	ñamokarapã	
flexible	rari, ndahasýiva	
\'flek-sə-bəl\	ñamokarapã	
flight \'flīt\	veve	
flip \'flip\	mombo	
float \'flōt\	vevúi	
flood \'fləd\	ysẽ, y japyhy	
floor \'flór\	yvy rogapy	
flour	hu'itĩ	
flower\'flaủ(-ə)r\	yvoty	
fluency		
\flü-ən-sē\	syryry	
fluid \'flü-əd\	hyku, osyrýva	
	mbyte,	
focus \'fō-kəs\	hy'arendy	
fog \'fóg, fäg\	tatatina	
folk \'fōk\	mbya, máva	
follow \'fä-(ˌ)lō\	poi'ỹ, iko meme	
fond \'fänd\	jepokuaa, hayhu	
foot \'fút\	py	
forbid	mbotove,	
\fər-'bid, fór-\	japouka'ỹ	
forceful\'fórs-fəl\	mbarete	
forecast\-kast\	ta'uvõ	

foremost \ˌmōst\	tenondegua	
foresee	joko mba'e vai,	
\fór-'sē\	hecha mombyry	
forestall	mongora,	
\fór-'stól\	mbojoko	
forget \fər-'get\	resarái	
fork\'fórk\	ñangarekoha	
formal \fór-məl\	hekoporãva	
forsake\fər-sāk\	heja, motyre'ỹ	
forthcoming		
\fórth-'kə-miŋ, ˌ\	aguĩgua	
fortunate		
\ 'fórch-nət,\	ka'avo, ipo'áva	
forty \'fór-tē\	irundypa	
forward	tenonde,	
\'fór-wərd\	tenondépe	
founder		
\ 'faủn-dər\	moñepyrũhára	
fountain		
\ 'faủn-tən\	ykua, ña'ẽmbe	
fraction		
\ 'frak-shən\	vore, pehẽngue	
fragment		
\ 'frag-mənt\	pehẽngue	
frank \'fraŋk\	ñe'ẽ resakáva	
free \ 'frē\	sã'ỹ, sãso	
freedom		
\ 'frē-dəm\	sãso	
freeze \ 'frēz\	mbohypy'a	
fresh \ 'fresh\	to'ysã	
friction		
\ 'frik-shən\	jepichy	
friday \ 'frī-dã, ˌ\	arapoteĩ	
	angirũ,	
friend \ 'frend\	tayhupára	
frighten\ 'frī-tən\	mondýi	
frog \ 'fróg\	ju'i	
front \ 'frənt\	syva	
frontier		
\ frən-'tir\	rembe'y	
frozen \ 'frō-zən\	hypy'a	
fruitful \ 'früt-fəl\	hi'áva	
frustrate		
\ 'frəs-ˌtrāt\	rangue, po'a'ỹ	
funding \ 'fənd-\	tepyme'ẽ	
	pukarã,	
funny \ 'fə-nē\	ombopukáva	

furnish \ˈfər-nish\	mbosako'i, me'ẽ oikotevẽva orendoj
fuss \ˈfəs\	tyapu, ayvu

futile \ˈfyü-təl\	oñekotevẽ'ỹva
future \fyü-chər\	tenonderã

g

gain \ˈgān\	henonde'a		**geology** \jē-ˈä-lə-jē\	yvyrekokuaa, yvyrekombo'e
gallant \gə-ˈlant\	py'aguasu		**germ** \ˈjərm\	vicho'i ndojehecháiva
gallery \ˈga-lə-rē,\	ogaguy, ogapepoguy		**gesture** \jes-chər\	tovameguã
gallows \ga-lōz\	yvyra juvyha		**get** \ˈget\	pyhy, moguahẽ
gamble \gam-bəl\	ñembosarái		**ghost** \ˈgōst\	póra, angue
game \ˈgām\	ñeha'ã, ta'ã		**gibberish** \ˈji-b(ə-)rish,\	ñe'ẽ jehe'a
gang \ˈgaŋ\	akãhatãrã ñembyaty		**gift** \ˈgift\	temime'ẽ, temikuave'ẽ
garbage \ˈgär-bij\	yty, ytyapy		**giraffe** \jə-ˈraf\	mburikáicha mymba hi'ajúra
garden \gärdən\	korapy, yvotyty		**girl** \ˈgər(-ə)l\	mitãkuña, mitã
gas \ˈgas\	mba'etĩ, timbo, pytu		**glamour** \ˈgla-mər\	ka'avo, juky, kavure'i
gather \ga-thər\	mboaty		**glare** \ˈgler\	jajái, mimbi
gavel \ˈga-vəl\	mbotaha		**glaring** \ˈgler-\	mbohesamimbi, myesakã
gazelle \gə-ˈzel\	guasu		**glass** \ˈglas,\	itavera, ñengecha
gazette \gə-zet\	kuatia maranduha		**gleam** \ˈglēm\	vera, rataindy
gear \ˈgir\	aty poravopyre		**glean** \ˈglēn\	hára
generation \je-nə-ˈrā-shən\	ñemoñare		**glide** \ˈglīd\	syry, syryry
generosity \je-nə-ˈrä-sə-tē\	pojera, ome'ẽséva		**glimpse** \glims\	ñema'ẽ, ma'ẽ
genteel \jen-ˈtēl\	kate, mopotĩmbyre		**glitter** \ˈgli-tər\	vera, mimbi
gentle \ˈjen-təl\	hory, juky, hetia'e, py'arechaukaha		**global** \ˈglō-bəl\	ára pavẽ rehegua
gentleman \ˈjen-təl-mən\	karai		**gloom** \ˈglüm\	pytũ, ñypytũ, pytũmby
genuine \ˈjen-yə-wən\	añetegua		**glorify** \ˈglōr-ə-ˌfī\	moherakuã, mbotuvicha

42

gnash \\'nash\\	ñe'ẽ, chiã	
goal \\'gōl\\	tu'ã, hupytyrã	
gold \\'gōld\\	itaju	
gone \\'gón \\	kañy, ñemi	
good \\'gud\\	porã, marangatu	
goose \\'güs\\	ype, guarimbe	
gorge \\'górj\\	ahy'o	
gossip \\'gä-səp\\	ñe'ẽngatu	
government \\gə-vər(n)-mənt\\	tekuái	
grain \\'grān\\	ta'ỹi	
grammar \\'gra-mər\\	ñe'ẽtekuaa	
grandiose \\'gran-dē-ˌōs\\	hyapúva, porã rasa	
grant \\'grant\\	me'ẽ, moneĩ	
graphic \\'gra-fik\\	ta'angahai	
grasp \\'grasp\\	pyhy, japyhy	
grass \\'gras\\	kapi'i, ñana	
grateful \\'grāt-fəl\\	hechakuaa, aguije, aguijeve	
gratitude \\'gra-tə-ˌtüd\\	aguijevete	
grave \\'grāv\\	pohýi, vai	
great \\'grāt,\\	tuicha	
greedy \\'grē-dē\\	taryrýi, hakate'ỹ	
greeting \\'grēt-\\	maitei, momaitei	
griddle \\'gri-dəl\\	aokytyha, mosỹiha	
grief \\'grēf\\	ñembyasy,	

		jepy'apy
grill \\'gril\\	mbohesyha	
grin \\'grin\\	pukavy, juruvy	
grip \\'grip\\	pyhy, japyhy, jepokói	
gristle \\'gri-səl,\\	kyrýu	
groan \\'grōn\\	pyahẽ	
grocery \\'grōs-rē\\	ñemuha	
ground \\'graúnd\\	yvy, tetã, yvy marae'ỹ	
growth \\'grōth\\	akãrapu'ã, jekakuaa	
grumble \\'grəm-bəl\\	nguguru, ñe'ẽnguguru	
guarantee \\ger-ən-'tē\\	hepyme'ẽha rekovia	
guardian \\'gär-dē-ən\\	terekua, tahachi	
guest \\'gest\\	kõvida	
guidance \\gī-dəns\\	oñemyihápe	
guilty \\'gil-tē\\	marãva, angaipáva	
guitar \\ge-'tär\\	mbaraka	
gun \\'gən\\	mboka mbyky	
gusto \\'gəs-(ˌ)tō\\	angapyhy	
guy \\'gī\\	tekove	
gymnastics	teteku'e, jetepyso	

hair \\'her\\	tague, áva	
half \\'haf, 'häf\\	ku'a, mbyte	
hammer \\ha-mər\\	mbotaha	
hand \\'hand\\	po, akatúa	
handsome \\'han(t)-səm\\	porã, py'aguasu	
hang \\'haŋ\\	saingo	
happy \\'ha-pē\\	hory, ovy'áva	
hard \\'härd\\	mbarete, hatã	

harvest \\här-vest\\	kogapo'o, mono'õmbyre, kochésa	
hat \\'hat\\	akão, akãhoja	
hateful \\'hät-fəl\\	royrõ, py'aro, tayhu'ỹ	
have \\'hav\\	reko, guereko	
hazard \\'ha-zərd\\	mongyhyjeha, mondyiha	
head \\'hed\\	akã, ruvicha	
heal \\'hēl\\	pohano,	

	monguera
hear \\'hir\\	japysaka, hendu
heart \\'härt\\	tekoresa
hearth \\'härth\\	ogapy, óga
	haku, taku,
heat \\'hēt\\	mbyry'ái
heaven \\'he-vē\\	yvága, arapy
	pohýi, pohyikue
heavy \\'he-vē\\	ñeha'ã
heed \\'hēd\\	japysaka
height \\'hīt, \\	yvatekue
	jararã, túva ha
	sy amyrỹi
heir \\'er\\	mba'ekue jára
	añaretã,
hell \\'hel\\	mba'epochy retã
	mba'éichapa,
hello \\he-'lō\\	mba'éiko
help \\'help\\	ñepytyvõ
helper \\'hel-pər\\	pytyvõ
helpful	ojeporúva,
\\'help-fəl\\	porurã
helpless	heja rei,
\\'hel-pləs\\	motyre'ỹ
herb \\'ərb\\	kapi'i
herbivorous	
\\,(h)ər-'biv-rəs\\	kapi'i'uha
here \\'hir\\	ápe, ko ápe
hereditary	oúva
\\hə-re-də-,ter-ē\\	ñemoñarégui
	mba'ekue
heritage	opytáva
\\'her-ə-tij, \\	pehẽnguépe
	hembiapokue
hero \\'hir-(,)ō\\	tuichaitéva
heroism	
\\'her-ə-,wi-zəm\\	py'aguasu
herself	
\\(h)ər-'self,\\	ha'e
hesitant	
\\'he-zə-tənt\\	py'aheta, ku'e
hesitating	
\\'he-zə-,tāt\\	vava, py'aheta
hide \\'hīd\\	mo'ã, mokañy
high \\'hī\\	yvate, yvuku
hike \\'hīk\\	jeguata
hill \\'hil\\	yvyty'i, yvytymi

himself\\im-self\\	ha'e ae, chugui
history	tembiasakue,
\\'his-t(ə-)rē\\	marandeko
	gueraha,
hold \\'hōld\\	gueraha
holocaust	
\\'hō-lə-,kóst\\	mano pavẽ
home \\'hōm\\	óga, ogapy
honest	marangatu,
\\'ä-nəst\\	joheipyre
honey \\'hə-nē\\	eirete
	terakuã porã,
	terakuã guasu,
honor \\'ä-nər\\	mimbi
hook \\'húk\\	ty'ãi, potãi
hope \\'hōp\\	ta'arõ, ñeha'arõ
hopeful	
\\'hōp-fəl\\	jerovia
hopeless	
\\'hō-pləs\\	jerovia'ỹ
horizon	ararapo,
\\hə-'rī-zən\\	arapaha
horn \\'hórn\\	tatĩ, akãratĩ
hospitable	ógape
\\hä-'spi-tə-bəl\\	moguahẽha
hotel \\hō-'tel\\	mbohupa renda
house \\'haús\\	óga
how \\'haú\\	mba'éicha
however	jepe, ramo jepe,
\\haú-'e-vər\\	opáichavo
howl \\'haú(-ə)l\\	guahu
huddle	moapesã,
\\'hə-dəl\\	mbyaty
huge	tuicha iterei,
\\'hyüj, 'yüj\\	popeno, poro'o
human	
\\'hyü-mən, 'yü-\\	heko poráva
humanity	
\\hyü-ma-nə-tē, \\	yvypóra reko
humble	
\\'həm-bəl\\	tindy, mirĩ, tupe
humidity	
\\hyü-'mi-də-tē\\	te'õ, tykue
humiliate	
\\hyü-'mi-lē-,āt\\	motindy
humility	
\\hyü-'mi-lə-tē\\	tindy, jejapose'ỹ

44

	mbopy'arasy
hummingbird	
\ *he-min-,berd*\	mainumby
humor\ *hyü-mer*\	tykue, pukarã
hundred	
\ *hen-dred* \	sa
hunger\ *heŋ-ger*\	ñembyahýi
hungry\ *heŋ-grē*\	ñembyahýi
	tymba apiha,
hunter	guyra apiha
hurdle \ *her-del*\	jokoha, ñepa'ã
hurt \ *hert*\	ñopũ, hunga,

husband	
\ *hez-bend*\	ména
hush \ *hesh*\	kiri̇rĩ
hustle	
\ *he-sel*\	mbotavy
hypocrisy	
\ *hi-'pä-kre-sē*\	tovamokõi

i

	myendy,
ignite\ *ig-'nīt*\	muendy
	tavy,
ignorant	ndoikuaáiva,
\ *ig-n(e-)rent*\	mbya tavy
ill \ *il*\	hasýva
illegal	
\(,)i(l)-'lē-gel\	kañy, máu
illiterate	omoñe'ē'ỹva
\i(l)-'li-t(e-)ret\	kuatia, olee'ỹva
illness \ *il-nes*\	tasy, mba'asy
illusion	andu avy, kuaa
\i-'lü-zhen\	avy
illustrate	mbo'e,
\ *i-les-,trāt*\	momarandu
image \ *i-mij*\	ta'anga
imagination	
i-ma-je-nā-shen	py'amongeta
imagine	
\i-'ma-jen\	imo'ã rei
imbecile	
\ *im-be-sel-*\	výro, tavy
imitate	
\ *i-me-,tãt*\	ha'ã, hekora'ã
immature	
\ *i-me-'tür*\	peky, ropeju
immediate	ko'ãgagua,
\i-'mē-dē-et\	hi'aguĩva
immense	
\i-'men(t)s\	popeno
immerse	moñapymi

\i-'mers\	
immoral	
\i(m)-'mór-el,\	hekopegua'ỹ
immune	
\i-'myün\	hasy katu'ỹva
impair	mbyai, haru,
\im-'per\	momarã
impart\im-'pärt\	me'ẽ
impassive	
\(,)im-'pa-siv\	noñandúiva
impatience	
\im-pā-shens\	jahéi, kuerái
impeach	
\im-'pēch\	mombe'u
impediment	
\im-pe-de-ment\	jokoha, jejoko
impenetrable	oike'ỹha,
\im-pe-ne-tre-bel\	hasa'ỹha
imperil	
\im-per-el,\	ñemonde
impertinent	moangekóiva,
im-per-te-nent	poromoangekóiva
implacable	
im-'pla-ke-bel	noñyrõséiva
implicate	
\ *im-ple-,kãt*\	mbojavo'ói
importance	mba'eguasu
\im-pór-tens\	reko
Impossibility	
\im-,pä-se-bi-le-tē\	ikatu'ỹha
impossible	ikatu'ỹva

45

\im-pä-sə-bəl\	
impression	
\im-'pre-shən\	py'a atõi
imprison	
\im-'pri-zən\	moka'irãi
imprudent	oñangareko'
\-dənt\	ỹva
inability	
\ i-nə-'bi-lə-tē\	pituva
inadvertent	
\-tənt\	pota'ỹ, reigua
inattentive	
\-'ten-tiv\	noma'ẽiva
inaugurate	
\i-nò-gyə-ˌrāt\	moñepyrũ
incapable	
\in-'kā-pə-bəl\	pituva
include\in-'klüd\	moinge pype
incoherent	
\-ənt\	tarova, hekope'ỹ
incomparable	
\in-käm-pə-rə-bəl	jojaha'ỹ
	ndohasáiva akã
inconceivable	rupi, ndoikéiva
\in-kən-'sē-və-bəl\	avave ãme
inconsiderate	
\in-kən-'si-də-rət\	royrõ
inconvenient	
\in-kən-vē-nyənt\	oiko asýva
increase\inkrēs\	mboheta, retave
incredible	jeguerovia'ỹ,
\in-kre-də-bəl\	ikatu'ỹva jarovia
increment	
\iŋ-krə-mənt \	mbotuichave
incumbent	mbohéra,
\in-kəm-bənt\	mbojára
indecent \-sənt\	tie'ỹ
indecision	
\in-di-si-zhən\	ja'ekuaa'ỹva
indeed	
\in-'dēd\	añete, añetegua
indent	ruguy,
\in-'dent\	mbohuguy
indicate	
\ 'in-də-ˌkāt\	hechauka
indifference	
\in-di-fərn(t)s,\	ñepena'ỹ

indirect	
\ in-də-'rekt\	karẽ
individual	tee, petẽíme
\ in-də-'vij-wəl\	guarã
indomitable	ikatu'ỹva
\in-dä-mə-tə-bəl\	oñembo'e
indoor\ in-'dór\	hyepypegua
indulge \in-'dəlj\	monẽĩ, mbokatu
inequality	
\ i-ni-'kwä-lə-tē\	jojaha'ỹ
inexpensive	
\ i-nik-spen-siv\	mba'eñongatu
inferno	
\in-'fər-nō\	añaretã
infinite	
\ 'in-fə-nət\	apyra'ỹ, hypa'ỹ
inflame	moakãraku,
\in-'flãm\	mokyre'ỹ
ingratitude	hechakuaa'ỹ
\in-'gra-tə-ˌtüd\	reko
initial \i-'ni-shəl\	ypypegua
initiate	
\i-'ni-shē-ˌāt\	ñepyrũ
injury	kuare, jekutu,
\ 'inj-rē, 'in-jə-\	jejapi
injustice	
\(ˌ)in-'jəs-təs\	joja'ỹ reko
	oikove ypy guive
inner \'i-nər\	guare
innocent	
\ 'i-nə-sənt\	py'apotĩ, marã'ỹ
inopportune	
\ 'i-nə-sənt\	ou porã'ỹva
insect\'in-sekt\	moñái, vicho
	poroporiahuvere
insensitive	ko'ỹva,
\ in-sen-s-tiv\	noñandúiva,
insinuate	kuaaukavy,
\in-'sin-ye-ˌwãt\	ñehenduka
insist	ñe'ẽ jey jey, japo
\in-'sist\	jey jey
insolvent	
\in-'säl-vent,\	sogue, so'i
inspiration	ñe'ẽkuaa syry,
\in-spe-'rā-shen\	apytu'ũ roky
instantneous	
in-stən-tā-nē-əs	sapy'aitegua

instinct\in-ˌstiŋt\	andu reko
instruct \in-strəkt\	moarandu, tavy'o
insubordinate \in-sə-bȯr-də-nət\	opu'ãva mburuvicháre
insult \in-ˈsəlt\	ja'o, ñe'ẽ api
intangible \in-ˈtan-jə-bəl\	ikatu'ỹva japoko
intend \in-ˈtend\	imo'ã, jesareko
intense \in-ˈten(t)s\	hatã, mbarete
intent \in-ˈtent\	apose, pota, tembipota
interest \ˈin-t(ə-)rəst\	py'apy, kuaase
interior \in-ˈtir-ē-ər\	hyepypegua
international in-tər-nash-nəl	heta tetã rehegua
interpret in-tər-prət -pət	kuaa, myesakã
intimate \in-tə-māt\	añohapegua
intolerable	ikatu'ỹva
introduce \ in-trə-ˈdüs,-\	moinge, ñoña, moñepyrũ
invade \in-ˈvād\	jasuru, ike rei meguã,
invalid \in-va-ləd\	marachachã
invasion \in-ˈvā-zhən\	jasurúva
investigate \in-ˈves-tə-ˌgāt\	typeka, povyvy kuave'ẽ, pepirũ,
invite \in-ˈvīt\	henói
involve \in-ˈvälv\	imo'ã, malisia, pipo
inward \ˈin-wərd\	kotypy, hyepypegua
iron \ˈī(-ə)rn\	itakandua
irresponsible ir-i-ˈspän-sə-bəl	ndaijeroviahái
irritate\ˈir-ə-ˌtāt\	ko'õ, ropipi
island \ˈī-lənd\	ypa'ũ, ñu pa'ũ
itinerary \ī-ˈti-nə-ˌrer-ē\	taperã
ivy \ˈī-vē\	ysypo
\in-ˈtäl-rə-bəl,\	ñamokõ

j

jack \ˈjak\	mbarakaja
jaguar\ˈja-ˌgwär\	jaguarete
jail \ˈjāl\	ka'irãi, yvyrakua
jam \ˈjam\	jopypy, ñoña, mbohyru
jewel \ˈjü-əl'\	jeguaka, mba'ehepy
join \ˈjȯin\	mbojuapy, mbojoaju,mono'õ, mbyaty
jokingly \ˈjō-kiŋ-lē\	jaru, mbojaru, ñembojaru, ñembohory
journal \ˈjər-nəl\	tapiagua, ko'ẽregua, kuatiahaipyre
joy \ˈjȯi\	tory, vy'a, tetia'e
joyful \ˈjȯi-fəl\	ayvuapo
jubilant \ˈjü-bə-lənt\	tory, vy'a
judgement \ˈjəj-mənt\	apytu'ũ, akãguapy, tekojoja rembiapo
judicious \jü-ˈdi-shəs\	iñakãguapýva
juice \ˈjüs\	tykue, ry
juicy \ˈjü-sē\	hykue, aysy
jumbo \ˈjəm-(ˌ)bō\	poro'o, popeno, mburutue, posogue
jump \ˈjəmp\	po, popo, tutu
junction \ˈjəŋ(k)-shən\	joaju, joapy, ñomopeteĩ, jehe'a
jungle	ka'aguy,

\ˈjeŋ-gel\	ka'aguasu
junior \ˈjün-yer\	michĩve, mitã
jurisprudence	
jùr-es-prü-dens	tekome'ẽ mbo'e
jury \ˈjùr-ē\	mohendahára
just \ˈjest, ˈjüst\	marangatu, hekojojáva
justice \ˈjes-tes\	tekojoja
justify	momarangatu

\ˈjes-te-ˌfī\	
juvenile	
\ˈjü-ve-ˌnī(-e)l\	teko pyahu
	mbopohéi, moĩ
juxtapose	oñondive,
\ˈjek-ste-ˌpōz\	joykemoĩ

k

	ñongatu, ñangareko,
keep \ˈkēp\	mbohyru
keeping \ˈkēp-\	ñangareko
ketchup	
\ke-chep\	týra
	mbotyha ha
key \ˈkē\	pe'aha
	pyvoi,pyrũ,
kick \ˈkik\	guata heta
	mokañymbyre,
kidnapper	ñemihápe
\ˈkid-ˌnap\	ojeraháva,
kidney \ˈkid-nē\	pitikiri'i
	juka, moma'ẽ
	pysã guasúre,
kill \ˈkil\	degrasia
killer \ˈki-ler\	ukaha, jukahare
	marangatu,
kind \ˈkīnd\	py'aporã
kindness	teko marangatu

\ˈkīn(d)-nes\	
	tetã rendota oikove aja
king \ˈkiŋ\	pukukue
kingdom	mburuvicha
\ˈkiŋ-dem\	guasu retã
kiss \ˈkis\	ñehetũ, jurupyte
kitchen \ˈkichen\	tataypy, kosina
kitten \ˈki-ten\	mbarakaja
knee \ˈnē\	penarã
knife \ˈnīf\	kyse
knit \ˈnit\	pyaha
knock \ˈnäk\	japete, jatyka
knot \ˈnät\	apytykue , akytã
know \ˈnō\	kuaa, hecha
knowing \-ˈnō-iŋ\	apo vai irũngue
knowledge	
\ˈnä-lij\	jekuaa, ñeñandu
	kuã kangue,
knuckl \ˈne-kel\	ñúdo

l

	tembiapo, apo,
labor \ '|ā-bər\	mba'apoha
lack \ '|ak\	angaipa, jejavy
	oīmba'ỹva,
lacking \ '|ak-\	noĩporãiva
	jupiha,
	porojupiha,
ladder \ '|a-dər\	jupiguataha
ladle \ '|ā-dəl\	kuimbe
lady \ '|ā-dē\	kuñakarai
lake \ '|āk\	yno'õ guasu
lamb \ '|am\	ovecha ra'y
lament|ə-ment\	tasẽ, pyahẽ
	temirendy,
	tataindy, mba'e
lamp \ '|amp\	rendy
land \ '|and\	yvy, tetã,
	tape, guataha,
lane \ '|ān\	tape po'i
language	
|aŋ-gwi\	ñe'ẽ
lapse \ '|aps\	arekue
	tuicha, guasu,
large \ '|ārj\	kakuaa
larva \ '|är-və\	yso, ysokamby
	ñenupã
lash \ '|ash\	tukumbópe
last \ '|ast\	pahague, paha
late \ '|āt\	hi'ára riregua
latitude	
|a-tə-tüd \	pekue, pykue
latter \ '|a-tər\	pahague
laugh	
\ '|af, '|äf\	puka, py'amano
laundry	aojoheiha,
\ '|ón-drē, '|än-\	joheihára
lavish \ '|a-vish\	pojera
law \ '|ó\	akatúa, joja
	pysyrõha,
	tekojoja
lawyer \ '|ó-yər\	pytyvõha
lay \ '|ā\	moĩ, kuapytĩ

lazy \ '|ā-zē\	kaigue, ate'ỹ,
	tendota,
leader \ '|ē-dər\	akãguasu
	óga tyky, óga
leak \ '|ēk\	ape kua
lean \ '|ēn\	mbojerova
	popo, tutu,
leap \ '|ēp\	japyhara
lecture	ñemoñe'ẽ, ñe'ẽ
\ '|ek-chər, -shər\	arandu
	asu, po asu (po
left \ '|eft\	asu)
leg	tetyma, tetyma
\ '|eg also '|āg\	ñokĩ
legacy	
\ '|e-gə-sē\	temimondo
legend	mombe'upy,
\ '|e-jənd\	ñemombe'u yma
legion \ '|ē-jən\	teta, aty
legislator	
|e-jəs-, |ā-tór\	teko me'ẽva
leisure	mba'apo pytu'u,
\ '|ē-zhər, '|	ñekotevẽ'ỹ
lemon	limasuti, apepu
\ '|e-mən\	puru'ã
	poruka, poru,
	joporuka,
lend \ '|end\	jeporuka
length \ '|eŋ(k)th\	puku, vuku
leon |ā-'ōn\	leõ
	mboyke,
	mohemby,
let \ '|et\	jeheja, jehe'a
letter \ '|e-tər\	tai, purahéi ñe'ẽ
lettuce \ '|e-təs\	lechu
level \ '|e-vəl\	ñupyso, yvy pe
liar \ '|ī(-ə)r\	japu, mbotavýva
liberalize	
\ '|i-b(ə-)rə-, |īz\	pojera
liberty \ '|i-bər-tē\	sãso, tekosã'ỹ
library|ī-, brer-ē\	kuatiañe'ẽndy
licking \ '|i-kiŋ\	ñenupã,

49

	ñembyepoti
life \ˈlīf\	tekove, teko, tembiasa, tembiasakue
ligament \ˈli-gə-mənt\	ñeñapytĩha, tajygue
light \ˈlīt\	tesape, tendy, tembipe, tatarendy
lighting \ˈlīt-niŋ\	tesape, tendy
lightning \ˈlīt-niŋ\	amavera, aratiri
likable \ˈlī-kə-bəl\	porã, horýva, piro'y
likewise \ˈlīk-ˌwīz\	ete, chejupe, ojehe
lineage \ˈli-nē-ij\	ypykue
linear \ˈli-nē-ər\	tysyigua, jehai rehegua
link \ˈliŋk\	apytĩ, joaju
liquidation \ˈli-kwə-ˌdāt\	ñemuha, hepy'ivéva
listen \ˈli-sən\	japysaka, hendu
literature \ˈli-tə-rə-ˌchùr\	ñe'ẽporãmbo'e ñe'ẽporahai-pyre
little \ˈli-təl\	michĩ
live \ˈliv\	ikove
lively \ˈlīv-lē\	moingove
living \ˈivi-ng\	tekove, teko, tembiasa
load \ˈlōd\	jokuapy, mba'e pohýi
loaf \ˈlōf\	mbujape

loan \ˈlōn\	jeporu, jeporuka
lobster\ˈläb-stər\	tuku
lock \ˈläk\	mbotyha
logic \ˈlä-jik\	kuaa rape
loneliness \ˈlōn-lē-\	tave'ỹ, teko año
long \ˈlôŋ\	puku, vuku
longer \ˈlôŋ\	pukukue
look \ˈlùk\	vichea, hecha, maña
loose \ˈlüs\	jera, nandi
loquacious \lō-ˈkwā-shəs\	ñe'ẽngatu
lost \ˈlóst\	kañypyre, ñembyaipyre, kuña reko vai
loud \ˈlaúd\	tyapúpe, ayvúpe, ayvuhápe, hyapu
loyalty \ˈlói(-ə)l-tē\	jeroviapy
luck \ˈlək\	po'a
lumber \ˈləm-bər\	yvyra
luminous \ˈlü-mə-nəs\	hendypu
luster \ˈləs-tər\	mimbi, herakuã porã
luxury \ˈlək-sh(ə-)rē\	katekue, jegua rei
lying	japu, mbotavýva
lymph \ˈlim(p)f\	ysatĩ, tuguyry, tete rykue

m

	apopyre, ojejapopyre
made \ˈmād\	
magic \ˈma-jik\	paje
magnet \ˈmag-nət\	itakaru
mail \ˈmāl\	pareha
maintain	reko, mongaru

\ˈmān-tān\	
maker \ˈmā-kər\	apoha, apohára, apohare
male \ˈmāl\	kuimba'e
malevolent\-lənt\	aña, ñaña
malpractice \ˌmal-ˈprak-təs\	techagi, ate'ỹ reko

manage	hupyty, ikokatu,
\'ma-nij\	moingo
management	sãmbyhy,
\'ma-nij-mənt\	mboguata
manner\ma-nər\	teko, tape
manual	
\'man-yə-wəl	pópe ojejapóva
manufacture	
\man-yə-fak-chər\	japo, japouka
	heta, tuicha,
many \'me-nē\	ikoe
march \'märch\	jasyapy
marine\mə-'rēn\	para rehegua
	pore,
	techaukaha,
mark \'märk\	pere, mbore
	ñemu renda,
market	mba'erepy
\'mär-kət\	renda
marriage	menda, ména
\'mer-ij, 'ma-rij\	ha hembireko
	omanóva
martyr	hapicha kuéra
\'mär-tər\	oipysyrõvo
marvelous	tembiechapy,
\'märv-(ə-)ləs\	maravichu
masculine	kuimba'e
\'mas-kyə-lən\	rehegua
mason	óga apoha, óga
\'mā-sən\	apohára
mass \'mas\	mba'e hu'ũ, aty
massacre	
\'ma-si-kər\	jejuka heta
masterful	
\'mas-tər-fəl	mohendaha
match \'mach\	sỹi, apesỹi
material	
\mə-'tir-ē-əl\	ikatúva japoko
matter \'ma-tər\	mba'e pokopyrã
may \'mā\	jasypo
mean \'mēn\	py'ahatã, ñaña
meaning	
'mē-niŋ\	he'iséva
meantime	
\mēn-tīm\	javeve, kuévo
measurable	
\'me-zhə-\	ikatúva oñeha'ã

	so'o, so'o ku'i,
meat \'mēt\	so'o ka'ẽ
media\'mē-dē-ə\	py ao, ku'a
medicine	pohã,
\'me-də-sən\	pohanokuaa
medieval	
\mē-'dē-vəl\	arambytegua
meditate	
\'me-də-ˌtāt\	py'amongeta
	juhu, huguaitĩ,
meet \'mēt\	huvaitĩ
melody	
\'me-lə-dē\	mba'epu porã
melon \'me-lən\	merõ
member	
\'mem-bər\	tete pehẽngue
memoir	
\'mem-ˌwär, -ˌ\	mandu'a, py'aho
menace	
\'me-nəs\	ha'anga, ja'o
mental\men-təl\	apytu'ũ rehegua
	`e téra,
mention	romandu'a,
\'men(t)-shən\	mombe'u
merciful	
\'mər-si-fəl\	poriahuverekóva
	mbojoaju,
	mbojuaju,
merge \'mərj\	mbojuapy
mess \'mes\	sarambi
methodical	
\mə-'thä-di-kəl\	sarambi'ỹva
meticulous	
\mə-'ti-kyə-ləs\	mbosa'i sa'i
	porãite'ỹ,
middle	ndaituichái ha
\'mi-dəl\	naimichĩri
milk \'milk\	kamby
	apytu'ũ,
mind \'mīnd\	akãngua
minimum	
\'mi-nə-məm\	michĩveva
minute \'mi-nət\	aravo'i
mirror \'mir-ər, \	itangecha
misery	mboriahu, teko
\'mi-zə-rē,\ '	mboriahu
missing\'mi-siŋ\	pore'ỹ

51

mistaken \mə-ˈstāk\	javy, jejavy, pyho
modest \ˈmä-dəst\	jerovu'ỹ, jejapo'ỹ
money \ˈmə-nē\	pira pire
motion	jeku'e, ñemýi,

\ˈmō-shən\	mýi
mysterious \mis-ˈtir-ē-əs\	herunguã

n

nail \ˈnāl\	pyapẽ
naked \ˈnā-kəd\	opívo, ao'ỹ
name \ˈnām\	téra, tero
narcotic \när-ˈkä-tik\	andupoiha, ñeñandu'ỹ, reruha
narrate \ner-ˌāt,\	mombe'u
narrow \ˈner-(ˌ)ō\	po'i, pyka'i. pichi'ĩ
nasty \ˈnas-tē\	ky'a, jare
natal \ˈnas-tē\	heñoi hague
national \ˈnash-nəl\	tetãgua, tetã rehegua
native \ˈnā-tiv\	tetãgua
natural \ˈna-chə-rəl\	ha'ete, hekopegua
nauseous \ˈnó-shəs\	akãnga'u, akãtavy, porombopy' ajeréva
naval \ˈnā-vəl\	yga rehegua
navigate \ˈna-və-ˌgāt\	guata ygápe y rupi
necessary \ˈne-sə-ˌser-ē\	neikotevẽva
neck \ˈnek\	ajúra
need \ˈnēd\	kotevẽ, tekotevẽ
needy \ˈnē-dē\	oikotevẽva
negative \ˈne-gə-tiv\	vai, potapyre'ỹ

neglect \ni-ˈglekt\	mbotapykue hechagíva, ate'ỹ
negligent \-jənt\	rekóva
neighborhood \ˈnā-bər-ˌhüd\	amandaje, tavaygua atýra
nervous \ˈnər-vəs\	pochy reíva, hajyguéva
nestle \ˈne-səl\	ñemoakuruchĩ
neutral \ˈnü-trəl, ˈnyü-\	ñorairõme mbytepegua
never \ˈne-vər\	araka'eve, máramo, márõ
newly \ˈnü-lē\	angete, ramo, aje'i, kuri
news \ˈnüz,\	marandu, momarandu, kuaapyrã laja
next \ˈnekst\	aguĩgua
night \ˈnīt\	pyhare, tupã ra`y pyhare
nobody \ˈnō-bə-dē\	mavave, avave
noise \ˈnóiz\	tyapu, ayvu
nominate \ˈnä-mə-ˌnāt\	mbohéra
none \ˈnən\	mavave, avave
nonsense \ˈnən\	vyrorei, vyrésa, ñe'ẽrei
normal \ˈnór-məl\	hekópe
north \ˈnórth\	yvate

nostalgia \nä-ˈstal-jə\	techagaˈu
notable \ˈnō-tə-bəl\	herakuã, kuaapyre
notary \nō-tə-rē-\	añete mbokuatiàva
nothing \nə-thiŋ\	mbaˈeve, náko
notice \ˈnō-təs\	marandu
notify \nō-tə-fī\	momarandu, mombeˈu
nourish \ˈnər-ish,\	mongaru, mombarete
novel \ˈnä-vəl\	tembiasaguaˈu, mombeˈu guaˈu puku

november \nō-ˈvem-bər\	jasypateῖ
noxious \ˈnäk-shəs\	mbyaíva, porombyaíva
nuclear \ˈnü-klē-ər\	mbytegua
nullify \ˈnə-lə-ˌfī\	peˈa, momba
number \ˈnəm-bər\	papaha
nutrition \ˈnəm-bər\	mongarúva

O

oath \ˈōth\	ñeˈēmeˈē
obedience \ō-ˈbē-dē-əns,\	ñemboaje, ñeˈērendu
object \ˈäb-jikt, -(ˌ)jekt\	mbaˈe, temimoˈã, jejaporã, hupytyrã,
objective \əb-ˈjek-tiv, äb-\	añetegua, hupytyrã
obligate \ˈä-blə-ˌgāt\	mbojapo potaˈỹme
obliterate \ə-ˈbli-tə-ˌrāt,\	mbojeˈo, hai ári
oblivious \-vē-əs\	pyˈamanóva, pyˈakañýva, tarova
obnoxious \äb-ˈnäk-shəs,\	omoñemyrõva
obscene \äb-ˈsēn, əb-\	tieˈỹ
obscurity \äb-skyür-ə-tē,\	pytũ, ñypytũ

observance \əb-ˈzər-vən(t)s\	ñemboaje
observant \-vənt\	maˈẽha, jesapeˈáva
obsession \äb-ˈse-shən, \	pyˈajopyha, akãmbotaha
obsolete \ˌäb-sə-ˈlēt, ˈ\	ndojepuruvéimava, mbaˈe tuja
obstacle \ˈäb-sti-kəl, \	jokoha, ñepaˈã
obtain \əb-ˈtān-\	hupyty, reko
obvious \ˈäb-vē-əs\	hesakã, añetete
occasion \ə-ˈkā-zhən\	ára ikatu ramo
occupy \ˈä-kyə-ˌpī\	jokuái, mombaˈapo
occurrence \ə-ˈkər-ən(t)s\	tembiasa, ojehúva
ocean \ˈō-shən\	paraguasu
october \äk-tō-bər\	jasypa

53

odor \'ō-dər\	tyakuã		tembiapógui
offend \ə-'fend\	moñemyrõ, moñeko'õi	**outcry** \'aut-ˌkrī\	sapukái asy
offensive \ə-'fen(t)-siv\	omoñemyrõva	**outfit** \'aut-ˌfit\	aty poravopyre
office \'ä-fəs,\	mba'apoha, kuatia renda	**outgoing** \'aut-ˌgō-iŋ, \	osēva
old \'ōld\	tuja, kue, kuepa, ngue	**outlaw** \'aut-ˌló\	moñái, añamemby, mondaha
olive \'ä-liv, -ləv\	yva tarumáicha, ome'ēva, ñandyry	**outrage** \aut-ˌrāj\	ñemyrõ, ja'o
oncology \än-'kä-lə-jē\	rurukuaa	**outside** \ˌaut-'sīd,\	okápe, ñápy, hýpy
one \'wən\	peteĩ	**outstanding** \aut-'stan-diŋ\	ohasáva
onion \'ən-yən\	sevói	**overcome** \ˌō-vər-'kəm\	joko, mbohepyjoko, pe'a
open \'ō-pən,\	pe'a, mboty'o, pevu	**overdrawn** \ō-vər-dró\	jekuaa, hesakã
operation \ˌä-pə-'rā-shən\	tembiaporã	**overload**	mbopohyive
oppose \ə-'pōz\	moĩ renondépe, jepytaso	**overreach** \ˌō-və(r)-'rēch\	ha'ãmba
oppress \ə-pres\	jopy	**overreact**	mbohovái, pu'ã, apojovái
optical \äp-ti-kəl\	jehecha	**overrun** \-'rən\	ñehẽ, chovi
optimist \'äp-tə-mist\	kyre'ỹ, mba'e porã ojeroviáva	**overshadow** \-'sha-(ˌ)dō\	mbogue
order \'or-dər\	ñemohenda	**overtake** \ˌō-vər-'tāk\	hasa, hasave, hendágui
ordinance \'ord-nən(t)s\	apoukarã	**overturn** \ˌō-vər-'tərn\	pe'a, momba
organism \'or-gə-ˌni-zəm\	hekovéva, aty	**overweight** \'ō-vər-ˌwāt\	pohyikue ha'ãha
orientation \or-ē-ən-tā-shən\	mbohape	**overwork** \ō-vər-'wərk\	mba'apo eterei
origin \'or-ə-jən,\	ñepyrũ	**own** \'ōn\	tee, jehegua, mba'e tee
other \'ə-thər\	ambue	**owner**	jára, terekua
our \au̇(-ə)r\	ñánde, ñáne		
outcome \'aut-ˌkəm\	tembiapokue, osēva		

P

pacific \pə-'si-fik\	py'aguapy, ñorairõ'ỹva
package\'pa-kij\	fifi, apytĩmby, jokuapy
pact \'pakt\	ñe'ẽme'ẽ
page \'pāj\	togue, rogue, hogue
pain \'pān\	tasy, ñembyasy
paint \'pānt\	pititi
palace \'pa-ləs\	mburuvicha róga
palpable \'pal-pə-bəl\	poko, povyvy
pancreas \pan-krē-əs\	perevi, perevy
paper \'pā-pər\	kuatia
parade \pə-'rād\	guata rysýi
parallel \'per-ə-lel\	joja jovái
paralysis \pə-'ra-lə-səs\	akuruchĩ, ñepã
parazite \'per-ə-,sĩt, \	pyteha, tuguy uha
parcel \'pär-səl\	fifí
pardon \'pär-dən\	ñyrõ
park \'pärk\	yvotyty
part \'pärt\	vore, pehẽngue
partake \pär-'tāk, pər-\	iko atýpe, momarandu
partner \'pärt-nər \	irũ
party \'pär-tē\	mboja'opy, ñemboja'o
passion \pa-shən\	pota
pastry\'pās-trē\	javy tuicha
pathology \-jē\	teko hasýva
pay \'pā\	mboepy, mbyekovia, mbuekovia
pediatrics	mitã pohano

\,pē-dē-'a-triks\	mbo'e
pen \'pen\	tague, guyra rague
peninsula \pə-'nin-s(ə-)lə\	yvyapy, yvy akua
pension \'pen(t)-shən\	mba'apokuére viru oñeme'ẽva
people \'pē-pəl\	mbya, máva, yvypóra, ava kuéra
perfect \'pər-fikt\	porã jepéva
perform \pə-'fórm\	japo
perhaps \pər'haps\,	ikatu, herunguã
permanent \-nənt\	opytáva, tapiagua
permission \pər-'mi-shən\	ñeĩ, sãso
perpetrate \'pər-pə-,trāt\	japo mba'e vai
persecute \'pər-si-,kyüt\	muña, moña
persistence \pər-'sis-tən(t)s\	jetu'u
personality \pər-sə-na-lə-tē\	tekove arandu, tekove poguasu
persuade \pər-'swād\	mbo'e, py'amovã
pharmacology \fär-mə-kä-lə-jē\	pohã ñemuha rehegua
phone \'fōn\	pumbyry, ñe'ẽmombyryha ohóva inimb oatãre
photograph \'fō-tə-,graf\	ta'anga
physical \'fi-zi-kəl\	tete rehegua
pigeon \'pi-jən\	pykasu, jeruti
pine \'pīn\	kuri, kuri'y

55

pink \\'piŋk\\	pytãngy	
pistol \\'pis-təl\\	mboka mbyky	
pitcher \\'pi-chər\\	kambuchi	
pithy \\'pi-thē\\	poromongarúva	
place \\'plās\\	tenda, tekoha, mamoha, ládo	
plane \\'plān\\	pepo'atã, guyratã, aviõ	
plant \\'plant\\	ka'avo, ka'a, yvyra, máta, ñana	
plate \\'plāt\\	ña'ẽmbe	
plausible \\'plŏ-zə-bəl\\	ikatúva jejapo	
play \\'plā\\	ñembosarái, mbojaru	
playful \\'plā-fəl\\	saraki	
plea \\'plē\\	jerure, jerure asy	
please \\'plēz\\	pytyvõ	
plunder \\'plən-dər\\	ñemonda	
plurality \\'plú-'ra-lə-tē\\	viru hetáva sãmbyhy	
pocket \\'pä-kət\\	aokua	
poem \\'pō-əm\\	ñe'ẽpoty, ñe'ẽyvoty	
poet \\'pō-ət\\	ñe'ẽpapára, ñe'ẽpoty apoha	
pointless \\'póint-ləs\\	oñekotevẽ`ỹva, tekorei	
poison \\'pói-zən\\	popĩa, pohãmano, jukaha	
police \\pə-'lēs\\	tahachi	
policy \\'pä-lə-sē\\	tetã mba'ére ojepy'apýva, heko porã	
pollution \\pə-lü-shən\\	mongy'a	
poor \\'púr, 'pór\\	poriahu, sogue, mboriahu	
popular \\'pä-pyə-lər\\	kavure'i, ka'avo	
pork \\'pórk\\	kure ka'aguy	
positive \\'pä-zə-tiv\\	añetehápe	

possible	ikatúva oiko	
posterior \\pō-'stir-ē-ər\\	hapykuegua	
postpone \\(,)pōs(t)-'pōn\\	mbotapykue, mbotakykue	
potato\\pə-tā-tō,\\	yvy'a, jety	
potent \\'pō-tənt\\	pu'akáva	
potential \\pə-'ten(t)-shəl\\	ikatúva oiko	
pottery \\'pä-tə-rē\\	kambuchi apoha	
poverty \\'pä-vər-tē\\	tekotevẽ, ñekotevẽ, mboriahu	
power\\'paú(-ə)r\\	pu'aka, pokatu	
practice \\'prak-təs\\	jepokuaa, jeporu, poru	
praise \\'prāz\\	momba' eguasu	
prayer \\'prer\\	ñembo'e	
preach \\'prēch\\	ñemoñe'ẽ, ñe'ẽ	
precedence \\'pre-sə-dən(t)s\\	tenondegua	
precious \\'pre-shəs\\	poráite, hepyete	
precision \\pri-'si-zhən\\	ha'ete	
predicate \\'pre-di-kət\\	ñemoñe'ẽ, ñe'ẽ	
pregnant \\'preg-nənt\\	puru'a, hyeguasu, hyevúva, kyrajo'a	
preparation \\pre-pə-'rā-shən\\	ñembosako'i	
prescribe \\pri-'skrīb\\	japouka	
presently \\'pre-zənt-lē\\	hagẽ, pya'e	
pressure \\'pre-shər\\	jejopy	
prevail \\pri-'vāl\\	pu'aka, pu'akave	
prevent \\pri-'vent\\	joko mba'e vai, hecha mombyry	
previous	raẽgua,	

\\'prē-vē-əs\\	mboyvegua
	momba'eguasu,
pride \\'prīd\\	jejapo, jerovu
princess	mburuvicha
\\'prin(t)-səs\\	guasu
	raẽgua,
prior \\'prī(-ə)r\\	mboyvegua
private \\'prī-vet\\	ndorekóiva
privilege\\priv-lij \\	jehayhuveha
probability	
\\prä-bə-'bi-lə-tē\\	ikatúva oiko
probation	sãso, jei,
\\prō-'bā-shən\\	tekosã'ÿ
process	
\\'prä-ses\\	ñembo'e guata
produce\\predüs\\	japo, moheñói
productive	
\\pre-dek-tiv-\\	tembiapokue
proficiency	
\\pre-'fi-shən-sē\\	katupyry
profit \\'prä-fet\\	tembiapo repy
project	
\\'prä-,jekt\\	jejaposéva
prolong	mbopukuve,
\\pre-'lòn\\	mboareve
promote	motenonde,
\\pre-'mōt\\	moakãrapu'ã

pronounce	ñe'ẽ, moñe'ẽ,
\\pre-'naün(t)s\\	mokũjera
property	
\\'prä-per-tē\\	jerekoha
prophetic	
\\pre-'fe-tik\\	oha'uvõva
proposal	
\\pre-'pō-zəl\\	ñekuave'ẽ
prospect	
\\'prä-,spekt\\	tenonderã
protective	oñuvãva,
\\pre-'tekt\\	omo'ãva
	ñemomba'eguas
proud \\'praüd\\	úva, jejapo
proverb	
\\'prä-,verb\\	ñe'ẽnga
provide	me'ẽ tekotevẽrã,
\\pre-'vīd\\	mbo
pulp \\'pelp\\	apytere
punctual	
\\'penk-che-wel\\	ha'ete
punish\\'pe-nish\\	nupã,mbyepoti
purchase	
\\'per-ches\\	jogua
pursue\\per-sü\\	muña, moña
push \\'püsh\\	myaña, muaña
put \\'püt\\	moĩ

q

quack \\'kwak\\	ñe'ẽ ype
quadruped	irundy jevy
\\'kwä-dre-,ped\\	tuichavéva
quagmire	
\\'kwag-,mī(-ə)r,\\	karugua
quail	ynambu
	chuchu, sysýi,
quake \\'kwāk\\	tarara, ryrýi
qualification	
\\kwä-le-fe-kā-	ñemohenda

shən\\	
quality	
\\'kwä-le-tē\\	tekome`ẽva
quantity	teta, hetakue,
\\'kwän-te-tē\\	papapy
quarrel	
\\'kwór(-ə)l,\\	ñorairõ'i
quarry	itaty, itakua, ita
\\'kwór-ē\\	renda
quarter	irundyha

\ˈkwȯ(r)-tər \	
quash	mbogue,
\ˈkwäsh\	pytujoko
quaver\kwā-vər\	chucho
	mburuvicha
queen \ˈkwēn\	guasu rembireko
quench	
\ˈkwench\	mbogue
question	ñeporandu,
\ˈkwes-chən\	porandu
quibble	
\ˈkwi-bəl\	vevúi, po'i

	pya'e, kyre'ỹ,
quick \ˈkwik\	hagē
quickly \ˈkwik\	pya'e
quiet \ˈkwī-ət\	kirirĩ
	heja, jei,
quit \ˈkwit\	motyre'ỹ
	ta'ã, ñeha'ã,
	py'ara'ã,
quiz \ˈkwiz\	kuaara'ã

rabbit \ˈra-bət\	tapiti, akuti
racism	
\ˈrā-ˌsi-zəm\	apesã
radiate\ˈrā-dē-āt\	myasãi
radical	
\ˈra-di-kəl\	mohenda
rage \ˈrāj\	ñarõ, pochy
	ama, ama vera,
rain \ˈrān\	ama su-nu
raise \ˈrāz\	ñotỹ, ñemitỹ
	opa mba'e
ranch \ˈranch\	orekóva peteĩ
rapacious	
\rə-ˈpā-shəs\	mondaséva
rapid \ˈra-pəd\	pya'e, kyre'ỹ
rapture	
\ˈrap-chər\	jurujái
rare \ˈrer\	hekope'ỹ
ratify	moneĩ, moneĩ
\ˈra-tə-ˌfī\	jey
rational	chúra me'ẽ,
\ˈrash-nəl\	mopokã
reach \ˈrēch\	hupyty
read \ˈrēd\	moñe'ẽ
ready \ˈre-dē\	jejapopáva

realism	
\ˈrē-ə-ˌli-zəm\	añetegua reko
reality	
\rē-ˈa-lə-tē\	añetegua
realize\ˈrē-ə-ˌlīz\	japo, mboaje
	tapykuegua,
rear \ˈrir, \	kupegua
reason \ˈrē-zən\	kuaaha
reason \ˈrē-zən\	kuaaha
reasonable	
\rēz-nə-bəl\	hekopegua
reasoning	py'amongeta
reassure	
\rē-ə-ˌlīz\	mbopy'aguapy
rebate \ˈrē-ˌbāt\	x
rebellion	ñepu'ã,
\ri-ˈbel-yən\	churuchuchu
rebellion	ñepu'ã,
\ri-ˈbel-yən\	churuchuchu
rebuild	japo jey, mopu'ã
\(ˌ)rē-ˈbild\	jey
rebuild	japo jey, mopu'ã
\(ˌ)rē-ˈbild\	jey
recall	mandu'a,
\ri-ˈkȯl\	ñemomandu'a

recall \ri-ˈkȯl\	mandu'a, ñemomandu'a	**recruit** \ri-ˈkrüt\	imboka ramóva
recede\ri-ˈsēd\	jevy, guevi	**rectangle** \ˈrek-ˌtaŋ-gəl\	takamby irundyjoja
receive \ri-ˈsēv\	pyhy, moguahẽ, ñuvaitĩ	**rectify** \ˈrek-tə-ˌfĩ\	mokarapã'o, myatyrõ
recent \ˈrē-sənt\	pyahu, ramogua, angetegua	**rectify** \ˈrek-tə-ˌfĩ\	mbojoja, myatyrõ
recess \ˈrē-ˌses\,	pytu'u	**recuperate** \ri-ˈkü-pe-ˌrāt\	rojevy, reko jey
recession \ri-ˈse-shən\	jevy, jeguevi, jehekýi	**recuperate** \ri-ˈkü-pe-ˌrāt\	rojevy, reko jey
recipient \ri-ˈsi-pē-ənt\	jararã	**redeem** \ri-ˈdēm\	pysyrõ
recite \ri-ˈsīt\	ñe'ẽ hatã, ja'e ñe'ẽyvoty	**redundant** \-dənt\	remby
reclaim \ri-ˈklām\	rojevy, reko jey, pyhy jey	**reelect** \ˌrē-ə-ˈlekt\	poravo jey
reclaim \ri-ˈklām\	rojevy,reko jey, pyhy jey	**reelect**\rē-ə-lekt\	poravo jey
recluse \ˈre-ˌklüs\	ha'eño	**refill** \(ˌ)rē-ˈfil\	jatyka, myenyhẽ, mbochovi
recognition \ˌre-kig-ˈni-shən,\	jehechakuaa, jechakuaa	**reflect** \ri-ˈflekt\	hechauka, mondo jey
recognition \ˌre-kig-ˈni-shən,\	jehechakuaa	**reform** \ri-ˈflekt\	myatyrõ
recognize \ˈre-kig-ˌnīz, \	povyvy, hecha	**refuse** \ri-ˈfyüz\	mbotove
recollect \ˌre-kə-ˈlekt\	mandu'a, ñemomandu'a	**register** \ˈre-jə-stər\	jepovyvy
recollect \ˌre-kə-ˈlekt\	mandu'a, ñemomandu'a	**regulate** \ˈre-gyə-ˌlāt \	vai vai mohenda
recommend \ˌre-kə-ˈmend\	momorã, mbotuicha	**rein** \ˈrān\	kavaju juru sã
reconcile \ˈre-kən-ˌsī(-ə)l\	moñyrõ, mbo'ae	**relate** \ri-ˈlāt\	mombe'u
reconstruct \ˌrē-kən-ˈstrəkt\	japo jey	**relation** \ri-ˈlā-shən\	jokuaa
record \ri-ˈkȯrd\	téra ryru	**reliable** \ri-ˈlī-ə-bəl\	jerovia
recover \ri-ˈkə-vər\	rekojey	**remove** \ri-ˈmüv\	pe'a, mosẽ
recover \ri-ˈkə-vər\	rekojey	**renewal** \ri-ˈnü-əl,\	ñembopyahu
recreation \ˌre-krē-ˈā-shən\	vy'aha, pytu'u	**renounce** \ri-ˈnaún(t)s\	heja, ñemboyke
recreation \ˌre-krē-ˈā-shən\	pytu'u, vy'a	**renovate** \ˈre-nə-ˌvāt\	mbopyahu
		repeat \ri-ˈpēt\	japo jey, ñe'ẽ jey
		replace\ri-ˈplās\	jepyru
		report \ri-ˈpȯrt\	kuaauka
		represent \ˌre-pri-ˈzent\	moha'anga, mbyekovia

repression	jejoko	**return** \ri-'tərn\	jere
\ri-'pre-shən\	mbaretépe		mbokuaa,
repugnance		**reveal** \ri-'vēl\	hechauka
\ri-'pəg-nən(t)s\	jeguaru	**revenge**	
request		\ri-'venj\	jehepy
\ri-kwest\	jerure	**revenue**	
research		\'re-və-,nü,\	jeike
\ri-'sərch, 'rē-,\	typeka, povyvy	**reverse** \ri-vərs\	jerepyre
resentful \-fəl\	ñemyronde	**revival**	
resilient \-yənt\	ojepysóva	\ri-'vī-vəl\	jevy
resolute	orekóva	**revolution**	ñepu'ã,
\'re-zə-,lüt, -lət\	imbohovái	\,re-və-'lü-shən\	churuchuchu
	juhu mbohovái,	**right** \'rīt\	akatúa, joja
resolve	juhu mba'épa	**rigid** \'ri-jəd\	omyi'ỹva, hatã
\ri-'zälv\	ojejapóta	**rigidity**	noñemokarẽkatú
resource \rēsórs\	poruha	\rə-'ji-də-tē\	iva
respect	mboaje,	**rise** \'rīz\	jupi, jejupi
\ri-'spekt\	momorã	**robbery**	
respond		\'rä-b(ə-)rē\	ñemonda
\ri-spänd\	mbohovái	**rock** \'räk\	ita guasu
responsibility	arigua, ho'áva	**roof** \'rüf, 'rúf\	ogahoja
/ri,spänsəbilətē/	ñande rehe	**room** \'rüm,\	irundyha
rest \'rest\	pytu'u	**rough** \'rəf\	havara
restless		**rubber** \'rə-bər\	aysy, mangaisy
\rest-ləs\	púa, pua tarara	**rule** \'rül\	apoukapy
restrict \ri-'strikt\	jopy	**run** \'rən\	mbiriki, syryry
retaliate			okaragua,
\ri-'ta-lē-,āt\	jehepy	**rural** \'rùr-əl\	okaraygua
retarded		**ruthless**	
\ri-'tär-dəd\	tapykuegua	'rüth-ləs \	x
retreat \ri-'trēt\	ñemomobyry		

S

sack \'sak\	vosa	\'sa-krə-,fīs\	
sacrament		**sad** \'sad\	ndovy'áiva
\'sa-krə-mənt\	marangatuha	**sadism**	
sacred		\'sā-,di-zəm,\	poronupãse
\'sā-krəd\	marangatu	**sadness** \'sad\	ñembyasy
sacrifice	temikuave'ẽ	**safe** \'sãf\	mbarete

60

safety \'sāf-tē\	kyhyje'ỹ	science \'sī-ən(t)s\	mba'ekuaa
saffron\sa-‍frän\	araso	scissors \'si-zərz\	jetapa
sail \'sāl\	tataindy	scoop \'skṳp\	kuimbe
saint \'sānt\	marangatu	score \'skór\	jepoko
sale \'sāl\	ñemu	scream \'skrēm\	sapukai
salmon \'sa-mən\	pira pytã	screen \'skrēn\	pejuha
salt \'sólt\	juky	screw \'skrü\	kutujereha
salute \sə-‍lüt\	maitei	seal \'sēl\	kuatia jopyha
same \'sām\	chejupe	search\'sərch\	pypore reka
sanctuary \saŋ-che-‍wer-ē\	tupa'o	season\'sē-zən\	pytaha
sand \'sand\	yvyku'i	seat \'sēt\	guapyha
sandal \'sand\	sapatupe	second \se-kənd\	mokõiha
sanitation \sa-nə-‍tā-shən\	ñemohesãi	secrecy \'sē-krə-sē\	ñemi
satisfy \'sa-təs-‍fī\	moangapyhy	sediment \'se-də-mənt\	tuguare
saturday \'sa-tər-(‍)dā\	arapokõi	see \'sē\	hecha
sauce \'sós,\	tukupi	seed \'sēd\	ta'ỹi
sausage \'só-sij\	mbusia, vutifarra	seek \'sēk\	typeka
save \'sāv\	mbokapu	seem \'sēm\	temimo'ã
savor \'sā-vər\	he	segment \'seg-mənt\	pehẽngue
say \'sā\	neĩ, moneĩ	select \sə-‍lekt\	poravopyre
scale \'skāl\	jupiha	self \'self\	che
scalp \'skalp\	api	selfish\'sel-fish\	ha'eñontese
scandal \skan-dəl\	techauka vai	sell \'sel\	ñemu
scar \'skär\	mbore	semantics \si-‍man-tiks\	he'iséva mbo'e
scarce \'skers\	mbovy, pokã	semicircle \se-mē-‍sər-kəl\	x
scarcity \'sker-sə-tē,\	jehasa asy	seminary	pa'irã róga
scare \'sker\	mongyhyje		mburuvicha
scarf \'skärf\	ajúra mamaha		atypegua
scavenge \'ska-vənj,\	mbyaty, mbuaty, hupi		tetãygua
		senator	oiporavóva
scenario \sə-‍ner-ē-‍ō,\	taiky	send \'send\	rahauka
scenery \sē-nə-rē\	ñupyso	sensation \sen-‍sā-shən,\	ñeandu
schedule \ske-jüll\	arapapaha	sense \'sen(t)s\	oñembyasýva
scheme \'skēm\	mba'epota	sensitive \'sen(t)-sə-tiv\	oñandúva
school \'skül\	mbo'ehao	sensual \'sen-sh(ə-)wəl\	haguyrõva
		sentence	mohenda

\\'sen-tən(t)s,\\	
separate	
\\'se-p(ə-),rāt\\	jepe'ava
september	
\\sep-'tem-bər,\\	jasy porundy
sequence	
\\'sē-kwən(t)s	tapykuegua
serious\\sir-ē-əs\\	hovasy
servant	
\\'sər-vənt\\	tembiguái
serve \\'sərv\\	pytyvõ
session	
\\'se-shən\\	ñemongeta
set \\'set\\	kuapytĩ
settle \\'se-təl\\	moĩ
seventh	
\\'se-vən(t)th\\	pokõiha
seventy	
\\'se-vən-tē\\	pokõi pa
several	
\\'sev-rəl,\\	opaichagua
severe \\sə-'vir\\	py'ahatã
sex \\'seks\\	meña
shabby\\'sha-bē\\	porupyre
shade \\'shād\\	kuarahy' ã
shade \\'shād\\	kuarahy' ã
shake \\'shāk\\	chuchu, tarara
shake \\'shāk\\	chuchu, tarara
shame \\'shām\\	ñetĩ ñemotĩ
shame \\'shām\\	ñetĩ ñemotĩ
shank \\'shaŋk\\	y me'ẽha, tetyma
shape \\'shāp\\	ysaja
share \\'sher\\	pehẽngue
sharp \\'shärp\\	haimbe
sharp \\'shärp\\	haimbe
sharpness	
\\'shärp\\	haimbe
sharpness	
\\'shärp\\	haimbe
shave \\'shāv\\	hendyvapo
shear \\'shir\\	hague'o
sheep \\'shēp\\	ovecha
sheer \\'shir\\	ete, ite
sheet \\'shēt\\	savana
shell \\'shel\\	apekue

shelter\\'shel-tər\\	ñekañyha
shelve \\'shelv\\	ñongatu
shepherd	
\\'she-pərd\\	mymba rerekua
sheriff\\'sher-əf\\	ñahatĩ
shift \\'shift\\	moambue
shimmer	
\\shi-mər\\	mimbi, perere
shine \\'shīn\\	vera
ship \\'ship\\	ygarata
shirt \\'shərt\\	kamisa
shiver \\'shi-vər\\	tarara
shock \\'shäk\\	mbota
shoe \\'shü\\	sapatu
shoot \\'shüt\\	mbokapu
shooter\\shü-tər\\	apiha
shooting \\'shüt\\	mbokapu
shore \\'shór\\	tembe'y
short \\'shórt\\	mbyky
shortage\\shórtij\\	jehasa asy
shot \\'shät\\	japi
shoulder	
\\'shōl-dər\\	ati'y
shout \\'shaút\\	sapukái
shove \\'shəv\\	myaña
shovel \\'shə-vəl\\	yvyjo'oha
show \\'shō\\	hechauka
shower\\shaúr\\	amangy
	mba'e pe puku
shred \\'shred\\	po'i
shrimp \\'shrimp\\	
shrink \\'shriŋk\\	kuruchĩ
shroud \\shraúd\\	te'õngue ao
shrug \\'shrəg\\	kuruchĩ
shuffle \\'shə-fəl\\	mbotyryry
shun \\'shən\\	joko, ñemombia
shut \\'shət\\	mboty
shy \\'shĩ\\	koygua
sick \\'sik\\	hasy
sickness\\sik-nəs\\	mba'asy
side \\'sīd\\	yke
sight \\'sīt\\	techa
sign \\'sīn\\	techaukaha
signature	terahai,
\\'sig-nə-,chúr\\	teraguapy
signer \\,sī-'nē\\	herahaiha

significance \sig-'ni-fi-kəns\	he'iséva
silence\sī-ən(t)s\	kirirĩ
silk \'silk\	ao sỹi
silver \'sil-vər\	itatĩ, kuarepotitĩ
similar \si-mə-lər\	joguaha, joja
similarity \si-mə-'la-rə-tē\	joguaha
simplify \'sim-plə-,fĩ\	vyrorei
since \'sin(t)s\	guive, gui
sincere \sin-'sir\	marangatu, he'íva añetegua
sincerity \-'ser-ə-tē, \	añetegua
sinful \'sin-fəl\	angaipa
singer \'siŋ-ər\	opurahéiva
single \'siŋ-gəl\	ño, año, ha' eño
sink \'siŋk\	mboguy
sister \'sis-tər\	tykéra, kypy'y, reindy, heindy
sixth \'siks(t)th\	poteῖha
size \'sīz\ \	tuichakue
skeleton \'ske-lə-tən\	kanguekue
skim \'skim\	hova'o kamby
skin \'skin\	pire
skirt \'skərt\	sái
skull \'skəl\	akãngue
sky \'skī\	arapy, yvága
slam \'slam\	mboty
slap \'slap\	popete, jepopete
slave \'slāv\	tembiguái
sleek \'slēk\	vera
sleep \'slēp\	ke
sleeve \'slēv\	jyva
slim \'slim\	piru, po'i
slippery \'sli-p(ə-)rē\	pysyry
slope \'slōp\	mbojerova
slow \'slō\	mbegue
slowness \'slō\	mbegue
sluggish \'slə-gish\	kaigue
slum \'sləm\	tavapy, tekoha

smack \'smak\	jepopete
small \'smól\	michῖ
smart \'smärt\	akãguasu
smell \'smeḷ\	hyakuã
smile \'smῖ(-ə)/\	pukavy
smoke \'smōk\	tatatĩ
smooth \'smüth\	hu'ũ, apesỹi
smuggle \'smə-gəl\	ñemu ñemi
snake \'snãk\	mbói
snare \'sner\	mbotavy
sneeze \'snēz\	atῖa
snow \'snō\	y rypy'a veve
soap \'sōp\	havõ
sober \'sō-bər\	ka'u'ỹva
socialism \'sō-shə-,li-zəm\	mbojoja
socialize \'sō-shə-,līz\	mbojoja
sofa \'so·fa \	apyka tupa
soft \'sóft\	hu'ũ, hypa
soil \'sói(-ə)/\	yvy
solar \'sō-lər\	kuarahy rehegua tahachi, imbokáva,guarin ihára, tetã
soldier \'sōl-jər\	rembiguái
sole \'sōl\	peteῖnte
solidarity \sä-le-'da-rə-tē\	ñepytyvõ
solution \sə-'lü-shən\	hyku
solve \'sälv\	juhu mbohovái
some \'səm\	oimeraẽ
somebody \'səm-(,)bə-dē\	máva
somewhat \-,(h)wät\	peteῖ mba'e
somewhere \-,(h)wer\	x
song \'sóŋ\	purahéi
soon \'sün\	hagẽ, pya'e, vokói
sorrow 'sär-(,)ō\	ñembyasy
soul \'sōl\	pytu
south \'saúth\	yvy gotyo

63

souvenir \ˈsü-və-ˌnir\	mandu'a
sovereign \ˈsä-v(ə-)rən\	mburuvicha guasu
spacious \ˈspā-shəs\	pyrusu
spatter\ˈspa-tər\	hypýi
speak \ˈspēk\	ñe'ẽ
speaker \ˈspē-kər\	oñe'ẽva
special\speshəl\	poravopyre
specific \spi-si-fik\	—
spectacle \ˈspek-ti-kəl \	techaukaha
speech \ˈspēch\	ñemoñe'ára
spin \ˈspin\	hára
spin \ˈspin\	povã
spine \ˈspīn\	ñuatĩ
spirit \ˈspir-ət\	pytu
spiritual \ˈspir-i-chə-wəl\	pytu
split \ˈsplit\	mbovo, pehẽ'a
sponge \ˈspənj\	haviru
spoon \ˈspün\	kuimbe
sport \ˈspórt\	ñembosarái
spray \ˈsprā\	typýi
spring \ˈspriŋ\	arapoty
sprout \ˈspraút\	hokypu, hoky
spurn \ˈspərn\	mbotove
squalor \ˈskwä-lər \	mboriahu, teko mboriahu
square \ˈskwer\	oka guasu tavapegua
squash\skwäsh\	andai
squeaky \skwē-kē\	chi'õ
staff \ˈstaf\	ava rehegua
stagnant \ˈstag-nənt\	opytáva
stamina \ˈsta-mə-nə\	tatã tosã
stamp\ˈstamp\	kuatia jopy
standing \standiŋ\	ñemoihã
star \ˈstär\	mbyja, kirito rataindy

starch \ˈstärch\	aramirõ
stare \ˈster\	jesareko
start \ˈstärt\	ñepyrũ, mondyi, mongyhýje,
startle \ˈstär-təl\	pytaryrýi
starve \ˈstärv\	ñembyahýi
state \ˈstāt\	tetã
statement \ˈstāt-mənt\	ñemombe'u
station \ˈstā-shən\	pytaha
stay \ˈstā\	pyta
steal \ˈstēl\	monda
steam \ˈstēm\	tĩmbo, tĩ
step \ˈstep\	pyrũ
sterile \ˈster-əl\	hi'a' ỹ
stick \ˈstik\	yvyra rãka michĩ
still \ˈstil\	myi'ỹ
stimulate \- lāt\	mokyre' ỹ
stink \ˈstiŋk\	pyti'u
stir \ˈstər\	pupu
stock \ˈstäk\	poravopyre
stomach \stə-mək\	py'a
stone \ˈstōn\	ita
stop \ˈstäp\	pyta
storage \ˈstór-ij\	ñongatuha
storm \ˈstórm\	ára vai, yvytu rusu
story \ˈstór-ē\	mombe'u
straight \ˈstrāt\	joheipyre
strain \ˈstrān\	ñeha'ã
strange \ˈstrānj\	vringo
strawberry \ˈstró-ˌber-ē\	yvã pytã
stream \ˈstrēm\	tororõ
street \ˈstrēt\	táva rape
strength \ˈstreŋ(k)th\	mbarete, mbaretekue
stress \ˈstres\	pyatã
stretch \ˈstrech\	myatã
stride \ˈstrīd\	guata puku
strike \ˈstrīk\	pete, mbotã, nupa,

64

striking\\'strīk-iŋ\\	jehecha ramo		**suit** \\'süt\\	ao kate
stroke \\'strōk\\	japete		**suitable**	
strong \\'stróŋ\\	mbarete, hãta		\\'sü-te-bel\\	hekópe
struggle			**summary**	
\\stre-gel\\	ñorairõ		\\'se-me-rē \\	ñemombyky
stuck \\'stek\\	mopa'ã		**summer**	
stuff \\'stef\\	ikatúva japoko		\\'se-mer \\	arahaku
stumble			**summit**\\'se-met\\	tu'ã
\\'stem-bel\\	ñepysanga		**sun** \\'sen\\	kuarahy
stunning			**sunday**	arateĩ , arete
\\'sten-iŋ\\	mbojurujái		\\'sen-(,)dā\\	tapia
style \\'stī(-e)l\\	teko		**superb**	
subject\\'seb-jikt\\	jejokopyre		\\sü-'perb\\	poravopyre
submarine			**superhuman**	
\\'seb-me-,rēn\\	yga yguypegua		\\sü-per-hyümen\\	_
submerge			**support**	
\\seb-'merj\\	moñapymi		\\se-'pórt\\	joko, jejoko
submit	jopý, moĩ		**sure** \\'shúr\\	mbarete, hãta
\\seb-'mit\\	poguýpe		**surface**\\'ser-fes\\	ape, yvy ape
subsidy			**surplus**\\serples\\	rembyre
\\'seb-se-dē\\	ñepytyvõ virure		**surround**	
substance			\\se-'raúnd\\	mbojere
\\'seb-sten(t)s\\	poromongarúva		**survive**	ikove, jepe'a
substitute			\\ser-'vīv\\	manógui
\\'seb-ste- tüt\\	mbuekovia		**suspect**	
subterranean			\\'ses-,pekt	ndajeroviahái
\\ seb-te-'rã-nē\\	yvyguy		**sustain**	
subtract			\\se-'stān\\	joko
\\seb-'trakt\\	mombovy		**swan** \\'swän\\	ype ajúra puku
subway	mba'yrumýi,		**sweat** \\'swet\\	ry'ái
\\'seb-,wā\\	puku yvyguy		**sweet** \\'swēt\\	he'ẽ
succeed			**swim** \\'swim\\	yta, jepokuita
\\sek-sēd\\	hupyty			mbovava,
success			**swing** \\'swiŋ\\	mbokacha
\\sek-'ses-ful\\	ñesẽporãmba		**sword** \\'sórd\\	kyse puku
successful			**symptom**	
\\sek-'ses-ful\\	jehupyty		\\'sim(p)-tem\\	techaukaha
sudden\\'se-den\\	sapy'a		**synthesis**	
suddenness			\\'sin(t)-the-ses\\	ñemombyky
\\'se-den-nes\\	vokói , sapy'a		**syphilis**	kuña rekovai
	ohasa asýva		\\'si-f(e-)les\\	mba'asy
suffer \\'se-fer\\	kiriríme		**system**\\'sis-tem\\	tape mbo'e
suffocate				
\\'se-fe-,kāt\\	moñapymi			

t

tab \\'tab\\	_
table \\'tā-bəl\\	mesa
tablet \\'ta-blət\\	x
tabloid \\ta-blóid\\	hechapyrã
taboo \\tə-'bü\\	ñembotove
tabulate \\'ta-byə-,lāt\\	_
tachometer \\ta-'kä-mə-tər\\	_
tacit \\'ta-sət\\	ojekuaáva oje'e 'ỹre
taciturn \\'ta-sə-,tərn\\	ha'eño, none' ēséiva
tack \\'tak\\	jeporu
tackle \\'ta-kəl\\	mõatyro
tacky \\'ta-kē\\	kãchiãi, sagua'a
tact \\'takt\\	jepoko
tactful \\'takt-fəl\\	ñe'ekuaa mbopy'aro' ỹme
tacticts \\'tak-tiks\\	jepokuaa
tactless \\'takt-ləs\\	ndajepokoi
tail \\'tāl\\	tuguái
taint \\'tānt\\	ky'akue, marã
take \\'tāk\\	raha, gueraha
tale \\'tāl\\	mombe'u, mombe'urã
talent \\'ta-lənt\\	arãndu, ãkapora
talk \\'tók\\	ñe'ẽ
talkative \\'tó-kə-tiv\\	ñe' ẽ ngatu
tall \\'tól\\	yvate, puku
tallow \\'ta-(,)lō\\	ñandy, kyrakue
tally \\'ta-lē\\	jepãga ara
tambourine \\,tam-bə-'rēn\\	x
tame \\'tām\\	marangatu, ndaipochỹiva
tamper \\'tam-pər\\	jápouka popeguare mba'e vai
tan \\'tan\\	haimbe, hesy
tandem \\'tan-dəm\\	ñepytyvõ
tangent \\'tan-jənt\\	jepokokuaáva
tangerine \\'tan-jə-,rēn\\	mandarina
tangle \\'taŋ-gəl\\	mbojehe'a
tank \\'taŋk\\	tyru, yno'õmby
tannery \\'ta-nə-rē\\	_
tantalize \\'tan-tə-,līz\\	hãpy ñeha'a
tantrum \\tanrəm\\	jagua rupa
tape \\'tāp\\	apytĩha
tapir \\'tā-pər\\	mborevi
tarantula \\tə-'ran-chə-lə\\	ñandu kavaju
tardy \\'tär-dē\\	ka'aru
target \\'tär-gət\\	japi
tariff \\'ter-əf, '\\	tepy
tarnish \\'tär-nish\\	momarã
tart \\'tärt\\	haí
task \\'task\\	tembiapo
taste \\'tāst\\	he
tasteless \\'tāst-ləs\\	ndahe'i
tasty \\'tā-stē\\	he
tattle \\'ta-təl\\	mombe'u
tattoo \\ta-'tü\\	píni ndojeíriva
taunt \\'tónt,\\	mbopochy

taut \'tót\	pyătă, ată
tavern \'ta-vərn\	ka'u renda
tawdry \'tó-drē, 'tä-\	ky'a, tajasu
tax \'taks\	tepy
taxi \'tak-sē\	mba'ýrumyi porúpyrã virure
tea \'tē\	ygua
teach \'tēch\	porombo'e
teacher\'tē-chər\	mbo'ehára
teaching \'tēch-ing\	tekombo'e
team \'tēm\	aty poravopyre
tear \'tir\	tesay
tease \'tēz\	mbyaju
technical \'tek-ni-kəl\	apo reko
tedious \tē-dēes\	mongueráiva
teenager\'tēn-āj\	mitãrusu
telegram \'te-lə-ˌgram\	kutiapya'e
telegraph \-ˌgraf\	kuatiãmondoha inimboatãre
telephone \'te-lə-ˌfōn\	ne'ēmombyryha ohova inimboatãre
telescope \'te-lə-ˌskōp\	techambyry
television \'te-lə-ˌvi-zhən\	ta'angambyry
tell \'tel\	moneĩ
temerity \tə-'mer-ə-tē\	py'amirĩ
temper\tem-pər\	ñatoĩ
temperament \'tem-prə-mənt\	teko
temperance \'tem-prən(t)s,\	teko porã
temperature \'tem-pe-ˌchùr\	taku ha ro'y ra'ã
temple \'tem-pəl\	tupão
temporal \'tem-p(ə-)rəl\	ndaipukúi
temporary \'tem-pe-ˌrer-ē\	ndahi'aréi
temptation	ñeha'ã

\tem-'tā-shən\	
ten \'ten\	pa
tenacious \te-'nā-shes\	hekoatã
tenacity \te-'na-sə-tē\	jetu' úva
tenant \'te-nənt\	óga poruha hepýre
tend \'tend\	ñangareko
tender\'ten-dər\	aký
tenderness \'ten-dər\	tayhu
tendon\ten-dən\	tajygue
tense \'ten(t)s\	pyatã
tension \'ten(t)-shən\	atángue
tentacle\tentikəl\	jyva, pyhyha
tentative \'ten-tə-tiv\	ñembohory, ñeha'ã
tenuous \'ten-ye-wes\	jekarei
tenure \ten-yər \	mbohéra
term \'term\	apýra
terminal \'term-nəl\	pahague
terminate \'tər-mə-nət\	arapa
termination \tər-mə-nā-shən\	ñemomba
terrace \'ter-es, 'te-res\	óga ahoja
terrain \te-'rān \	yvypegua
terrible \'ter-e-bəl\	mondyiha
terrify \'ter-ə-ˌfī\	mongyhyjéva kuaara'ã
test \'test\	tesa'ỹi'o
testicle \'tes-ti-kəl\	ta'ỹi
testify\'tes-tə-ˌfī\	mombe'u
text	kuatia
thankful \'thank-fəl\	mba' erechakuaa
thankless \'thank-fəl\	ohechakuaa' ýva
that \'that, thət\	péva
theater	ñoha'anga

67

\\'thē-ə-tər\\	
theft \\'theft\\	ñemonda
them \\(th)əm\\	ha'ekuéra
	mbohapýva
theme \\'thēm\\	oñondive
themselves	
\\thəm-'selvz\\	hikuái
then \\'then\\	upéramo
theology	
\\thē-'ä-lə-jē\\	tupãkuaa
theoretical	
\\,thē-ə-'re-ti-kəl\\	kuaara'ã
theory	
\\'thē-ə-rē\\	kuaara'ã
therapy	
\\'ther-ə-pē\\	pohano rape
there \\'ther\\	pépe
	to'ysã ha
thermonuclear	hakúva
\\ther-mō-nü-klē-ər/	ñongatuha
thesaurus	ñe'ẽ juehegua,
\\thi-'sór-əs\\	ñe'ẽ he'isevápe
	poguasu,
thick \\'thik\\	anambusu
thicken	
\\'thi-kən\\	mohypy' ũ
thief \\'thēf\\	mondaha
thieve \\'thēv\\	monda
thigh \\'thī\\	tumby, tetyma
thimble	
\\thim-bəl\\	kuãvyha
thin \\'thin\\	po'i, pererĩ piru
thing \\'thiŋ\\	mba'e, vyrorei
thingamajig	
\\'thiŋ-ə-mə-jig\\	ñe'ẽngue
think \\'thiŋk\\	imo'ã jesareko
thinner\\'thi-nər\\	mbohykuha
thinness	piruchĩ
third \\thərd\\	mbohapyha
thirst \\'thərst\\	y'uhéi
thirteen	
\\,thər(t)-'tēn\\	poapy
thirty \\'thər-tē\\	mbohapypa
thistle \\'thi-səl\\	karaguata
thong \\'thóŋ\\	tymbasã
thorax \\thóraks\\	ñe'ã
thorn \\'thórn\\	ñuatĩ

thought \\'thót\\	temimo'ã
thoughtful	
\\'thót-fəl\\	techakuaa
thousand	
\\'thaů-zən(d)\\	su
thrash \\'thrash\\	nupã
thread \\'thred\\	tenimbo
threat \\'thret\\	ha'anga
threaten	
\\'thre-tən\\	ha'anga
three \\'thrē\\	mbohapy
threshold	
\\'thresh-,hōld\\	okẽ pyrũha
thrift \\'thrift\\	ñongatu
thrill \\'thril\\	mbopy'akyrýi
thrive \\'thrīv\\	ñemotenonde
throat \\'thrōt\\	ahy'o
throb \\'thräb\\	tytýi, perere
	mburuvicha
throne \\'thrōn\\	guapyha
throw \\'thrō\\	ity
thrush \\'thrəsh\\	chochĩ
thrust \\'thrəst\\	kutu
thud \\'thəd\\	pete
thug \\'thəg\\	oporojukáva
thumb \\'thəm \\	kuãguasu
thunder	
\\'thən-dər\\	arasunu, sununu
thursday	
\\'thərz-dē\\	arapo
thwart \\thwort'\\	mo'ãva
tick \\tick\\	tyru
ticket \\'ti-kət\\	pirapire
tide \\'tīd\\	syry
tie \\'tī\\	ñapytĩ
tier \\'tir\\	yvatekue
	mymba ho' úva
tiger \\'tī-gər\\	so'o
tight \\'tīt\\	jopy
	óga aperã
tile \\'tī(-ə)l\\	ñay'ũ káigui
tilt \\tilt\\	mboyke
timber \\tim-bər\\	yvyra
timbre\\'tam-bər\\	itapu'i
time \\'tīm\\	á ra
timeless\\tīm-ləs\\	apyra' ỹ

68

timely \'tīm-lē\	hi'aragua
timer \'tī-mər\	aravo papaha
timid \'ti-məd\	koygua
timidity \tə-'mi-də-tē\	ñemotĩ
tinder \'tin-dər\	churugue
tinge \'tinj\	sa'y ambuevý va
tingle \'tiŋ-gəl\	mumu
tinker \'tiŋ-kər\	momba'apo
tint \'tint\	mbosa'y, mongolo
tiny \'tī-nē\	kyto, kytomi
tip \'tip\	apy, takua
tiptoe \'tip- tō, - 'tō\	pytĩ
tire \'tī(-ə)r\	mba'ejerepytu
tireless \'tī(-ə)r-ləs\	kane'õ'ỹva
tiresome \'tī(-ə)r-səm\	mongueráiva
tissue \'ti-(,)shü\	poyvi
title \'tī-təl\	kuatia mbojaragua
toad \'tōd\	kururu
today \tə-'dā\	ko ára
together \tə-'ge-thər\	jogueraha
toilet \'tói-lət\	hyakuã''ỹva
tolerance \'tä-lə-rən(t)s\	jeheja
tolerant \'tä-lə-rənt\	ohechakuaáva
tomb \'tüm\	tyvy, ñenotỹha
tomorrow \tə-'mär-(,)ō\	ko'ẽrõ
ton \'tən\	su kilo
tone \'tōn\	pu reko, purahéi reko
tongue \'təŋ\	kũ
tonight \tə-'nīt\	ko pyhare, tupã ra'y pyhare
tonsil \'tän-səl\	ahy'o ra'ỹi
tool \'tül\	tembiporu
tooth \'tüth\	tãi
toothless \'tüth-ləs\	hãi'ỹva
top \'täp\	tu'ã

torment	
\'tór- ment\	ara vai
torrent \'tór-ənt\	syry
torture	
\'tór-chər\	mbyepoti
toss \'tós\	mombo
total \'tō-təl\	opáva
touch \'təch\	povyvy, pu
tough \'təf\	mbarete
toughness \'təf\	jy, tatã
tour \'túr\	jere
tow \'tō\	mbotyryry
towel \'taú(-ə)l\	ao ñemokãrã, ao soro
tower \'taú(-ə)r\	óga yvate po'i
town \'taún\	táva
toy \'tói\	ñembosaraiha
trace \'trās\	pore
trade \'trād\	ñemu
trader \'trā-dər\	ñemuha
tradition \trə-'di-shən\	arandu ymaguare
traffic \'tra-fik\	ñemomýi
tragedy \tra-jə-dē\	tembiasy
tragic /'trædʒɪk/	tembiasy rehegua
trail /treɪl/	mbotyryry
trailer /'treɪlər /	mbotyryry
traitor /'treɪtər /	py'ajoyvýva
tranquility /træŋ'kwɪləti/	akãguapy
tranquilo /'træŋkwəl /	py'aguapy
transform /træns'fo:rm /	moambue
transfusion /træns'fju:ʒən/	ñembohasa
transition /træn'zɪʃən/	ñemoambue
translate /træns'leɪt/	mbohasa ambue ñe'ẽme
transmit /træns'leɪt/	mbohasa
transparency /træns'pærənsil/	hesakã
transplant	mbova

/træns'plænt /	
transport /'trænspɔːrt /	raha, gueraha
transpose /træns'pəʊz/	hasa mboypýri / mbohasa
trash /træʃ/	yty
travel /'trævəl/	guata
treason /'triːzn/	põguyro
treasure /'treʒər /	tembiayhu
treat /triːt/	ñemu
treatise /'triːtəs /	oñoñe'ẽva
tree /triː/	yvyra
tremble /'trembəl/	chuchu
tremendous /trɪ'mendəs/	kyhyjerã
trench /trentʃ/	yvykua puku ñorairõ guasúpe
trespass /'trespəs/	jeikeha
trial /'traɪəl/	ta'ã
triangle /'traɪˌæŋgəl/	takambyapy
tribe /traɪb/	te'ỹi
trickle /'trɪkəl/	tyky
trim /trɪm/	moporã
trimming /'trɪmɪŋ/	ñekytĩ ñemombykyve
trip /trɪp/	jeho mombyry
triumph /'traɪəmf /	pu'aka, tupyty, ñeguahẽ
trivial /'trɪviəl/	rei
trolley /'trɒːli/	mba'yrumýi
trombone	mimby tarara

/trɑːm'bəʊn /	
	pu'aka
trophy /'trəʊfi/	rechaukaha
tropic /'trɑːpɪk/	yvy háku, yvy mbyry'aiva
trot /trɑːt /	ñani
trouble /'trʌbəl|	jehýi
true /truː/	añetegua
trunk /trʌŋk/	yvyra ropyta
trust /trʌst/	jerovia
trusting /'trʌstɪŋ/	jeroviaha
truth /truːθ/	añete
tuberculosis /tʊbɜrkjələʊsəs /	mba'asypo'i
tuesday /tuːzdeɪ/	araapy
tuition /tʊ'ɪʃən /	téra rysýi
turn /tɜːrn /	mbojo'a
turtle /'tɜːrtļ /	karumbe
tweak /twiːk/	pichãi
twin /twɪn/	kõi
twinkle /'twɪŋkəl/	resapirĩ
twirl /twɜːrl /	jere
twist /twɪst/	mokarapã
twitch /twɪtʃ/	mbova, momýi
twitter /'twɪtərļ	purahéi guyra
two /tuː/	mokõi
type /taɪp/	tekove
typhoid /'taɪfɔɪd/	mba'asy peteĩ
tyranny /'tɪrəni/	mburuvicha ñaña reko
tyrant /'taɪrənt/	mburuvicha ñaña

u

ubiquitous /ju:'bɪkwətəs /	opárupi oikóva	**unconcerned** /ʌnkən'sɜːrnd /	ñepena'ỹ
u-boat /ju-bəʊt/	yga yguypegua	**unconditional** /ʌnkən'dɪʃnəl /	oipytyvõ katuetéva
ugliness ('ʌglɪnɪs)	vaikue		
ugly /'ʌgli/	vai	**uncover** /ʌn'kʌvər /	juhu, topa
ulcer /'ʌlsər/	ai		
ulterior /ʌl'tɪriər /	riregua	**unctuous** /'ʌŋktʃuəs /	aysy
ultimate /'ʌltəmət /	pahague	**undecided** /'ʌndɪ'saɪdəd /	ja'ekuaa'ỹva
ultraviolet /'ʌltrə'vaɪələt/	x	**under** /'ʌndər /	guy
		undercut /'ʌndər'kʌt /	x
umbrella /ʌm'brelə/	amamo'ãha	**underdeveloped** /'ʌndədɪ'veləpt/	kakuaa
unacceptable /'ʌnək'septəbəl/	x	**underground** /'ʌndərgraʊnd /	yvyguy, koty yvyguy
unanimous /ju:'nænəməs /	pavẽ	**underline** /'ʌndər'laɪn /	guyhai
unattached /'ʌnə'tætʃt/	jera, poipyre	**undermine** /'ʌndər'maɪn /	momichĩ momarã
unaware /ʌnəwer/	py'amanóva		
unbalanced /'ʌn'bælənst/	tarova	**underneath** /'ʌndər'niːθ /	guýpe
unbearable /'ʌn'berəbəl /	ndaikatúiva jaiko hendive	**underpants** /'ʌnd:pents /	kasõ mbyky
unbecoming /ʌnbɪkʌmɪŋ/	hekope'ỹ	**understand** /'ʌndər'stænd /	hechakuaa
unbelievable /'ʌnbə'li:vəbəl /	jeguerovia'ỹ	**understood** /'ʌndər'stʊd /	kuaa, rendu
unbridled /'ʌn'braɪdld/	jokoha'ỹva	**underwater** /'ʌndər'wɔːtər /	yga yguypegua
unbroken /'ʌn'brəʊkən/	ojepoko'ỹva	**underwear** /'ʌndər'weə:/	áo ruguai
uncertain /'ʌn'sɜːrtn /	herunguã	**undisturbed** /'ʌndɪs'tɜːbd/	py'aguapy
unchanged /'ʌn'tʃeɪndʒd/	ñaiñambuéiva	**undress** /'ʌn'dres/	mbo'opívo
uncivilized /'ʌn'sɪvəlaɪzd /	x	**undue** /'ʌn'du:/	hekope'ỹ
uncle /'ʌŋkəl/	tuvy, tuty	**undulate** /'ʌndjʊleɪt/	koni koni
unclean /'ʌn'kli:n/	ky'a		
uncomfortable /'ʌn'kʌmfərtəbəl/	oiko asýva	**unearth** /'ʌn'ɜːrθ/	ñotỹhara

unemployment /ˈʌnɪmˈplɔɪmənt/	poi tembiapógui
unending /ʌnˈendɪŋ/	pave'ỹ ndopavéiva
unequal /ˌʌnˈiːkwəl/	joja'ỹ
uneven /ˌʌnˈiːvən/	hekope'ỹ
unfair /ˌʌnˈfer/	joja'ỹ
unfaithful /ˌʌnˈfeɪθfəl/	akãratĩ
unfamiliar /ˌʌnfəˈmɪljər/	jekuaa'ỹva
unfavorable /ˌʌnˈfeɪvrəbəl/	porã'ỹva
unfeeling /ʌnˈfiːlɪŋ/	poroporiahuvere ko'ỹva, ñonandúi va pire jy
unfinished /ʌnˈfɪnɪʃt/	pave'ỹ, opa'ỹva
unfit /ʌnˈfɪt/	pituva, katupyry'ỹ
unfold /ʌnˈfəʊld/	mboja'ohara
unforeseen /ˌʌnfɔːrˈsiːn/	ñeimo'ã'ỹ, neha'arõ'ỹ
unforgettable /ˌʌnfərˈgetəbəl/	x
unfortunate /ʌnˈfɔːrtʃnet/	vai rasaha
ungrateful /ʌnˈgreɪtfəl/	ohechakuaa'ỹva
unguarded /ʌnˈgɑːrdəd/	techagi
unhappiness /ʌnˈhæpines/	vy'a'ỹva
unhappy /ʌnhæpi/	po'a'ỹva
uniform /ˈjuːnəfɔːrm/	ysajateĩ
unify /ˈjuːnəfaɪ/	mbojoaju
unilateral /ˌjuːnɪˈlætərəl/	yketeĩ
unimportant /ˌʌnɪmˈpɔːrtʃnt/	kytomi, pererĩ
uninspired /ˌʌnɪnˈspaɪəd/	sa'i ñe'ẽkuaa syry
unintelligible /ˌʌnɪntelədʒəbəl/	ñekumby'ỹva

union /ˈjuːnjən/	joaju
unique /jʊˈniːk/	añoite
unison /ˈjuːnəsən/	ñe'ẽjoja
unit /ˈjuːnət/	pete'ĩ mba'e
unite /jʊˈnaɪt/	mbojoaju
unity /ˈjuːnɪti/	jeiko peteĩcha
universe /ˈjuːnəvɜːrs/	yvagapy
unjust (ʌnˈdʒʌst)	joja'ỹ reko
unknown /ˌʌnˈnəʊn/	jekuaa'ỹva
unlawful /ˌʌnˈlɔːfəl/	máu, hekope'ỹva
unleash /ˌʌnˈliːʃ/	mosãso
unlike /ˌʌnˈlaɪk/	ambue
unlimited /ˌʌnˈlɪmɪtəd/	apyve'ỹ
unload /ˌʌnˈləʊd/	mboguejy, monandi
unlock /ˌʌnˈlɑːk/	mboty'o
unmanageable /ˌʌnˈmænɪdʒəbəl/	ñda'ikatui oñe sãmbyhy
unmarried /ˌʌnˈmærid/	nomendáiva
unmistakable /ˌʌnməˈsteɪkəbəl/	x
unoccupied /ˌʌnˈɑːkjəpaɪd/	tekorei, nomba'apóiva
unoriginal /ˌʌnəˈrɪdʒənl/	pokarẽ
unpaid /ʌnˈpeɪd/	x
unpopular /ˌʌnˈpɑːpjələr/	ndojehayhúiva
unprepared /ˌʌnprɪˈperd/	mbovy joko mba'e vai
unprofessional /ˌʌnprəˈfeʃnəl/	mbovy apoha
unreal (ʌnˈrəl)	mbovy ha'ete
unrecognizable /ˌʌnrekəgnaɪzəbəl/	mbovy ohechakuaáva
unsafe /ʌnˈseɪf/	mbovy hatã
unseen /ʌnˈsiːn/	ndojehecháiva
unsettled /ʌnˈsetld/	sarambi apoha
unstable /ˈʌnˈsteɪbəl/	pyta'ỹ
unthinkable	ñeimo'ã'ỹre

/ʌnˈθɪŋkəbəl/	
untie /ʌnˈtaɪ/	jora, mosãso
until /ʌnˈtɪl/	peve
untiring /ʌntaɪrɪŋ/	kane'õ'ỹva
untold /ʌnˈtəʊld/	karkula'ỹva
untried /ʌntraɪd/	ha'ãhare
untrue /ʌnˈtru:/	tovamõkoi
untwist /ʌnˈtwɪs(t)/	mbyapakuapoi
unwelcome /ʌnˈwelkəm/	ou porã'ỹva
	oñangareko'ỹva
unwise /ʌnˈwaɪz/	tarova
unworthy /ʌnˈwɜːrðɪ/	neko'õi
unwrap /ʌnˈræp/	mbyapakuapoi
unwritten /ʌnˈrɪtn̩/	kuatiapyre
up /ʌp/	yvate
uphold /ʌphəʊld/	joko
upon /əˈpɑːn/	ári, hi'ari
upper /ˈʌpər/	tuvicha
upright /ˈʌpraɪt/	opu'ãva
uprising	ñemoãmbue,

	mopu'ã
uptight /ˈʌpˈtaɪt/	pochy reíva
upturn /ˈʌpˈtɜːrn/	mboheta, retave
upward /ʌpwərd/	yvate
urban /ˈɜːrbən/	táva rehegua
urgent /ˈɜːrdʒənt/	hagẽ
urinal /ˈjʊrənl/	ty rehegua
urinate /ˈjʊrəneɪt/	kuaru
usable /ˈjuːzəbəl/	jeporukuaáva
	tekoreko,
usage /ˈjuːsɪdʒ/	jepokuaa
use /juːs/	poru
usefulness /ˈjuːsfʊlnɪs/	tekoporu
useless /ˈjuːsləs/	oñekotevẽ'ỹva
user /ˈjuːzər/	peteí mba'e
usual /ˈjuːʒʊəl/	tapiagua
utensil /juːˈtensəl/	tembiporu
utility /juːˈtɪləti/	tekoporu
utilize /ˈjuːtlaɪz/	puru
utmost /ˈʌtməʊst/	pahague
uvula	ahy'otí

V

vacancy /ˈveɪkənsi/	nandi
vacant /ˈveɪkənt/	nandi
vacation /veɪˈkeɪʃən/	pytu'u
vaccinate /ˈvæksəneɪt/	hasymombia
vacuum /ˈvækjuəm/	nandi vera
vagabond /ˈvægəbɑːnd/	oikundaháva
vagina /vəˈdʒaɪnə/	tako
vague /veɪg/	peteícha
vain /veɪn/	jerovu
valiant /ˈvæljənt/	py'aguasu
valise	mba'yru
valley /ˈvæli/	yvy pe

valor /ˈvælər/	py'aguasu
valorous	ha'eve
valve /vælv/	mbotyha
vampire /ˈvæmpaɪr/	tuguy pyteha
vanish /ˈvænɪʃ/	kañy
vantage /ˈvɑːntɪdʒ/	ma'ẽha
vaporize /ˈveɪpəraɪz/	motimbo
variable /ˈveriəbəl/	hendave'ỹ
variety /vəˈraɪəti/	hetaichagua
vast /væst/	tuicha
vegetable /ˈvedʒtəbəl/	mba'e rovy
vehicle /ˈviːəkəl/	mba'yruguata

veil /veɪl/	iko páype
velocity	
/vəˈlɑːsəti /	pya'ekue
vendor /ˈvendər/	ñemuha
vengeance	
/ˈvendʒəns/	jehepy
venomous	
/ˈvenəməs/	porombyaiva
ventilate	
/ˈventleɪt /	peju, mboyvytu
ventilator	
/ˈventleɪtər/	pejuha
venture /ˈventʃər/	tembiasa
verbal /ˈvɜːrbəl /	ñẽ'ẽ rupigua
verify /ˈverəfaɪ /	ma'ẽ porã
vernacular	
/vərˈnækjələr /	tetãyguáva
vertical	
/ˈvɜːrtɪkəl /	oñembo'ỹva
very /ˈveri/	eterei
vessel /ˈvesəl/	tyru, mba'eryru
viable /ˈvaɪəbəl/	ojejapokatúva
vibrate	
/ˈvaɪbreɪt /	ryrýi
vice /vaɪs/	tekovai
vicious /ˈvɪʃəs/	hekovai
victim /ˈvɪktəm /	ohasa asýva
victor /ˈvɪktər /	pu'akáva
	jehupyty
victory /ˈvɪktəri/	tembipota
view /vju:/	techa
viewpoint	x
vigilant	
/ˈvɪdʒələnt /	oñangarekóva
vigor /ˈvɪgər /	mbarete
vindicate	
/ˈvɪndəkeɪt /	reko jey
violate /ˈvaɪəleɪt/	rairõ

violence	
/ˈvaɪələns/	ñerairõ
violet /ˈvaɪələt/	pytarovy
	mbaraka'i
violin /ˌvaɪəˈlɪn/	hasẽngy
virility [vɪˈrɪlɪti]	kuimba'e reko
virtual	je'e'ỹre
/ˈvɜːrtʃuəl /	ojekuaáva
virtuoso	
/ˌvɜːrtʃuˈəʊsəʊ /	marangatu
viscous /ˈvɪskəs/	aysy, apovõ
vision /ˈvɪʒən/	tesapyso
visitor /ˈvɪzətər /	temiandu
	pohã
	ñaikotevẽpáva
vitamin	ha oĩva
/ˈvaɪtəmən /	tembi'úpe
vivacity [vɪˈvæsɪti]	tetia'e
vocabulary	
/vəʊˈkæbjələri /	ñe'ẽndy
vocal /ˈvəʊkəl/	ñe'ẽgua
	ñemonde
vogue /vəʊg/	agaguã
voice /vɔɪs/	ñe'ẽ
void /vɔɪd/	meguã
volatile /ˈvɑːlətl/	ovevéva
volcano	
/vɑːlˈkeɪnəʊ /	tatasẽ
	omba'aposégui
volunteer	omba'apóva
/ˌvɑːlənˈtɪr /	reihápe
	jeporavo
vote /vəʊt/	mburuvicharã
voyage /ˈvɔɪɪdʒ/	guata
vulgar /ˈvʌlgər /	kachiãi
vulture /ˈvʌltʃər /	yryvu
vulva \ˈvʌlvə\	tapypi

W

waft /wɑːft/	vevúi	western	kuarahy
wage /weɪdʒ/	tembiapo repy	/westərn/	reikepegua
wagon /ˈwægən/	mba'yru	wet /wet/	akỹ
waist /weɪst/	ku'a	what /whɑːt/	mba'e
wait /weɪt/	ha'arõ	wheat /whiːt/	avati mirí
waive /weɪv/	heja	wheel /whiːl/	mba'ejere
wakeful	opáyva	when /when/	aja
walk /wɔːk/	guata	where /wher/	moõ
wall /wɔːl/	ogyke	which /whɪtʃ/	máva
want /wɔːnt/	pota	while /whaɪl/	sapy'a
war /wɔːr/	ñorairõ	whimper	
ward /wɔːrd/	tetã'i	/whɪmpər/	rasẽngy
warfare	ñorairõ	whiner	hasengy
warm /wɔːrm/	haku	whirl /whɜːrl/	jere
warning		whisper	
/ˈwɔːrnɪŋ/	ñemomarandu	/whɪspər/	ñẽ'embegue
warrant		white /whaɪt/	morotí
/ˈwɔːrənt/	ñemohenda	who /huː/	máva
wash /wɔːʃ/	johéi	whole /heʊl/	oĩmbãva
wave /weɪv/	ñekoni	wholesome	
wax /wæks/	araity	/heʊlsəm/	hesãi
way /weɪ/	tape	whopper	mba'e tuicha
weak /wiːk/	kangy	(ˈwɒpeʳ)	iterei
weaken /ˈwiːkən/	mokangy	why /whaɪ/	mba'e reta
wealth /welθ/	mba'erepy	wick /wɪk/	tataindy kũ
weapon /ˈwepən/	pojoapy	wide /waɪd/	pyrusu
wear /wer/	raha	widen /ˈwaɪdn/	mbopyve
weary /ˈwɪri/	kane'õ	widow /ˈwɪdeʊ/	menave'ỹ
weave /wiːv/	mbohoryha	width /wɪdθ/	pyrusu
wedding /ˈwedɪŋ/	menda	wife /waɪf/	tembireko
wednesday		wig /wɪg/	tague apopyre
/ˈwenzdeɪ/	ararundy	wiggle /ˈwɪgəl/	mbovava
weed /wiːd/	ka'a vai	wild /waɪld/	ka'aguygua
week /wiːk/	pokõi ára	willing /ˈwɪlɪŋ/	potahápe
weeping /ˈwiːpɪŋ/	hesay tykýva	win /wɪn/	henonde'a
weigh /weɪ/	ha'ã		mboapu'aha
welcome		winch /wɪntʃ/	ojeréva
/ˈwelkəm/	ñehuguatí porã	wind /wɪnd/	yvytu
welfare /welfer/	jeiko porã	window /ˈwɪndeʊ/	ovetã
well /wiːl/	porã	wine /waɪn/	kaguy
west /west/	kuarahy reike	wing /wɪŋ/	pepo

wink /wɪŋk/	ñesapymi
winner /'wɪnər /	henonde'a
	mokã
wipe /waɪp/	mohykuejei
wire /waɪr /	inimbo hatã
wisdom /'wɪzdəm/	arandu
wise /waɪz/	arandu
wish /wɪʃ/	pota
wistful /'wɪstfəl/	jepy'amongetáva
wit /wɪt/	apýra akua
witch /wɪtʃ/	paje
with /wɪð/	ndive
withdraw /wɪð'drɔː/	nohẽ
wither /'wɪðər /	mbopiru
withhold /wɪθ'həʊld /	ñongatu
within /wɪð'ɪn/	tyepýpe
without /wɪð'aʊt/	rehe'ỹ
withstand /wɪð'stænd/	jepytaso
witness /'wɪtnəs /	hechahare

wizard /wɪzərd /	ava paje
woeful /'weʊfəl/	tasẽmbyrã
woman /'wʊmən/	kuña
wonderful /'wʌndərfəl /	hecha ramo
wood /wʊd/	yvyra
wool /wʊl/	ovecha rague
word /wɜːrd /	ñẽ'ẽngue
work /wɜːrk /	tembiapo
worm /wɜːrm /	sevo'i
worry /'wɜːri /	mbopy'apy
worse /wɜːrs /	vaive
worst /wɜːrst /	vaive
wound /waʊnd/	kuare
wrap /ræp/	mboapakua
wreath /riːθ/	apyte
wrestler /reslər /	ñorairõ
wring /rɪŋ/	poka
wrist /rɪst/	mitã ra'anga
write /raɪt/	hai
writer /'raɪtər /	haiha
wrong /rɔːŋ /	hekope'ỹ
wry /raɪ/	karapã

xenophobia /'zenə'fəʊbɪə/	pytaguápe jehayhu'ỹ

x-ray /'eksreɪ/	x

yard /jɑːrd /	korapy
year /jɪr /	arajere
yeast /jiːst/	mohaguinoha
yellow /'jeleʊ/	sa'yju
yield /jiːld/	me'ẽ

you /juː/	nde
young /jʌŋ/	mitã
yourself /jər'self /	nde

Z

zealot /ˈzelət/	akāraku		**zip** /zɪp/	mboty
zero /ˈzɪrəʊ/	mba'eve		**zoom** /zuːm/	hyapu
zest /zest/	akaraku		**zucchini** /zʊˈkiːni/	andai

GUARANI - ENGLISH

a

a, *mba, paite,* *mbaite*	altogether \ól-tə-'ge-thər\
aqaqua	contemporary
aguīgua	next \'nekst\
aguīgua, *jeju*	forthcoming \-coming\
aquijevete	gratitude \'gra-tə-,tüd\
aguyi	closeness \klōs\
aguīgua	affinity \ə-fi-nə-tē\
ahoja	coverage \'kəv-rij,
ahoja	blanket \'blaŋ-kət\
ahy'o	gorge \'górj\
ahy'o rasy	angina \an-'jī-nə, \
ahy'o, *ñe'e kekẽ*	aloud \ə-'laúd\
ahy'o	throat \'thrōt\
ahy'o ra'ỹi	tonsil \'tän(t)-səl\
ahy'otí	uvula
ai	ulcer /'ʌlsər /
ai, *jai*	canker \'kaŋ-kər\
ái, *jehapy*	arson \'är-sən\
aja	when /hwen /
ajaka	basket \'bas-kit,\
ajúra	neck \'nek\
ajúra mamaha	scarf \'skärf\
ajúra, *ajuratã*	collar \'kä-lər\
akã ao	beret \bə-'rā\
akã, *ruvicha*	head \'hed\
akã'o, *ñakã'o*	decapitate \di-'ka-pə-,tāt,\
akã'o, *ñakã'o*	behead \bi-'hā-vyər,
akãguasu	smart \'smärt\

akãhatãrã **ñembyaty**	gang \'gaŋ\
akãnga'u, *akãtavy,* *porombopy'* *ajeréva*	nauseous \'nó-shəs\
akão, *akãhoja*	hat \'hat\
akãperõ	bald \'bóld\
akãporã	accomplished \ə-'käm-plish,\
akaraku,*jurujái*	rapture
akãrapu'ã, *jekakuaa*	growth \'grōth\
akãratĩ	unfaithful /'ʌn'feiθfəl/
akatúa, *joja*	law \'ló\
akatúa, *joja*	right \'rīt\
akuã, *oñaníva*	corridor \'kór-ə-dər\
akuruchĩ, *ñepã*	paralysis \pə-'ra-lə-səs\
aký	tender \'ten-dər\
akỹ	wet /wet/
akytã	clod \'kläd\
akytã vai	cancer \'kan(t)-sər\
ama, *ama vera*	rain \'rān\
amamo'ãha	umbrella /ʌm'brelə/
amandaje	assembly \ə-'sem-bəl\
amandaje, *aty guasu*	convent \'kän-vənt,\
amandaje, *tavaygua atýra*	neighborhood \'nā-bər-,húd\
amangy	shower \'shaú-ər\
amavera, *aratiri*	lightning \'līt-niŋ\
ambu, *pytuhẽ, pytu*	breathe \'brēth\

81

		changeable		\'jen-yə-wən\
ambue	\'chān-jə-bəl\		añetegua	true /tru:/
ambue	again\ə-'gen,\			realism
ambue	unlike /'ʌn'laɪk/		añetegua reko	\'rē-ə-,li-zəm\
ambue	other \'ə-thər\		añetegua,	objective
ambue tendápe	apart \ə-'pärt\		hupytyrã	\əb-'jek-tiv,
ambue,	diversity			actual
ikoe, ojuavýva	\də-'ver-sə-tē\		añetegua, teéva	\'ak-ch(ə-w)əl\
	contrary			assuredly
ambue, jovái	\'kän-,trer-ē,\		añetehápe	\ə-'shür-əd-lē\
amogotyo	alongside\ə-'sīd\			positive
amyrỹi	extinct\ik-'stiņt,\		añetehápe	\'pä-zə-tiv\
aña	devil \'de-vəl \		anga,	
	malevolent		memby'anga	adopt\ə-däpt\
aña, ñaña	\-lənt\		angaipa	sinful \'sin-fəl\
añaretã	inferno\infərnō\			acquittal
añaretã,			angaipa jejora	\ə-kwi-təl\
mba'epochy retã	hell \'hel\		angaipa, jejavy	fault \'fȯlt\
	zucchini		angaipa, jejavy	lack \'lak\
andai	/zʊ'ki:ni/		angapyhy	gusto\gəs-tō\
andai	squash \'skwäsh			consolation
andu avy,	illusion		angapyhy, mytue	\kän-səläshən\
kuaa avy	\i-'lü-zhən\		angareko, cháke,	carefulness
	instinct		háke, hépa	\-fəl\
andu reko	\'in-,stiŋ(k)t\		angete,	
andu,			ramo, aje'i, kuri	newly\'nü-lē, \
ñandu, ñepu	feel \'fēl\		angirũ, tayhupára	friend \'frend\
	advertise		angu'a, angu'a	
anduka, marandu	\'ad-vər-,tīz\		tarara, guatapu	drum \'drəm\
andupoiha,	narcotic			intimate
ñeñandu'ÿ, reruha	\när-'kä-tik\		añohapegua	\in-tə-māt\
añete	truth /tru:θ/		añoite	unique /jʊ'ni:k/
añete	notary			clothing
mbokuatiàva	\'nō-tə-rē-\		ao	\'klō-thiŋ\
	indeed			apparel
añete, añetegua	\in-'dēd\		ao aty	\ə-per-əl \
	fallacy		ao kate	suit \'süt\
añete'ỹhápe	\'fa-lə-sē\		ao ñemokãrã,	towel
	bona fide		ao soro	\'taù(-ə)l\
añetegua	\'bō-nə- fīd,\			underwear
	authentic		áo ruguai	/'ʌndər'weə:/
añetegua	\ə-'then-tik, ȯ-\		ao sỹi	silk \'silk\
	reality			carpet
añetegua	\rē-'a-lə-tē\		ao yvy rehegua	\'kär-pət\
	sincerity			canvas
añetegua	\-'ser-ə-tē, \		ao, poyvi	\'kan-vəs\
añetegua	genuine		aojoheiha,	laundry

joheihára	\\'lŏn-drē,\\
	pocket
aokua	\\'pä-kət\\
aokytyha,	griddle
mosỹiha	\\'gri-dəl\\
aoveve,	
aty rechaukaha	flag
apa, marachachã	cripple\\'kri-pəl\\
apakua,	
apakuapy	bale \\'bāl\\
apatĩ, havẽ	ashen \\a-shən\\
ape	cloak \\'klōk\\
ape	cape \\'kāp\\
ape, ahoja	cap \\'kap\\
ápe, ko ápe	here \\'hir\\
	surface
ape, yvy ape	\\'sər-fəs\\
apekue	shell \\'shel\\
	racism
apesã	\\'rā-,si-zəm\\
apesã, háse	bunch \\'bənch\\
api	scalp \\'skalp\\
	shooter
apiha	\\'shü-tər\\
apívo, ao'ỹ	bare \\'ber\\
	technical
apo reko	\\'tek-ni-kəl\\
	knowing
apo vai irũngue	\\-'nō-iŋ\\
apoha	author\\o-thər\\
	cannery
apoha, apohaguã	\\'ka-nə-rē\\
apoha, apohaguã	factory
apopy	\\'fak-trē\\
apoha,	maker
apohára, apohare	\\'mā-kər\\
apopyre	event \\i-'vent\\
apopyre,	
ojejapopyre	fact \\'fakt\\
apopyre,	
ojejapopyre	made \\'mād\\
apose,	intent
pota, tembipota	\\in-'tent\\
apoukapy	duty \\'dü-tē\\
apoukapy	rule \\'rül\\
	ordinance
apoukarã	\\'órd-nən(t)s\\

apu'a hepyete	blooper\\'blü-pər\\
	circular
apu'a, syry	\\'sər-kyə-lər\\
apy,	
apýra,kytomi	apex\\'ā-,peks\\
apy, takua	tip \\'tip\\
apyka tupa	sofa \\'so·fa \\
apyka, guapyha	bank \\'baŋk\\
apýra	term \\'tərm\\
apýra akua	wit /wit/
apyra' ỹ	timeless\\tĭm-ləs\\
	boundary
apýra, paha, apy	\\'baůn-d(ə-)rē\\
	eternal
apyra'ỹ, apyre'ỹ	\\i-'tər-nəl\\
	infinite
apyra'ỹ, hypa'ỹ	\\'in-fə-nət\\
apysape,	
nohendúiva	deaf \\'def,\\
apyte	wreath /ri:θ/
apytépe,	among
mbytépe	\\-'məŋ(k)st\\
	between
apytépe, pa'ũme	\\bi-'twēn\\
apytere	pulp \\'pəlp\\
apytĩ, joaju	link \\'liŋk\\
apytĩha	tape \\'tāp\\
apytĩmby,	bundle
jokuapy	\\'bən-dəl\\
	cerebral
apytu'ũ	\\sə-'rē-brəl\\
apytu'ũ	brain \\'brān\\
	mental
apytu'ũ rehegua	\\'men-təl\\
apytu'ũ,	
akãguapy,	judgement
tekojoja rembiapo	\\'jəj-mənt\\
apytu'ũ, akãngua	mind \\'mĭnd\\
apytykue, akytã	knot \\'nät\\
	boundless
apyve'ỹ, apyra'ỹ	\\'baůn(d)-ləs\\
	unlimited
apyve'ỹ	/'ʌn'lĭmətəd /
	amputate
apĩ	\\'am-pyə-,tāt\\
ára	time \\'tĭm\\
ára	day \\'dā\\

83

ára	epoch \e-*pek*\			\'ka-len-der\
	occasion			schedule
ára ikatu ramo	\e-'kā-zhen\		arapapaha	\'ske-(,)jül,\
ára pavẽ	global			thursday
rehegua	\'glō-bel\		arapo	\'therz-dē\
	atmospheric			saturday
ára pytu	\at-me-sfir-ik, \		arapoköi	\'sa-ter-(,)dā\
ára rechaukaha	clock \'kläk\			friday
	torment		arapoteĩ	\'frī-(,)dā,-dē\
ara vai	\'tòr-,ment\		arapoty	spring\'spriŋ\
ára vai, *yvytu*				clearance
rusu	storm \'stòrm\		arapy	\'klir-en(t)s\
	tuesday		arapy, *yvága*	sky \'skī\
araapy	/'tu:zdeɪ/			ambiance
	summer		arapytu	\'am-bē-en(t)\
arahaku	\'se-mer \		arapytu, *jere,*	environment
arai	cloud \'klaùd\		*tekoha, koty*	\in-'vī-re-ment\
arai, *araíva*	bleary \'blir-ē\			horizon
araity	wax /wæks/		ararapo, *arapaha*	\he-'rī-zen\
araíva	cloudy\klaúdē\			wednesday
arajere	*year /jɪr /*		ararundy	/'wenzdeɪ/
arajevyevy	annual\an-yel\		araso	saffron\sa-frän\
araka'eve,	never			thunder
máramo, márõ	\'ne-ver\		arasunu, *sununu*	\'then-der\
	cushion			sunday
aramboha	\kù-shen\		arateĩ, *arete tapia*	\'sen-(,)dā\
	medieval		aratiri, *aravera*	beam \'bēm\
arambytegua	\mē-'dē-vel\		aravo papaha	timer \'tī-mer\
aramirõ	starch \'stärch\		aravo'i	minute\'mi-net\
	cultural		área	area
arandu	\'kelch-rel,		arekue	lapse \'laps\
	wisdom		arete	feast
arandu	/'wɪzdem/		ári, *hi'ari*	upon /e'pɑːn /
arandu	wise /waɪz/		arigua, *ho'áva*	
arandu	tradition		*ñande rehe*	responsibility
ymaguare	\tre-'di-shen\			behavior
arãndu, *ãkapora*	talent \'ta-lent\		arriéro pórte	\bi-'hā-vyer,\
arandu,	brainy		asu,*po asu*	left\'left\
iñakã poráva	\'brā-nē\			difficult
	cleverness		asy, *hasy*	\'di-fi-(,)kelt\
arandu, *kuaa*	\kle-ver\			tension
aranduka, *kuatia*	book \'bùk\		atángue	\'ten(t)-shen\
arandukapuru-	bibliography		atĩa	sneeze \'snēz\
pyre	\bi-blē-ä-grefē\			shoulder
	terminate		ati'y	\shōl-der\
arapa	\'ter-me-net\		atukupe	back \'bak\
arapapaha	calendar		atukupe	back \'bak\

84

atukupe kangue	column
rysýi	\'kä-ləm \
	collection
aty	\kə-'lek-shən\
	equipment
aty poravopyre	\i-'kwip-mənt\
aty poravopyre	gear \'gir\
aty poravopyre	team \'tēm\
aty poravopyre	outfit \'aùt-ˌfit\
	aggregate
aty, no'õngue	\'a-gri-gət\
atypy	cluster\kləs-tər\
aupa, memby	afterbirth
ryru	\'af-tər-ˌbərth\
autukupe jokoha	backup \-ˌəp\
ava paje	wizard/wizerd /
ava rehegua	staff \'staf\
	cannibal
ava ro'o uha	\'ka-nə-bəl\
ava sa'yju	blond \'bländ\

avati	corn \'kórn\
avati mirí	wheat /hwi:t /
	capricious
aváva, avarekóva	\kə-'pri-shəs\
avei, uvei	also \'ól(t)- \
	disagreement
avy, joavy	\dis-əgrēmənt\
ayhu,	devotion
tupã rayhu	\di-'vō-shən,\
	unctuous
aysy	/'ʌŋktʃuəs /
aysy, apovõ	viscous /'vıskəs/
aysy, mangaisy	rubber\'rə-bər\
ayvu	bustle\bə-səl\
	boisterous
ayvu	\'bói-st(ə-)rəs\
ayvu	joyful \'jói-fəl\
balde ryru,	bucket
y ryru	\'bə-kət\

ch

	crumple
cha'ï, apicha7	\'krəm-pəl\
	category
chae	\'ka-tə-ˌgòr-ē\
	advantage
changui	\əd-'van-tij\
changui	asset \'a-ˌset
	advantageous
changui me'ëha	\advantājəs\
che	self \'self\
chejupe	same \'sām\
	companion
chera'a	\kəm-pan-yən\
chicharra	buzzer

itapu'i	\'bə-zər\
	squeaky
chi'õ	\skwē-kē\
	quaver
chucho	\kwā-vər\
	tremble
chuchu	/'trembəl/
chuchu, sysýi,	
tarara, ryrýi	quake \'kwāk\
chuchu, tarara	shake \'shāk\
chúra me'ë,	rational
mopokã	\'rash-nəl\
churugue	tinder \'tin-dər\

d

disparate	absurd \əb-sərd \		**disparate**	absurdity \əb-'sər-də-tē \

e

e téra, *romandu'a*	mention \'men(t)-shən\		**emombyky**	abbreviation \əbrēvēā-shən\
ẽ, *maña*	askance \ə-'skan(t)s\		**enderombarei**	anything\-,thiŋ\
eirete	honey \'hə-nē\		**enrollar japakua**	coil \'kȯi(-ə)l\
eiru, jate'i	bee \'bē\		**erehaicha**	according \ə-'kȯrd\
ekuaa porã, *jekuaa añete*	certainty \'sər-tən-tē\		**esgrimir**	brandish \'bran-dish\
embarcación yga, *yga'i,* *kachivéo*	boat \'bōt\		**mbovava**	brandish \'bran-dish\
			ete, *chejupe,* *ojehe*	likewise \'līk-,wīz\
			ete, *ite*	sheer \'shir\
embyaipáva	dilapidated ' \də-'la-pə-,dāt\		**eterei**	very/'veri/
emombyky	abridge \ə-'brij\		**eterei,** *iterei*	excessive \ik-'se-siv\

f

feligreses	congregation \käŋ-gri-'gā-shən\		**fifi,** *apytĩmby,* *jokuapy*	package \'pa-kij\
fifi	parcel\'pär-səl\		**fundida**	
			mbokapu, *kapu*	casting \'kast-\

g

guahĕ, *ñeguahē*	arrival \ə-'rī-vəl\
quahu	howl \'haú(-ə)l\
guápo, *katupyry*	businesslike \'biz-nəs-,līk, \
quapyha	seat \'sēt\
quarara, *tororõ, pararã, tyapu guasu*	clatter \'kla-tər\
quasu	gazelle \gə-zel\
quata	walk /wɔ:k/
quata	voyage /'vɔɪɪdʒ/
quata	travel /'trævəl/
quata	carouse \kə-'raúz\
quata puku	stride \'strīd\
quata rysýi	parade \pə-rād\
quata ygápe y rupi	boating \'bōt-\
quata ygápe y rupi	navigate \'na-və-,gāt\
gueiy	descend

	\di-'send\
queraha	hold \'hōld\
querekova	accessible \ik-'se-sə-bəl,\
querombyasy, *ñepu*	condolences \kən-dō-lən(t)s\
quive, *gui*	since \'sin(t)s\
guy	under /'ʌndər /
guyhai	underline /'ʌndər'laın /
guýpe	underneath /'ʌndər'ni:θ /
guyra pyti'a ro'o	buxom \'bək-səm\
guyra tĩ	beak \'bēk\
guyra, *guyra pu*	bird \'bərd\
guyraju, *tyeju*	canary \kə-'ner-ē\
guyratã	airplane \'er-,plān\

h

ha'ete	accurate \'a-kyə-rət,'\
ha'anga	threat \'thret\
ha'arõ	wait /weıt/
habichuela	bean \'bēn\
hácha	axe \'aks\
hachauka teko	define \di-'fīn\
ha'ekuéra	them \(th)əm\
ha'eño	recluse \re-klüs\
ha'eño, *noñe' ẽséiva*	taciturn \'ta-sə-,tərn\

ha'eñontese, *ndoporohayhúiva*	selfish \sel-fish\
hagĕ	urgent /'ɜ:rdʒənt /
hagĕ, *pya'e, vokói*	soon \'sün\
hagĕ, *pya'e*	presently \'pre-zənt-lē\
haque'o, *ñapĩ*	shear \'shir\
haguyrõva	sensual \sen-sh(ə-)wəl\

hai	write /raɪt/
haí	tart \'tärt\
hai kuatia, *moĩ kuatiápe,* *pyaha kuatia*	editor\e-də-tər\
haiha	writer /'raɪtər /
haimbe	sharp \'shärp\
haimbe	sharpness \'shärp\
haimbe, *hesy*	tan \'tan\
haíme	almost \'òl-,mōst,'\
haimete, *ténge,* *mante hasýpe*	barely \'ber-\
häi'ỹva	toothless \tüth-ləs\
hakate'ỹ	avaricious \,a-və-'ri-shəs\
haku	warm /wɔːrm /
haku, *taku, mbyry'ái*	heat \'hēt\
hakuáva, *techa puku*	acute \ə-'kyüt\
hakuchi	erotic \i-'rä-tik\
hãpy ñeha'a	tantalize \'tan-tə-,līz\
hapy, *hovere*	abrasive \ə-'brā-siv\
hapykuegua	posterior \pō-'stir-ē-ər\
hapykuegua, *hapykuerigua*	eventual \i-'ven(t)-sh(ə\
hára	glean \'glēn\
hára	spin \'spin\
harupyre, *meguã*	corrupt \kə-'rəpt\
hasa	crossing \'krò-siŋ\
hasa mboypýri mbohasa	transpose /træns'pəʊz/
hasaha, *yvyvorasa,* *yvyvorasaha*	bridge \'brij\
hasaha`i, pa`û`i	aisle \'ī(-ə)l\
hasengy	whiner
hasy	sick \'sik\
hasy katu'ỹva	immune

	\i-'myün\
hasymombia	vaccinate /'væksəneit /
hasypo'íva	consumptive \-'səm(p)-tiv\
hasýva	ill \'il\
hatã, *mbarete, katuetei*	certain\sər-tən\
hatã, *mbarete*	intense \in-tens\
hatã, *mbarete*	firm \'fərm\
havara	rough \'rəf\
haviru	sponge \'spənj\
havõ	soap \'sōp\
hayhu rasa	adore \ə-'dòr\
hayhu, mbohepy, *mbojerovia,* *mboaje*	esteem \i-'stēm\
hayhupyre	beloved \bi-lóvd\
hayvi, *hayviru'i*	drizzle \'dri-zəl\
he	tasty \'tā-stē\
he	savor \'sā-vər\
he	taste \'tāst\
he, *he'ỹ*	flavor \'flā-vər\
he'ẽ, *mahe'ẽ*	candy\'kan-dē\
he'iséva	meaning \'mē-niŋ\
he'õ, *akỹ*	damp \'damp\
hecha	see \'sē\
hecha ramo	wonderful /'wʌndərfəl /
hecha, *ma'ẽ*	assay \'a-,sā\
hechaga'u	bizarre \bə-'zär\
hechagi, *hecha rei*	careless \-ləs\
hechagíva, *ate'ỹ rekóva*	negligent \-jənt\
hechahare	witness/wɪtnəs /
hechakuaa	understand /'ʌndər'stænd /
hechakuaa, *aguije, aguijeve*	grateful \'grāt-fəl\
hechakuaa, *moingove ypy*	conceive \kən-'sēv\
hechakuaa,	countenance

rokiriri̊	\kaün-tən-əns\
hechakuaa,	condone
rokiriri̊	\kən-'dōn\
hechakuaa'ỹ	ingratitude
reko	\in-'gra-tə-,tüd\
	tabloid
hechapyrã	\'ta-,blóid\
	admirable
hechapyrã	\'ad-mə-rə-bəl\
hechapyrãva	amaze\ə-'māz\
	indicate
hechauka	\'in-də-,kāt\
hechauka	show \'shō\
hechauka	
he'iséva	denote \di-nōt \
hechauka,	
mondo jey	reflect \ri-'flekt\
he'ẽ	sweet \'swēt\
	significance
he'iséva	\sig-'ni-fi-kəns\
	semantics
he'iséva mbo'e	\si-'man-tiks\
heja	waive /weiv/
	helpless
heja rei, *motyre'ỹ*	\'hel-pləs\
heja	allow \ə-'laù\
heja,	
jei, motyre'ỹ	quit \'kwit\
	abandon
heja, *jei, piã*	\ə-'ban-dən\
	bewilder
heja, *mboyke*	\bi-'wil-dər\
	forsake
heja, *motyre'ỹ*	\fər-'sāk\
	renounce
heja, *ñemboyke*	\ri-'naùn(t)s\
	definition
heko mombe'u	\de-fə-'ni-shən\
heko porã,	courteous
heko rory	\'kər-tē-əs\
	human
heko porãva	\'hyü-mən,\
heko vatu,	correctness
myatyrõ	\-'rek(t)-nəs\
	tenacious
hekoatã	\tə-'nā-shəs\
hekoayhúva	affectionate

	\ə-fek-sh-nət\
	suitable
hekópe	\'sü-tə-bəl\
hekópe	normal\'nòr-məl\
	uneven
hekope' ỹ	/'ʌn'i:vən/
hekope' ỹ	undue /'ʌn'du: /
hekope'ỹ	rare \'rer\
hekopegua	bid \'bid\
	reasonable
hekopegua	\rēz-nə-bəl\
	immoral
hekopegua'ỹ	\i(m)-'mòr-əl,\
hekope'ỹ	wrong /rɔːŋ /
	unbecoming
hekope'ỹ	/ʌnbᵻ'kʌmɪn/
hekoporãva	formal\'fòr-məl\
hekovai	vicious /'vɪʃəs/
	depraved
hekovaíva	\di-'prāvd\
	organism
hekovéva, *aty*	\'òr-gə-,ni-zəm\
hembiapokue	
tuichaitéva	hero \'hir-(,)ō\
	adulterer
hembirekópe	\ə-'dəl-tər-ər\
	variable
hendave'ỹ	/'veriəbəl /
	deafness
hendu'ỹ	\'def- dialect \
	luminous
hendypu	\'lü-mə-nəs\
	burning
hendýva	\'bər-niŋ\
	ardent
hendýva	\'är-dənt\
hendyvapo	shave \'shāv\
heñoi hague	natal \'nas-tē\
	conjure
henói, *'e réra*	\kän-jər\
henonde'a	gain \'gān\
henonde'a	win /wɪn/
henonde'a	winner /'wɪnər /
	completion
henyhẽva	\kəm-'plē-shən\
	expensive
hepy	\ik-'spen(t)-siv\

hepy, *hasy*	costly \kós-lē\	**hetakue,**	amount
hepy'ỹ, *ndahepýi*	cheap \'chēp\	*teta, papapy*	\ə-'maúnt\
hepyme'ẽ	bonus\bō-nəs\		bulk
	finance	**hetakue,***papapy*	\'bəlk\
hepyme'ẽ	\fə-nans\	**hete guaséva**	burly \'bər-lē\
hepyme'ẽha	guarantee	**hete guaséva,**	corpulent
rekovia	\,ger-ən-'tē\	*ho'óva*	\-lənt\
herahaiha	signer \,sī-'nē\		amusing
	audience	**hetia'e**	\ə-'myü-ziŋ\
herakuã	\'ó-dē-əns, 'ä-\		effusive
herakuã		**hetia'e,** *hory*	\i-'fyü-siv\
guasuva,	celebrated	**hi'ára rireguä**	late \'lāt\
momorãmbyre	\'se-lə-,brāt\	**hi'ariguio**	above\ə-bəv\
herakuã poráva	badge \'baj\	**hi'áva**	fruitful \'früt-fəl\
herakuã,	notable	**hi'upy,**	
kuaapyre	\'nō-tə-bəl\	*ja'upyrã,*	edible
herakuã,	famous	*mba'eupy*	\'e-də-bəl\
ojekuaáva	\'fā-məs\	**hi'a' ỹ**	sterile \'ster-əl\
herakuã,		**hi'araguä**	timely \'tīm-lē\
pavẽgua,		**hiérro mbotaha**	anvil \'an-vəl\
jekuaapyre,techa			themselves
hára	crowd \'kraúd\	**hikuái**	\thəm-'selvz\
	uncertain	**ho poráva,**	blooming
herunguä	/'ʌn'sɜ:rtṇ /	*okakuaa poráva*	\'blü-mən-miŋ\
	mysterious	**ho'ysã**	chilly \'chi-lē\
herunguä	\mis-'tir-ē-əs\	**ho'ysã**	cold \'kōld\
	analyze	**hokypu,** *hoky*	sprout \'spraút\
hesa' ỹijo	\'a-nə-,līz\		absentee
hesa'ỹ, *hesatũ*	blind \'blīnd\	**homa**	\,ab-sən-'tē\
	wholesome		contented
hesãi	/'həʊlsəm/	**hory,** *angapyhy*	\kən-'ten-təd\
	obvious	**hory,**	
hesakã, *añetete*	\'äb-vē-əs\	*juky, hetia'e,*	
	brighten	*py'arechaukaha*	gentle \'jen-təl\
hesape, *myesakã*	\'brī-tən\		cheerful
hesay tykýva	weeping /'wi:pɪŋ/	**hory,** *opukavýva*	\chir-fəl\
heta mba'e jára,		**hory,** *ovy'áva*	happy \'ha-pē\
riko iterei	affluent \-ənt\		adventurous
heta porã,	ample	**hova'atã**	\əd-'ven-chrəs\
iporãma	\'am-pəl\	**hova'atã**	cynical
heta tetã	international		boldness \'bōld-
rehegua	\in-tər-nash-nəl\	**hova'atã**	\
	bountiful	**hova'atã**	brazen\brāzən\
heta, *heta porã*	\'baún-ti-fəl\	**hovake,**	affront
heta,		*mbohovái*	\ə-'frənt\
tuicha, ikoe	many \'me-nē\	**hova'o kamby**	skim \'skim\
hetaichagua	variety /və'raɪəti/	**hovasa,**	bless \'bles\

mbohovasa	
hovasy	serious\ˈsir-ēəs\
hovyngy	azure \ˈa-zhər\
hovyngy	bluish \ˈblü-ish\
hovyngy	celestial \sə-ˈles-chəl\
hū	black \ˈblak\
hu'itĩ	flour
hu'u	cough \ˈköf\
hu'y	arrow \ˈer-(ˌ)ō \
huguare	bottomless\-ləs\
huguy pokäva	anemic \ə-ˈnē-mik\
huguy, *huguýva*	bloody\ˈblə-dē\
hupi, *mopu'ä, mboyvate*	elevate \ˈe-lə-ˌvāt,\
hupyty	attain \ə-ˈtān\
hupyty	accomplish \ə-ˈkäm-plish,\
hupyty	achieve\əchēv\
hupyty	reach \ˈrēch\
hupyty	succeed \sək-ˈsēd\
hupyty, *ikokatu, moingo*	manage \ˈma-nij\
hupyty, *pojái*	afford \ə-förd\
hupyty, *reko*	obtain\əb-tān\
hu'ũ, *hypa*	soft \ˈsöft\

hyakuã	smell\ˈsmel\
hyakuä"ỹva	toilet \ˈtöi-lət\
hyakuä'ỹva	commode \kə-ˈmōd\
hyapu	boom \ˈbüm\
hyapu	zoom /zuːm/
hyapúva, porä rasa	grandiose \ˈgran-dē-ˌōs\
hyepype	accost\ə-ˈköst \
hyepypegua	indoor \in-ˈdör\
hyku	solution \sə-ˈlü-shən\
hyku, *osyrýva*	fluid \ˈflü-əd\
hykue, *aysy*	juicy \ˈjü-sē\
hykue'o	idiom \i-dē-əm\
hýpy	beneath \bi-ˈnēth-\
hypy, *pypuku, pyko'ẽ*	deep \ˈdēp\
hypy'a	frozen\ˈfrō-zən\
hypy'a, *ro'yrypy'a, ro'y eterei*	icy \ˈī-sē\
hypy'ũ	bushy\ˈbu-shē\
hypy'ũ, *iñypytũ*	dense \ˈdens\
hypýi	spatter\spa-tər\

i

ijaóva	clad \ˈklad\
ijaóva, *oñemondéva*	dress \ˈdres\
ijara'ỹva, *apoha jekuaa'ỹva*	anonymous \ə-ˈnä-nə-məs\
ijara'ỹva, *apoha jekuaa'ỹva*	faceless \ˈfās-ləs\
ijeheguíva	adequate \-kwət\
iporama	

ikarapä'ỹva, *ipyratäva*	adamant \ˈa-də-mənt, \
ikatu, *herunguä*	perhaps \pər-ˈhaps,\
ikatu'ỹha	impossibility *im-pä-sə-bi-lə-tē*
ikatu'ỹva	impossible \im-ˈpä-sə-bəl\
ikatu'ỹva japoko	intangible

	judicious
ikatu'ỹva	intolerable
ñamokõ	\in-'täl-rə-bəl,\
ikatu'ỹva	indomitable
oñembo'e	in-dä-mə-tə-bəl
ikatúva japoko	stuff \'stəf\
	material
ikatúva japoko	\mə-'tir-ē-əl\
	plausible
ikatúva jejapo	\'plò-zə-bəl\
ikatúva	
ñañemongeta	approachable
hendive	\ə-prō-chə-bəl\
	probability
ikatúva oiko	\prä-bə-bi-lə-tē\
	potential
ikatúva oiko	\pə-'ten-shəl\
	possible
ikatúva oiko	\'pä-sə-bəl\
	measurable
ikatúva oñeha'ã	\'me-zhə-\
	abrasion
ikatuvajaiporu	\ə-'brā-zhən\
	deposit \
ike	di-'pä-zət\
	partake
iko atýpe	\pär-'tāk, pər-\
iko páype	veil /veil/
iko, ikove	dwell \'dwel\
	fabulous
ikoe, ñeimo'ã'ỹva	\'fa-byə-ləs\
ikove	live \'liv\
ikove,	survive
jepe'a manógui	\sər-'vīv\
	clavicle
ilílla	\'kla-vi-kəl\
imba'e ỹva	butler \'bət-lər\
imboka ramóva	recruit \ri-'krüt\
	imagine
imo'ã rei	\i-'ma-jən\
	envision
imo'ã rei	\in-'vi-zhən, \
imo'ã,	involve
malisia, pipo	\in-'välv\
	intend
imo'ã, jesareko	\in-'tend\
imo'ã jesareko	think \'thiŋk\

iñakãguapýva	\jü-'di-shəs\
inimbo hatã	wire /waır /
ipotýva	bloom \'blüm\
	champion
ipu'akaveva	\'cham-pē-ən\
	colleague
irũ	\kä-lēg\
	partner
irũ	\pärt-nər\
irũ, javeve	buddy \'bə-dē\
irundy jevy	quadruped
tuichavéva	\'kwä-drə-,ped\
	quarter
irundyha	\'kwó(r)-tər \
irundyha	room \'rüm, \
irundypa	forty \'fòr-tē\
isãso ỹva	clerk \'klərk, \
	dependent
isãso'ỹva	\di-'pen-dənt\
ita	stone \'stōn\
	boulder
ita guasu	\'bōl-dər\
ita guasu	rock \'räk\
ita karai	altar \'òl-tər\
ita vera	crystal\'kris-təl\
itaju	gold \'gōld\
itakandua	iron \'ī(-ə)rn\
	magnet
itakaru	\mag-nət\
itakua, yvykua	cave \'kāv\
itaminiku'i,	cement
itaku'ijy	\si-'ment \
itangecha	mirror \'mir-ər\
itape	can \kən\
	canister
itape, láta	\'ka-nə-stər\
itapu renda	belfry \'bel-frē\
itapu,	
guyra pong	bell \'bel\
	timbre
itapu'i	\'tam-bər\
	asphalt
itaryku	\'as-,fòlt \
itasã	chain \'chān\
itatĩ, kuarepotitĩ	silver \'sil-vər\
itaty,	quarry

itakua, ita renda	\'kwór-ē\
itavera,	glass
ñengecha	\'glas, 'gläs\
itujavéva,	
hi'arevéva	dean \'dēn\

ity, *poi, mombo*	eject \i-'jekt\
ity,*mombo*	throw,toss

j

	chance
ja, *hi'aragua*	\'chan(t)s\
	ascribe
ja, *mboja*	\ə-'skrīb\
ja, *mboja*	blame \'blām\
	indecision
ja'ekuaa'ỹva	\,in-di-'si-zhən\
ja'o,	
korói,ravira,	berate
mbokavaju	\bi-'rāt, bē-\
ja'o, *ñe'ẽ api*	bland \'bland\
ja'o, *ñe'ẽ api*	insult \in-'səlt\
	dividend
ja'opyre	\'di-və-,dend\
	undecided
ja'ekuaa'ỹ va	/'ʌndı'saıdəd /
	capture
jagarra	\kap-chər\
jagua	dog \'dòg, '\
jagua kuña	bitch \'bich\
	cougar
jagua pytã	\'kü-gər \
	tantrum
jagua rupa	\tan-trəm\
	jaguar
jaguarete	\'ja-,gwär\
jaguaveve	comet\'kä-mət\
	impatience
jahéi, *kuerái*	\im-'pā-shəns\
jahéi, *mbopochy*	antsy \'ant-sē\
jaho'i, *ñuvã, ñuã,*	
mama	cover \'kə-vər\

jahuha	banjo\'ban-jō\
jahuha, *koty*	bath
jahuha	\'bath, 'bäth\
jajái, *mimbi*	glare \'gler\
	alligator
jakare	\'a-lə-,gā-tər\
	crocodile
jakare	\'krä-kə-,dīl\
japagavaerãkuat	account
iare	\ə-'kaúnt\
japaro,	capsize
apajeréi, japajeréi	\'kap-,sīz, \
japete	bang \'baŋ\
japete	stroke \'strōk\
japete, *jatyka*	knock \'näk\
	centipede
japeusa	\'sen-tə-,pēd\
japi	target \'tär-gət\
japi	shot \'shät\
japi,	
tymba api, guyra	
api, mymbajuka	chase \'chās\
japi, *jejapi*	brunt \'brənt\
japikuaaha	aim \'ām\
	actuary
japo	\'ak-chə-wer-ē\
	perform
japo	\pə(r)-'fòrm\
	reconstruct
japo jey	\rē-kən-'strəkt\
japo jey,	
ñe'ẽ jey	repeat \ri-'pēt\

japo jey, *mopu'ã jey*	rebuild	\(,)rē-'bild\
japo jey, *mopu'ã jey*	rebuild	\(,)rē-'bild\
japo mante	continue	\kən-'tin-(,)yü\
japo mba'e vai	perpetrate	\'pər-pə-,trāt\
japo mba'evéqui	creation	\krē-'ā-shən\
japo ta'anga yvyráqui	carve	\'kärv\
japo tenonde, *japo mboyve*	envisage	\in-'vi-zij, en-\
japo, *apohára*	execute	\'ek-si-,kyüt\
japo, *japouka*	concoct	\kən-käkt\
japo, *japouka*	manufacture	\man-yə-fak-chər\
japo, *mboaje*	erupt	\i-'rəpt\
japo, *mboaje*	realize	\'rē-ə-līz\
japo, *mboaje, mbo*	brew	\'brü\
japo, *moheñói*	produce	\prə-düs\
japopa, *moĩmba*	finalize	\fi-nə-līz\
japopa, *momba*	conclude	\kən-'klüd\
japouka	prescribe	\pri-'skrīb\
jápouka popeguare mba'e vai	tamper	\'tam-pər\
japouka, *jokuái, mondo, sãmbyhy*	command	\kə-'mand\
japu, *añetegua'ÿ, añete'ÿhápe*	counterfeit	\'kaúnt-ər-,fit\
japu, *mbotavýva*	liar	\'lī(-ə)r\
japysaka	attention	\ə-'ten(t)-shən\
japysaka	heed	\'hēd\
japysaka, *hendu*	listen	\'li-sən\
japysaka, *hendu*	hear	\'hir\
jaque, *ojáva*	capability	\kã-pə-'bi-lə-tē\

jára, *terekua*	owner	
	recipient	\ri-'si-pē-ənt\
jararã, **jararã,** *túva ha sy amyrỹi mba'ekue jára*	heir	\'er\
jarareko	belong	\bi-'lóŋ\
jaru, *mbojaru, ñembojaru, ñembohory*	jokingly	\'jō-kiŋ-lē\
jasuru, *ike rei*	Invade	\in-'vād\
jasurúva	invasion	\in-'vā-zhən\
jasy porundy	september	\sep-'tem-bər,\
jasyapy	march	\märch\
jasykõi	february	\fe-bə-wer-ē\
jasypa	october	\äk-'tō-bər\
jasypateĩ	november	\nō-vemb-ər\
jasypo	may	\'mā\
jasypoapy	august	\ó-'gəst\
jasyrundy	april	\'ā-prəl\
jatyka, *mombyta*	affix	\ə-fiks, a-\
jatyka, *myenyhẽ*	filling	\'fi-liŋ\
jatyka, *myenyhẽ, mbochovi*	refill	\(,)rē-'fil\
jatyka, *myenyhẽ, mbochovi*	refill	\(,)rē-'fil\
javeve	comrade	\'käm-,rad\
javeve	clique	\'klēk,\
javeve, *ha'ete*	equal	\'ē-kwəl\
javeve, *kuévo*	meantime	\'mēn-,tīm\
javorái, *ñanandy*	clump	\'kləmp\
javy	aberration	\,a-bə-rā-shən\
javy tuicha	pastry	\'pās-trē\
javy tuicha, *japo vai*	cake	\'kāk\
javy,	mistaken	

jejavy, pyho	\mə-'stāk\	jeheka	commercialize \kə-'mər-shə-,līz\
javy, poti	fail \'fāl\		
je'aha,		jehepy	avenge \ə-'venj\
yvykua pypuku	cliff \'klif\		
	apparition	jehepy	vengeance /'vendʒəns/
jechauka, ñapysẽ	\,a-pə-'ri-shən\		
je'e'ỹre	virtual	jehepy	retaliate \ri-'ta-lē-,āt\
ojekuaáva	/'vɜːrtʃuəl /		
	adornment	jeheterayhu	daffodil \'da-fə-,dil\
jequa	\-mənt\	jeho mombyry	trip /trɪp/
jequaka	attire \ə-tī(-ə)r\	jehupi, ñemoĩ	arise \ə-'rīz\
jequaka,			anecdote
mba'ehepy	jewel \'jü-əl, \	jehupyre, káso	\'a-nik-,dōt\
	repugnance		congeal
jequaru	\ri-pəg-nən(t)s\	jehupyty	\kən-'jēl\
jequata	hike \'hīk\		successful
jequerovia'ỹ,	incredible	jehupyty	\sək-'ses-ful\
ikatu'ỹva jerovia	\in-'kre-də-bəl\	jehýi	trouble /'trʌbəl/
	unbelievable		earnings
jequerovia'ỹ	/'ʌnbə'li:vəbəl/	jeike	\'ər-niŋz\
	backspace		revenue
jequevi	\-,spās\	jeike	\'re-və-,nü, -,\
	shortage		admittance
jehasa asy	\'shȯr-tij\	jeikeha	\əd-'mi-təns, \
	scarcity		trespass
jehasa asy	\'sker-sə-tē, \	jeikeha	/'trespəs/
	privilege		community
jehayhuveha	\'priv-lij, '\	jeiko oñondive	\kə-'myü-nə-tē\
	complicated		community
jehe'a, apañuãi	\'käm-plə-,kā-təd\	jeiko oñondive	\kə-'myü-nə-tē\
	optical	jeiko peteĩcha	unity \'jü:nɪtɪ\
jehecha	\'äp-ti-kəl\	jeiko porã	welfare/welfer /
	acumen		abstraction
jehecha puku	\ə-'kyü-mən\	jeipyte	\ab-strakshən \
	striking	jejaho'iha	coat \'kōt\
jehecha ramo	\'strīk-iŋ\		activate
	recognition	jejapo	\'ak-tə-,vāt\
jehechakuaa	\re-kig-'ni-shən,\	jejapo, jerovu	boastful
	demonstration	jejapo,	conceited
	\de-mən-strā-	ti'atã, ovúva	\-'sē-təd\
jehechauka	shən\	jejapopáva	ready \'re-dē\
	tolerance	jejaposéva	project\präjekt\
jeheja	\'tä-lə-rən(t)s\	jejapouka	coercion
jeheja,	abstain	mbaretépe	\ər-zhən\
jeí, jejoko	\əb-'stān, ab-\	jejoko	repression
	abandonment	mbaretépe	\ri-'pre-shən\
jeheja, jueja	\ə-ban-dən-mənt\		

95

	affirmation
jejoko, *jepytaso*	\a-fər-mā-shən\
jejoko, *su'u*	abide \ə-'bīd\
	subject
jejokopyre	\'səb-jikt\
	pressure
jejopy	\'pre-shər\
	massacre
jejuka heta	\'ma-si-kər\
jejupi	climb \'klīm\
jeka	cleft \'kleft\
	cleavage
jeka, *tiri*	\'klē-vij\
	brittleness
jekarei	\'bri-təl-\
	tenuous
jekarei	\'ten-yə-wəs\
jekopytyjoja, *opa tetãygua sãmbyhy*	democracy \di-'mä-krə-sē\
jeku'e, *ñemýi, mýi*	motion \'mō-shən\
	overdrawn
jekuaa, *hesakã*	\ō-vər-'dró\
jekuaa, *ñapysẽ*	appear \ə-'pir\
	knowledge
jekuaa, *ñeñandu*	\'nä-lij\
	unfamiliar
jekuaa'ỹva	/'ʌnfə'miljər /
	unknown
jekuaa'ỹva	/'ʌn'nəʊn/
	computation
jepapa	\kämpyú-tā-shən\
	activism
jepaý	\'ak-ti-,vi-zəm\
	despite
jepe, *ramo jepe*	\di-'spīt\
jepe, *ramo jepe, opáichavo*	however \haü-'e-vər\
	apartment
jepe'a	\ə-'pärt-mənt\
jepe'a, *jepe'aha, pa'û*	aperture \'ap-ə(r)-\
	separate
jepe'ava	\'se-p(ə-),rāt\
jepejuha, *pejuha*	array \ə-'rā\

jepi, *oimeraẽ*	ever \'e-vər\
	friction
jepichy	\'frik-shən\
jepoka, *jetepoka, kucha'ã*	contortion \kən-'tórt\
	contact
jepoko	\'kän-,takt\
	curfew
jepoko	\'kər-(,)fyü\
jepoko	score \'skór\
jepoko	tact \'takt\
	tangent
jepokokuaáva	\'tan-jənt\
	customary
jepokuaa	\'kəs-tə-mer-ē\
	tacticts
jepokuaa	\'tak-tiks\
jepokuaa, *hayhu*	fond \'fänd\
jepokuaa, *jeporu, poru*	practice \'prak-təs\
jepopete	smack \'smak\
jepopete *guerohory*	applaud \ə-'plód\
jepopete *guerohory*	applause \ə-'plòz\
jeporavo mburuvicharã	ballot \'ba-lət\
jeporavo mburuvicharã	vote /vəʊt/
	defiance
jeporoheka	\di-'fī-ən(t)s\
	challenge
jeporoheka	\'cha-lənj\
jeporu	tack \'tak\
jeporu, *jeporuka*	loan \'lōn\
jeporukuaáva	usable /'ju:zəbəl/
	register
jepovyvy	\'re-jə-stər\
jepoyhu rei	bias \'bī-əs\
jepy'apy, *py'apy*	care \'ker\
jepy'amongetáva	wistful /'wıstfəl/
	replace
jepyru	\ri-'plās\
	withstand
jepytaso	/wıð'stænd/
jera, *nandi*	loose \'lüs\
jera, *poipyre*	unattached

96

	/ˈʌnəˈtætʃt/
jere	return \ri-ˈtərn \
jere	whirl /hwɜːrl /
jere	tour \ˈtůr\
jere	twirl /twɜːrl /
jerekoha	property \ˈprä-pər-tē\
jerepy	circumference \sə(r)-ˈkəm- \
jerepyre	reverse \ri-ˈvərs\
jererohory	congratulation \kəngrachəlāshən\
jererovu, jejerovia rei, jerovu	conceit \kən-ˈsēt\
jero, apesỹi	choosy \chü-zē\
jero'a, teko vã	bent \ˈbent\
jerojy, ñesũ, ñakãity	bow \ˈbaů\
jerovia	confidence \ˈkän-fə-dəns\
jerovia	reliable \ri-ˈlī-ə-bəl\
jerovia	trust /trʌst/
jerovia	complacency \-sən(t)-sē\
jerovia	hopeful \ˈhōp-fəl\
jerovia repy	bail \ˈbāl\
jerovia, porangareko	estimate \ˈes-tə-ˌmāt\
jerovia, viru oñeme'ẽva	credit \ˈkre-dit\
jerovia'ỹ	despair \di-ˈsper\
jerovia'ỹ	hopeless \ˈhō-pləs\
jeroviaha	trusting /ˈtrʌstɪŋ/
jeroviaha, ohenduva	confident \ˈkän-fə-dənt, \
jeroviaha, ohendúva, ñemombe'u ñemi	confidant \ˈkän-fə-ˌdänt \
jeroviapy	faith, belief
jeroviapy, jerovia	loyalty, fidelity

reko	
jerovu	vain /veɪn/
jerovu, jejapo, ñemomba' eguasu	brag \ˈbrag\
jerovu'ỹ, jejapo'ỹ	modest \ˈmä-dəst\
jerupeteĩ	concord \ˈkän-ˌkȯrd, \
jerure	acclaim \ə-ˈklām\
jerure	request \ri-ˈkwest\
jerure jey jey	enjoin \in-ˈjȯin,\
jerure, jerure asy	beseech \bi-ˈsēch, bē-\
jerure, jerure asy	plea \ˈplē\
jesareko	stare \ˈster\
jetapa	scissors \ˈsi-zərz\
jetu' úva	tenacity \tə-ˈna-sə-tē\
jetu'u	persistence \pər-sis-tən(t)s\
jetypeka, porandu	ascertain \ˌa-sər-ˈtān\
jevy	revival \ri-ˈvī-vəl\
jevy, guevi	recede \ri-ˈsēd\
jevy, guevi	backtrack \ˈbak-ˌtrak\
jevy, jeguevi, jehekýi	recession \ri-ˈse-shən\
jevy, jey	anew \ə-ˈnü,\
jo'a, mbojo'a, pepy, mokarẽ	bend \ˈbend\
joaju	attachment \ə-ˈtach-mənt\
joaju	union /ˈjuːnjən/
joaju, ja, na	adhere \ad-ˈhir, əd-\
joaju, joapy	cohesion \kō-ˈhē-zhən\
joaju, joapy, ñomopeteĩ, jehe'a	junction \ˈjəŋ(k)-shən\
joao, ñemombia	bypass

97

	\'bī-ˌpas\
joapyha	accessory \ik-ˈse-sə-rē\
joavy, *juavy*	disagree \ˌdis-ə-ˈgrē\
joavy, *juavy, mbohasa*	differ \'di-fər\
jogapo, *mopu'ã*	construct \kən-ˈstrəkt\
jogapo, *mopu'ã*	build \'bild\
jogua	acquire \ə-ˈkwī(-ə)r\
joguaha	buyer \'bī\
joguaha	similarity \si-mə-la-rə-tē\
joguaha, *joja*	similar \'si-mə-lər\
joqueraha	together \tə-ˈge-thər\
johéi	wash /wɔ:ʃ/
joheiha, *tãi joheiha*	brush \'brəsh\
joheipyre	decent \'dē-sənt\
joheipyre	straight \'strāt\
joja	analogous \ə-ˈna-lə-gəs\
joja	coincidence \kō-in-sə-dəns\
joja jerure, *mba'erepy jerure*	claimant \'klā-mənt\
joja jovái	parallel \per-ə-lel\
joja'ỹ	unequal /ʌn'i:kwəl/
joja, *ñe'ẽjoja*	coincide \ˌkō-ən-ˈsīd,ˌ\
joja'ỹ reko	injustice \in-jəs-təs\
jojaha'ỹ	incomparable \in-käm-prə-bəl\
jojaha'ỹ	inequality \ˌi-ni-ˈkwä-lə-tē\
joja'ỹ	unfair /ʌn'fer/
joja'ỹ reko	unjust /ʌn'dʒʌst/
joka, *mondoro,*	breaker

mondyry	\'brã-kər\
joko	uphold /ʌp'hoʊld/
joko	sustain \sə-ˈstān\
joko mba'e vai, *hecha mombyry*	prevent \pri-ˈvent\
joko, *jejoko*	support \sə-ˈpórt\
joko, *mbohepyjoko, pe'a*	overcome \ˌō-vər-ˈkəm\
joko, *mopa'ã*	encumber \in-ˈkəm-bər\
joko, *ñembombia*	avoid\ə-ˈvóid\
joko, *ñemombia*	shun \'shən\
joko, *ñemombia, ñemboyke*	circumvent \sər-kəm-ˈvent\
jokoha	bracket\brakət\
jokoha	barrier\ber-ēər\
jokoha	backing\ba-kiŋ\
jokoha, *jejoko*	impediment \im-pe-də-mənt\
jokoha, *jurujokoha*	bridle \'brī-dəl\
jokoha, *jurukaha,jurujokoha*	brake \'brāk\
jokoha, *ñepa'ã*	obstacle \'äb-sti-kəl, \
jokoha, *ñepa'ã*	hurdle\'hər-dəl\
jokoha'ỹva	unbridled /'ʌn'braɪdld/
jokuaa	relation \ri-ˈlā-shən\
jokuaa, *ñemombe'u*	dealings \-'dē-liŋ\
jokuái, *momba'apo*	occupy \'ä-kyə-ˌpī\
jokuapy, *apakuapy*	bulge \'bəlj\
jokuapy, *mba'e pohýi*	burden \'bər-dən\
jokuapy, *mba'e pohýi*	cargo \'kär-(ˌ)gō\
jokuapy, *mba'e pohýi*	load \'lōd\

jopara	coed \'kō-ed\
	concoction
jopara	\kən-'käkt, \
	combine
jopara	\kəm-'bīn\
	combination
jopara	\käm-bə-nā-shən\
	award
jopói	\ə-'wä-kən\
jopoi, *jueja_ména*	divorce
ha hembireko	\də-'vórs \
	restrict
jopy	\ri-'strikt\
	oppress
jopy	\ə-'pres\
jopy	tight \'tīt\
jopý, *moĩ*	submit
poguýpe	\səb-'mit\
	cohabitate
jopyhy	\(,)kō-'ha-bət-\
jopypy, *ñoña,*	
mbohyru	jam \'jam\
jora, *moñyrõ*	acquit \ə-'kwit\
jora, *mosãso*	untie /'ʌn'taɪ/
joyke'y	brotherwood
ju, *mbou*	come \'kəm\
ju'i	frog \'fróg, \
juavy, *ñorairõ*	bicker \'bi-kər\
juhu mbohovái	solve \'sälv, \
juhu mbohovái,	
juhu mba'épa	resolve
ojejapóta	\ri-'zälv\
juhu, *huguaitĩ,*	
huvaitĩ	find \'fīnd\
juhu, *huguaitĩ,*	
huvaitĩ	meet \'mēt\
juhu, *johu,*	encounter
huguaitĩ, huvaitĩ	\in-kaün-tər\
	discover
juhu, *ñuã'o*	\dis-'kə-vər\
	uncover
juhu, *topa*	/'ʌn'kʌvər /
	assassinate
juka	\ə-'sa-sə-,nāt\
juka, *moma'ẽ*	kill \'kil\

pysã guasúre,	
degrasia	
	assassin
jukaha, jukahare	\ə-'sa-sən\
juky	salt \'sólt\
juky ka'avo	atractive
jukyry	brine \'brīn\
jukysy	broth \'bróth\
	bouillon
jukysy	\bü-yän, \
	ascend
jupi	\ə-'send\
jupi, *jejupi*	rise \'rīz\
	clamber
jupi, *ñakarama*	\'klam-bər,
jupiha	scale \'skäl\
jupiha,	
porojupiha,	
jupiguataha	ladder \'la-dər\
jupiha,	climber
py rupiha	\'klī-mər\
jura, *mbojapo*	compel
pota'ýme	\kəm-'pel\
jura, *monambi,*	captivate
moĩ, poguýpe,	\'kap-tə-,vãt\
	affidavit
jurada	\,a-fə-'dã-vət\
	captive
jurapyre	\'kap-tiv\
jurapyre,	
ypy, reheve	cause \'kóz\
juruhe,	
ñembyahyi,	appetite
vare'a	\'a-pə-,tīt\
juruka, *joko*	check \'chek\
juruvy	ajar \ə-'jär\
	endurance
jy, *tatã*	\in-'dür-ən(t)s\
jy, *tatã*	toughness \'təf\
jyva	arm \'ärm\
jyva	sleeve \'slēv\
	tentacle
jyva, *pyhyha*	\ten-ti-kəl\

k

kã, *piru, pirekã*	dried \'drīd\
ka'aguy,	jungle
ka'aguasu	\'jəŋ-gəl\
ka'api, *kytĩ yvyra*	chafe \'chāf\
	evening
ka'aru	\'ēv-niŋ\
ka'aru pytũ	dusk \'dəsk\
ka'aru,	afternoon
kuri, asajéma	\ ̩af-tər-'nün\
	fortunate
ka'avo, *ipo'áva*	\'fȯrch-nət, ̩\
ka'avo,	glamour
juky, kavure'i	\'gla-mər\
ka'avo,	
ka'a, yvyra, máta,	
ñana	plant \'plant\
	captivity
ka'irãi	\kap-'ti-və-tē\
ka'irãi, *yvyrakua*	jail \'jāl\
	drunkard
ka'u, *pichoro*	\'drəŋ-kərd\
ka'a vai	weed /wiːd/
ka'aguygua	wild /waɪld/
ka'aru	tardy \'tär-dē\
	boorish
kachiãi	\'bür-ish\
kachiãi	vulgar /'vʌlgər /
kãchiãi, *sagua'a*	tacky \'ta-kē\
kaguaagua,	adult \ə-'dəlt\
kaguai,	
moherakuãvai	backbite \- ̩bīt\
kaguy	beer \'bir\
kaguy	wine /waɪn/
kaigue	blight \'blīt\
kaigue	boring \'bȯr-iŋ\
	sluggish
kaigue	\'slə-gish\
kaigue, *ate'ỹ*	lazy \'lā-zē\
	underdeveloped
kakuaa	/ʌndədɪ'veləpt/
	colossal
kakuaa jepéva	\kə-'lä-səl\

kamba,	
kái, kaigue	burn \'bərn\
	pitcher
kambuchi	\'pi-chər\
	pottery
kambuchi apoha	\'pä-tə-rē\
kamby	milk \'milk\
kamby kyrakue,	
kamby kyratã	butter \'bə-tər\
kamisa	shirt \'shərt\
	exhausted
kane'õ, *pituva*	\ig-'zȯst\
kane'õ	weary /'wɪri
kane'õ'ỹva	tireless\'tīr-ləs\
kane'õ'ỹva	untiring \ʌntaɪrɪŋ\
kangue, *kã*	bone \'bōn\
	skeleton
kanguekue	\'ske-lə-tən\
kangy	weak /wiːk/
kangy, *kaigue*	baggy \'ba-gē\
kangy, *mbokue,*	downcast
tindy	\'daún- ̩kast\
kangy, *mbokue*	despondent
tindy, soso	\-dənt\
kañy	vanish /'vænɪʃ/
	illegal
kañy, *máu*	\i(l)-'lē-gəl\
kañy,	dormant
ndojekuaáiva	\'dȯr-mənt\
kañy, *ñemi*	gone\'gȯn\
	covert
kañy, *ñemi, pytũ*	\'kō-(̩)vərt\
	abscond
kañy, *poí pýgui*	\ab-skänd\
kañypyre,	
ñembyaipyre,	
kuña reko vai	lost \'lȯst\
kapi'i	herb \'ərb\
kapi'i, *ñana*	grass \'gras\
	herbivorous
kapi'i'uha	\ ̩(h)ər-'biv-rəs\
kapu, *mbopu,*	burst \'bərst\

mombu		katupyry	accountable \ə-ˈkaün-tə-bəl\
karaguata	thistle \ˈthi-səl\	katupyry	proficiency \prə-fi-shən-sē\
karai	gentleman \ˈjen-təl-mən\	katupyry, *guápa*	efficient \i-ˈfi-shənt\
karãi	engrave \in-ˈgrāv \	katupyry, *ha'eve*	competent \ˈkäm-pə-tənt\
karãi	etch \ˈech\	katupyry, *ha'eve,*	capable \ˈkā-pə-bəl\
karai, *karai marangatu*	cavalier \ˌka-və-ˈlir\	*pu'aka*	
karaiñe'ẽ	castilian \ka-ˈstil-yən\	katupyry, *haeve*	competence \ˈkäm-pə-təns\
karaku	essential \i-ˈsen(t)-shəl\	katupyry, *tenói*	calling \ˈkò-liŋ\
karameguã	coffer\ˈkò-fər, \	**katupyrykue**	ability \ə-bi-lə-tē\
karameguã	ark \ˈärk\	**ka'u renda**	tavern \ˈta-vərn\
karameguã	chest \ˈchest\		sober \ˈsō-bər\
karameguayvate	closet \klä-zət \	**ka'u'ỹva**	rein \ˈrān\
karapã	curved \ˈkərv\	**kavaju juru sã**	colt \ˈkōlt\
karapã	arch \ˈärch\	**kavaju ra'y**	popular \ˈpä-pyə-lər\
karapã	wry /raɪ/	**kavure'i,** *ka'avo*	sleep \ˈslēp\
karape, *tupe*	dwarf \ˈdwórf\	**ke**	cheese \ˈchēz\
karave	carnation \kär-ˈnā-shən\	**kesu**	bride \ˈbrīd\
karẽ	indirect \ˌin-də-ˈrekt\	**kichiha**	discrete \dis-ˈkrēt\
karkula'ỹva	untold /ˈʌnˈtəʊld/	**kirirĩ**	quiet \ˈkwī-ət\
karu guasu	banquet \ˈbaŋ-kwət\	**kirirĩ**	hush \ˈhəsh\
karu, *ñemboapyte*	eat \ˈēt\	**kirirĩ**	silence \ˈsī-lən(t)s\
karugua	quagmire	**kirirĩ**	christendom \ˈkri-sən-dəm\
karugua, tuju, tujukua, ypa	bog \ˈbäg, ˈbòg\	**kirito**	today \tə-ˈdā\
karumbe	turtle /ˈtɜːrtl/	**ko ára**	tonight \tə-ˈnīt\
kasõ mbyky	underpants /ˈʌndːpents /	**ko pyhare,** *tupã ra'y pyhare*	acting \ˈak-tiŋ\
kate, *mopotĩmbyre*	genteel \jen-ˈtēl\	**ko'ãgagua**	immediate \i-ˈmē-dē-ət\
kate'ỹ, *púa tarara*	casual \ˈkazh-wəl\	**ko'ãgagua,** *hi'aguĩva*	dawn \ˈdòn, ˈdän\
katekue, *jegua rei*	luxury \ˈlək-sh(ə-)rē\	**ko'ẽ,** *ko'ẽtĩ, ko'ẽju, ko'ẽsoro, ko'ẽngy*	aurora \ə-ˈròr-ə,\
katupota'eve	adequacy \ˈa-di-kwə-sē\	**ko'ẽtĩ**	irritate \ir-ə-tāt\
katupyry	adept\ˈa-ˌdept\	**ko'õ,** *ropipi*	tomorrow
katupyry	canny \ˈka-nē\	**ko'ẽrõ**	
katupyry	able \ˈā-bəl\		

101

	\tə-ˈmär-(ˌ)ō
kōi	binoculars \bə-ˈnä-kyə-lər\
kōi	twin /twɪn/
kōi, *jo'a, tovamokōi*	double \ˈdə-bəl\
kōi, *joapy*	dual
kokatu	degree\di-ˈgrē\
kokuegua	agrarian \ə-ˈgrer-ē-ən\
komu	excusable \ik-ˈskyüz
koni	undulate \ˈʌndjʊleɪt\
kora, *apu'a, jerepy*	circle \ˈsər-kəl\
kora, *tokái*	corral \kə-ˈral, \
korapy	yard /jɑːrd /
korapy, *yvotyty*	garden \ˈgär-dən\
kotevẽ, *tekotevẽ*	need \ˈnēd\
kotevẽ, *temikotevẽ kotevẽmby*	consuming \kən-ˈsü-miŋ\
koty yvyguy	basement \ˈbās-mənt\
koty yvyguy	cellar \ˈse-lər\
koty'i	checker \ˈche-kər\
koty'i ñemboty	cell \ˈsel\
kotyquára, *irũ*	accomplice \ə-ˈkäm-pləs,\
kotyhára	allied \ə-ˈlīd,\
kotypy, *hyepypegua*	inward \ˈin-wərd\
kõvida	guest \ˈgest\
koygua	shy \ˈshī\
koygua, *otĩva, saite, aruru*	diffident \-dənt, -ˌdent\
kũ	tongue \ˈtəŋ\
ku'a, *mbyte*	half \ˈhaf, ˈhäf\
ku'asã, *ku'akuaha, chumbe*	belt \ˈbelt\
ku'a	waist /weɪst/
kuã kangue, *ñúdo*	knuckle \ˈnə-kəl\

kua, *kuára*	bore \ˈbȯr\
kuã, *pysã*	finger \ˈfiŋ-gər\
kuaa rape	logic \ˈlä-jik\
kuaa, *hecha*	know \ˈnō\
kuaa, *hechakuaa*	comprehend \ˌkäm-pri-hend\
kuaa, *myesakã*	interpret \in-ˈtər-prət\
kuaa, *rendu*	understood /ˈʌndər'stʊd /
kuaaha	reason \rē-zən\
kuaaha	reason\ˈrē-zən\
kuaaha	connoisseur \ˌkä-nə-ˈsər \
kuaaha, *jekuaáva*	acquaintance \ə-ˈkwān-təns\
kuaara'ã	theoretical \thē-ə-re-ti-kəl\
kuaara'ã	theory \ˈthē-ə-rē\
kuaara'ã tesa'ỹi'o	test \ˈtest\
kuaaserei, *techaserei*	curiosity \kyür-ē-ä-sə-tē\
kuaauka	announce \ə-ˈnaȯn(t)s\
kuaauka	report \ri-ˈpȯrt\
kuaaukavy, *ñehenduka*	insinuate \in'sin-yə-ˌwāt\
kuaavuka, *mombe'vaí*	allegation \ˌa-li-ˈgā-shən\
kuãguasu	thumb \ˈthəm\
kuapytĩ	set \ˈset\
kuára, *pyko'ẽ, pa'ũ nandi*	cavity \ˈka-və-tē\
kuarahy	sun \ˈsən\
kuarahy' ã	shade \ˈshād\
kuarahy rehegua	solar\ˈsō-lər, \
kuarahy reike	west /west/
kuarahy reikepegua	western /ˈwestərn /
kuarahy resẽ gotyogua	eastern \ˈē-stərn\
kuarahysẽ, *kuarahy resẽ*	east \ˈēst\
kuare	wound /waȯnd/
kuare,	injury \ˈinj-rē, ˈ\

jekutu, jejapi	
kuarepoti pytã	copper /kä-pər\
kuaru	urinate /'jʊrəneit /
kuatia	paper \'pā-pər\
kuatia	text \'tekst\
kuatia jopy	stamp\'stamp\
kuatia jopyha	seal \'sēl\
kuatia maranduha	gazette \gə-'zet\
kuatia mbojaragua	title \'tī-təl\
kuatia ñenohẽ	edition \i-'di-shən\
kuatia'atãi'i	card \'kärd\
kuatiãmondoha inimboatare	telegraph \-ˌgraf\
kuatiañe'ẽ	correspond \kȯr-ə-spänd ˌ\
kuatiañe'ẽ ryru	envelope \'en-və-ˌlōp, \
kuatiañe'ẽndy	library \'lī-ˌbrer-ē\
kuatiapyre	unwritten /'ʌn'ritn̩/
kuatiaruka, *moñomoirũ*	affiliate \ə-'fi-lē-ˌāt\
kuave'ẽ, *pepirũ, henói*	invite \in-'vīt\
kuãvyha	thimble \'thim-bəl\
kuimba'e	male \'māl\
kuimba'e rehegua	masculine \'mas-kyə-lən\
kuimba'e reko	virility [vɪ'rɪlɪti]
kuimbe	ladle \'lā-dəl\
kuimbe	scoop \'sküp\
kuimbe	spoon \'spün\
kukúi	fall \'fȯl\
kumare	clover \'klō-vər\
kuña	woman /'wʊmən/
kuña rehegua	feminine \'fe-mə-nən\
kuña rekovai mba'asy	syphilis \'si-f(ə-)ləs\

kuña, *ndivegua*	concubine \'käŋ-kyʊ-ˌbīn\
kuña, *tembireko*	female\fē-māl\
kuñakarai	lady \'lā-dē\
kunu'u	affection \ə-'fek-shən\
kunumi	baby \'bā-bē\
kupyju	cocky \'kä-kē\
kurapepẽ joguaha aky oje'úva	cucumber \'kyü-kəm-bər\
kure ka'aguy	pork \'pȯrk\
kure ka'aguy, *tañykatĩ*	boar \'bȯr\
kure pire	bacon \'bā-kən \
kyrakue	argentinian \ˌär-jən-'tē-nə\
kuri, *kuri'y*	pine \'pīn\
kuru, *yvoty kuru, yvoty akytã*	cocoon \kə-'kün\
kuruchĩ	shrug \'shrəg\
kuruchĩ	shrink \'shriŋk\
kururu	toad \'tōd\
kuruvi	bit \'bit\
kutia'atã	certificate \(ˌ)sər-'ti-fi-kət\
kutia'atã, *kartõ*	carton \'kär-tən\
kutiapya'e	telegram \'te-lə-ˌgram\
kutu	thrust \'thrəst\
kutu	clef \'klef\
kutuha	clove \'klōv\
kutujereha	screw \'skrü\
kuvuasu	cocoa\kō-(ˌ)kō\
ky'a, *jare*	nasty \'nas-tē\
ky'a, *jare, tajasu*	dirty \'dər-tē\
ky'akue, *ky'a*	filth \'filth\
ky'a	unclean /'ʌn'kli:n/
ky'a, *tajasu*	tawdry\tȯ-drē, \
ky'akue, *marã*	taint \'tānt\
kyat, *akytã*	callous\'ka-ləs\
kygua	comb \'kōm\
kyguái	comma\kä-mə\

kyguài	coma \'kō-mə\
kyhyje rasa	dread \'dred\
kyhyje, *pirĩmba*	appall \ə-'pól\
kyhyje, *py'amirĩ,mongyhyje*	fear,scare
kyhyjerã	tremendous /trı'mendəs/
kyhyje'ỹ	safety \'sāf-tē\
kyndýi, *momorãva*	exclaim \iks-'klãm\
kypy'y	aunt \'ant, 'änt\
kyra	fat \'fat\
kyrave, *mongyra*	fatten \'fa-tən\
kyre'ỹ, *ha'eve*	active \'ak-tiv\
kyre'ỹ, *heko'aposéva, ha'eve*	dynamic \dī-'na-mik\

kyre'ỹ, *katupyry*	diligence \'di-lə-jən(t)s\
kyre'ỹ, *mba'e porã ojeroviáva*	optimist \'äp-tə-mist\
kyrýu	cartilage \'kär-tə-lij, \
kyrýu	gristle\gri-səl \
kyse	cleaver\klē-vər\
kyse	knife \'nīf\
kyse puku	bayonet \'bā-ə-nət\
kyse puku	sword \'sòrd\
kytĩ	chop \'chäp\
kyto, *kytomi*	tiny \'tī-nē
kytomi, *pererĩ*	unimportant /'ʌnım'po:rtṇt /

l

lechu	lettuce \'le-təs\
lechusa kutuha	awl \'ól\
lembu, *yvyra kytĩha*	beetle \'bē-təl\

leõ	leon \lã-'õn\
limasuti, *apepu puru'ã*	lemon \'le-mən\
liméta, *kaguaka*	bottle \'bä-təl\
llano purahéi	chant \'chant\

m

ma'ẽ,	behold
maña, sareko	\bi-'hōld, bē-\
ma'ẽ,	contemplate
maña, sareko	\'kän-təm-plāt,\
ma'ẽha,	observant
jesape'áva	\-vənt\
ma'ẽ porã	verify /'verəfaɪ /
	vantage
ma'ẽha	\'va:ntɪdʒ\
maha'ẽ apoha	baking \'bāk-\
	bonbon
mahe'ẽ'i	\bän-, bän\
	caramel
mahe'ẽ'i	\'kär-məl\
	hummingbird
mainumby	\'hə-mɪŋ- bərd\
maitei	salute \sə-'lüt\
maitei, *momaitei*	greeting\'grēt-\
	bumblebee
mamanga	\'bəm-bəl- bē\
	tangerine
mandarina	\'tanjə- rēn\
mandu'a	evoke \i-'vōk\
mandu'a,	
ñemomandu'a	recall \ri-'kól\
	memoir
mandu'a, *py'aho*	\'mem- wär, - ,\
mandu'a, *py'aho*	cram \'kram\
	souvenir
mandu'a	\'sü-və- nir\
mandu'a,	
ñemomandu'a	recall \ri-'kól\
manduvi guasu,	chestnut
kuruguái joguaha	\'ches(t)-(,)nət\
mandyju, *limpiar*	
el a hesa'ỹijo	cotton \'kä-tən\
mano	die \'dī\
	holocaust
mano pavẽ	\'hō-lə- ,kóst\
mano, *ote'õva,*	dead \'ded\

ikupyjojáva,	
manterei,	ceaseless
jeheja'ỹre	\'sēs-ləs\
marã'ỹ	cigar \si-'gär\
marã'ỹ,	
teko potĩva	chaste \'chāst\
marã'ỹ,	chastity
teko potĩ	\'chas-tə-tē\
	announcement
marandu	\ə-'naün-smənt\
	advertisement
marandu	\ad-vər-tīz-mənt\
marandu	notice \'nō-təs\
marandu,	
momarandu,	
kuaapyrã laja	news \'nüz, \
	dignified
marangatu	\'dig-nə- fīd\
	sacred
marangatu	\'sā-krəd\
marangatu	fair \'fer\
	virtuoso
marangatu	/'vɜ:rtʃu'əʊsəʊ /
marangatu	saint \'sānt\
marangatu,	sincere
he'íva añetegua	\sin-'sir\
marangatu,	just
hekojojáva	\'jəst, 'jüst\
marangatu,	honest
joheipyre	\'ä-nəst\
marangatu,	
ndaipochýiva	tame \'tām\
marangatu	kind \'kīnd\
	sacrament
marangatuha	\'sa-krə-mənt\
marãva,	
angaipáva	guilty \'gil-tē\
	unlawful
máu, *hekope'ỹva*	/'ʌn'lo:fəl/
	anyone
mava	\'e-nē-(,)wən\

máva	which /hwɪtʃ/
máva	somebody \'sɛm-(ˌ)bə-dē,
máva	who /hu:/
máva, *ava*	anybody \-ˌbä-dē, -bə-\
mavave, *avave*	none \'nən\
mavave, *avave*	nobody \'nō-bə-dē\
mayma, *ñavõ*	every \'ev-rē\
mayma, *ñavõ, opa,apaitéva*	each \'ēch\
mba'apo eterei	overwork \ˌō-vər\
mba'apo *pytu'u, ñekotevẽ'ỹ*	leisure \'lē-zhər, \
mba'apoha kuatia renda	bureau \'byùr-(ˌ)ō, \
mba'apoha kuatia renda	office\'ä-fəs\
mba'apokuére viru oñeme'ẽva	pension \'pen(t)-shən\
mba'asy	ailment \'āl-mənt\
mba'e apu'a	balloon \bə-'lün\
mba'e guasuete	amazing \ə-'māz -ing\
mba'e hu'ũ	cream \'krēm\
mba'e hu'ũ, *aty*	mass \'mas\
mba'e ku'i	dust \'dəst\
mba'e pe, *aokytyha*	agog \ə-'gäg\
mba'e pokopyrã	matter \'ma-tər\
mba'e vai omopirĩva	dramatic \drə-'ma-tik\
mba'e, *temimo'ã, jejaporã, hupytyrã*	object \'äb-jikt,\
mba'eguasu reko	importance \im-'pòr-təns\
mba'éicha	how \'haù\
mba'éichapa, *mba'éiko*	hello \hə-'lō, he-\
mba'ejogua	purchase, buy
mba'ekue opytáva	heritage \'her-ə-tij, '\

pehēnguépe	
mba'eñeme'ẽ	concession \kən-'se-shən\
mba'eñongatu	inexpensive \ˌi-nik-spen-siv\
mba'eñongatu, *ñongatu*	economic \ˌe-kə-'nä-mik\
mba'epu porã	melody \'me-lə-dē\
mba'erepy, *temiñemu*	commodity \kə-'mä-də-tē\
mba'ero	bilious\'bil-yəs\
mba'ero	bile \'bī(-ə)l\
mba'etĩ, *timbo, pytu*	gas \'gas\
mba'evai	accident \'ak-sə-dənt\
mba'eve, náko	nothing \'nə-thiŋ\
mba'evende	commercial \kə-'mər-shəl\
mba'eguigua	about \ə-'baùt\
mba'yru	chariot \cher-ē-ət'\
mba'yru ao	bag \'bag \
mba'yru, *kahõ*	bin
mba'yrumýi	bus \'bəs\
mba'yrumýi porupyrã virúre	cab \'kab,\
mba'asy	sickness \'sik-nəs\
mba'asy peteĩ	typhoid /'taɪfɔɪd/
mba'asypo'i	tuberculosis /tʊ'bɜːrkjə'ləʊsəs/
mba'e	what /hwɑːt /
mba'e pe puku po'i	shred \'shred\
mba'e reta	why /hwaɪ /
mba'e rovy	vegetable /'vedʒtəbəl/
mba'e tuicha iterei	whopper /'wɒpər'/
mba'e, *vyrorei*	thing \'thiŋ\
mba'ejere	wheel /hwiːl /
mba'ejerepytu	tire \'tī(-ə)r\
mba'ekuaa	science\sī-əns\

mba'epota	scheme \skēm\
	thankful
mba'erechakuaa	\'thaŋk-fəl\
mba'erepy	wealth /welθ/
mba'eve	zero /'zırəu/
mbaraka	guitar \gə-'tär\
mbaraka'i hasēngy, *ravel*	fiddle \'fi-dəl\
mbaraka'i hasēngy	violin /'vaıə'lın/
mbarakaja	cat \'kat\
mbarakaja	kitten \'ki-tən\
mbarakaja	jack \'jak\
mbarete	vigor /'vıgər /
mbarete	forceful\fôrsfəl\
mbarete	tough \'təf\
mbarete	safe \'sāf\
mbarete, *hatã*	hard \'härd\
mbarete, *hãta*	sure \'shùr
mbarete, *hãta*	strong \'stròŋ\
mbarete, *mbaretekue*	energetic \‚e-nər-'je-tik\
mbarete, *mbaretekue*	strength \'streŋ(k)th\
mba'yru	wagon /'wægən/
mba'yru	valise
mba'yruguata	vehicle /'vi:əkəl/
mba'ỹrumýi	trolley /'trɑ:li/
mba'ỹrumyi porúpyrã virure	taxi \'tak-sē\
mba'ỹrumýi, puku yvyguy	subway \'səb-‚wā\
mbegue	slow \'slō\
mbegue	slowness \'slō\
mbiriki, *syryry*	run \'rən\
mbiru'a, *apiru'a*	blister \'bliŋk\
mbo, *mbojehu, mbopochy*	elicit \i-'li-sət\
mbo'are, *pyso*	dilate ´dī-‚lāt, '\
mbo'e, *momarandu*	illustrate \'i-ləs-‚trāt\
mbo'e, *py'amovã, mbo'ekuaa*	persuade \pər-'swād\
mbo'eha guasu, *arandu róga*	college \'kä-lij\
mboaguara	commendation

	\kä-mən-dā-shən\
	acceptable
mboaje	\ik-'sep-tə-bəl\
	compliment
mboaje, mboty	\'käm-plə-mənt\
	respect
mboaje, *momorã*	\ri-'spekt\
	acceptance
mboajekupyty	\ik-'sep-tən
mboapakua	wrap /ræp/
	envelop
mboapakua	\in-'ve-ləp, en-\
	binding
mboape kuatia	\'bīn-diŋ\
mbo'ehao	school \'skül\
mbo'ehára	teacher\tēchər\
mboepy, *mbyekovia*	pay \'pā\
	colander
mboguaha	\'kä-lən-dər,
	overshadow
mbogue	\-'sha-(‚)dō\
	extinguish
mbogue	\ik-'stiŋ-(g)wish\
mbogue	quench\kwench\
mbogue, *pytujoko*	quash \'kwäsh\
	depressed
mbogueiy	\di-'pres,\
mbogueiy, *hepyguejy*	cheapen \'chē-pən\
mbogueiy, *monandi*	download \'daün-‚lōd\
mbogueiy, *monandi*	unload /'ʌn'ləʊd/
mbogueyĩ	alight \ə-'līt\
mboguy	sink \'siŋk\
	orientation
mbohape	\ór-ē-ən-'tā-shən\
	facilitate
mbohape, *pytyvõ*	\fə-'si-lə-‚tāt\
mbohapy	three \'thrē\
mbohapyha	third \thərd\
mbohapypa	thirty \'thər-tē\
mbohapýva	theme \'thēm\

oñondive	
mbohasa	accept\ik-sept,\ transmit
mbohasa	/træns'leɪt/
mbohasa ambue	translate
ñe'ẽme	/træns'leɪt/
mbohasy,	complicate
mbojehe'a	\'käm-pli-kət\ condiment
mbohe, myatyrõ	\'kän-də-mənt\
mboheha	adobe\ə-dō-bē\
mbohepy	appraise\əprāz\ assessment
mbohepy	\ə-'ses-mənt,\ evaluate
mbohepy	\i-'val-yə-ˌwāt\
mbohepy,	cherish
momba'e, hayhu	\'cher-ish\
mbohepy,	appreciate
momba'e, hayhu	\ə-prē-shē-ˌāt,\ nominate
mbohéra	\'nä-mə-ˌnāt\
mbohéra	tenure\ten-yər \ appoint
mbohéra, hero	\ə-'póint\
mbohéra,	incumbent
mbojára	\in-'kəm-bənt\
mbohesamimbi,	
myesakã	glaring \'gler-\
mbohesamimbi,	
myesakã	dazzle \'da-zəl\
mbohesyha	broiler\'brói-lər\
mbohesyha	grill \'gril\ increase
mboheta, retave	\in-krēs\ escalate
mboheta, retave	\es-kə-lāt\
mboheta, retave	upturn /'ʌp'tɜ:rn/
mbohoryha	weave /wi:v/ contradict
mbohovái	\ˌkän-trə-'dikt\
mbohovái	answer\ansər\ answering
mbohovái	\'an(t)s-riŋ\ backlash
mbohovái	\'bak-ˌlash\
mbohovái	respond

	\ri-spänd\
mbohovái,	confront
ñorairõ	\kən-'frənt\
mbohovái,	
pu'ã, apojovái	overreact boarder
mbohupa	\'bór-dər\
mbohupa renda	hotel \hō-'tel, \
mbohykuha	thinner\thi-nər\ deepen
mbohypy	\dē-pən\
mbohypy'a	freeze \'frēz\ classify
mbohysýi	\'kla-sə- fī\
mbohysýi	align \ə-'līn\
mbohysýi	catalog
kuatiápe	\ka-tə-ˌlòg\
mbói	snake \'snāk\
mboja''opy,	
ñemboja'o	party \'pär-tē\ apportion
mboja'o,	
me'ẽ peteĩteĩ	\ə-'pòr-shən\
mboja'ohara	unfold /'ʌn'fəʊld/
mbojapo	obligate
pota'ỹme	\'ä-blə-ˌgāt\ implicate
mbojavo'ói	\'im-plə-ˌkāt\
mbojavy,	
mbojehe'a	baffle \'ba-fəl\
mbojavy,	
mbojehe'a,	confuse
apañuãi	\kən-'fyúz\
mboje'o	fade \'fād\ obliterate
mboje'o, hai ári	\ə-'bli-tə-ˌrāt, \ disgust
mbojeguaru	\di-'skəst creepy
mbojeguarúva	\'krē-pē\ entangle
mbojehe'a,	
moapañuãi	\in-'taŋ-gəl\ tangle
mbojehe'a	\'taŋ-gəl\
mbojei,	detach
mboyke, pe'a	\di-'tach, dē-\ buttress
mbojeko, pytyvõ	\'bə-trəs\

108

	surround
mbojere	\sə-'raünd\
mbojerova	slope \'slōp\
mbojerova	lean \'lēn\
	accolade
mbojerovia	\'a-kə-,lād, -,\
	accredit
mbojeroviá	\ə-'kre-dət\
mbojo'a, *mokarẽ*	droop \'drüp\
mbojo'a	turn /tɜːrn /
mbojoaju	attach \ə-'tach\
mbojoaju	unite /jʊ'naɪt /
	compile
mbojoaju	\kəm-'pī(-ə)l\
mbojoaju	unify /'juːnəfaɪ /
mbojoaju	bind \'bīnd\
	conjugation
mbojoajuha	\,kän-jə-'gā-shən\
mbojoapy,	
mbojo'a	add \'ad\
mbojoapy,	connect
moinge pype	\kə-'nekt\
	attaché
mbojoapypyre	\ə-'tach\
	compare
mbojoja	\kəm-'per\
mbojoja	adjust \ə-'jəst\
	socialism
mbojoja	\'sō-shə-,li-zəm\
mbojoja	akin \ə-'kin\
	comparison
mbojoja	\kəm-'per-ə-sən,\
	socialize
mbojoja	\'sō-shə-,līz\
	couplet
mbojoja	\'kə-plət\
	rectify
mbojoja, *myatyrõ*	\'rek-tə-,fī\
	comparative
mbojojáva	\-tiv\
mbojopara,	
mbojehe'a	blend \'blend\
mbojuaju,	
mbojuapy	merge \'mərj\
	annex
mbojuapy	\ə-'neks,\
mbojuapy,	join \'jóin\

mbojoaju,	
mono'õ, mbyaty	
mbojuavy,	differential
moingoe	\di-fə-'ren-shəl\
	embark
mbojupi ygápe	\im-'bärk\
	stunning
mbojurujái	\'stən-iŋ\
mbojurujái,	enrapture
mbotavy	\in-'rap-chər, \
mboka mbyky	pistol \'pis-təl\
mboka mbyky	gun \'gən\
	ammunition
mboka ra'ÿi	\,am-yə-'ni-shən\
mboka ra'ÿi	bullet \'bü-lət \
mboka ra'ÿi	ball \'ból\
mboka,	canyon
mboka guasu	\'kan-yən\
mboka,	cannon
mboka guasu	\'ka-nən\
	agitate
mbokacha	\'a-jə-,tāt\
	almond
mbokaja ra'ÿi	\'ä-mənd,\
	coconut
mbokaja,	
mbokaja'a	\'kō-kə-(,)nət\
mbokaja,	bogeyman
mbokaja'a	\'bü-gē-,man\
mbokapu	shoot \'shüt\
mbokapu	save \'sāv\
mbokapu	shoot \'shüt\
mbokapu	shooting \'shüt\
	chaplain
mbokáva pa'i	\'cha-plən\
	backfire
mbokavícho	\-,fī(-ə)r\
mbokuaa,	
hechauka	reveal \ri-'vēl\
mbokuaha	drill \'dril\
mbokuarahy	bask \'bask\
mbo'opívo	undress /ʌn'dres/
	annihilate
mbopaha	\ə-'nī-ə-,lāt\
mbope, *mombe*	flatten \'fla-tən\
mbopiru	wither /'wɪðər /
mbopochy	taunt \'tónt, \
mbopohéi,	juxtapose

109

moĩ oñondive, joykemoĩ	\'jǝk-stǝ-ˌpōz\	mbota	shock \'shäk\
mbopohyive	overload	mbota, topeta	bump \'bǝmp\
mbopojái	commensurate \kǝ-'men(t)s-rǝt\	mbota, topeta, ñembota	collide \kǝ-'līd\
mbopopequa ñemi	bribery \'brī-b(ǝ-)rē\	mbotaha	hammer \'ha-mǝr\
mbopopequa ñemi	bribe \'brīb\	mbotaha	gavel \'ga-vǝl\
mbopu, hyapu, gualala	clang \'klaŋ\	mbotapykue	arrears \ǝ-'rir\
mbopuku, vyso	elongate \i-'lóŋ-ˌgät\	mbotapykue	neglect \ni-'glekt\
mbopukuve, mboareve	prolong \prǝ-'lóŋ\	mbotapykue, mbotakykue	postpone \(ˌ)pōs(t)-'pōn\
mbopy'aguapy	appease \ǝ-'pēz\	mbotavy	deceive \di-'sēv\
mbopya'e	accelerate \-lǝ-ˌrāt\	mbotavy	snare \'sner\
mbopya'e, myagẽ	acceleration \ik-se-lǝ-rā-shǝn,\	mbotavy	hustle \'hǝ-sǝl\
mbopya'eha	accelerator \ik-'se-lǝ-rā-tǝr, \	mbotavy, pokarẽ	delusion \di-'lü-zhǝn \
mbopy'aguapy	reassure \'rē-ǝ-ˌlīz\	mbotavy, pokarẽ, ñuhã	deceit \di-'sēt\
mbopyahu	renovate \'re-nǝ-ˌvät\	mbotavy, py'areraha, rairõ	allure \ǝ-'lúr\
mbopy'akyrýi	thrill \'thril\	mbotove	spurn \'spǝrn\
mbopy'apy	worry /'wɜːri /	mbotove	refuse \ri-'fyüz\
mbopyve	widen /'waidn/	mbotove, japouka'ỹ	forbid \fǝr-'bid\
mborayhu, porayhu	charity \'cher-ǝ-tē\	mbotove, me'ẽ'ỹ	deny \di-'nī, \
mbore	scar \'skär\	mbotuicha	bulgy \'bǝlj \
mboriahu	abject \'ab-ˌjekt\	mbotuicha	aggrandize \ǝ-'gran-ˌdīz \
mboriahu, teko mboriahu	squalor \'skwä-lǝr \	mbotuicha momba' equasu	enlarge \in-'lärj, en-\
mboriahu, teko mboriahu	misery \'mi-zǝ-rē, \	mbotuichave	amplitud \-ˌtüd, -ˌtyüd\
mbosa'i sa'i	meticulous \mǝ-'ti-kyǝ-lǝs\	mbotuichave	augment \òg-'ment\
mbosako'i	baggage \'ba-gij\	mbotuichave	increment \'iŋ-krǝ-mǝnt,
mbosako'i, me'ẽ oikotevẽva	furnish \'fǝr-nish\	mbotuichave, pyso, mbopy	enlargement \in-'lärj-mǝnt, \
mbosa'y, mongolo	tint \'tint\	mboty	shut ,zip, close
		mboty	clause \'klòz\
		mboty, mongora	enclose\inklōz\
		mbotyai, mokañy, hesarea, mbopy'atarova	confound \kǝn-'faúnd, \

mbotyha	lock \'läk\	
mbotyha	valve /vælv/	
mbotyha	closed \'klōzd\	
mbotyha ha		
pe'aha	key \'kē\	
mboty'o	unlock/'ʌn'lɑːk /	
mbotyryry	trailer /'treɪlər /	
mbotyryry	trail /treɪl/	
mbotyryry	tow \'tō\	
mbotyryry	shuffle\shə-fəl\	
mbotyryry, *tyryry*	drag \'drag\	
mbotyryry, *tyryry*	crawl \'krȯl\	
mbova	transplant /træns'plænt /	
mbova, *momýi*	twitch /twɪtʃ/	
mbovai,	condemn	
mbopaga angaipa	\kən-'dem\	
mbovava,		
mbokacha	wiggle /'wɪgəl/	
	swing \'swiŋ\	
mbovo, *jeka, tiri*	cleave, cloven	
mbovo, *pehẽ'a*	split \'split\	
mbovu, *pyvu*	beat \'bēt\	
mbovy apoha	unprofessional /'ʌnprə'feʃnəl /	
mbovy ha'ete	unreal /ʌn'rɪəl/	
mbovy hatã	unsafe /'ʌn'seɪf/	
mbovy joko	unprepared	
mba'e vai	/'ʌnprɪ'perd /	
mbovy ohechakuaáva	unrecognizable /ʌnrekəgnaɪzəbəl/	
mbovy, *pokã*	scarce \'skers\	
mbovy'a	charm \'chärm\	
mbovy'a	elated \i-'lāt\	
mbovy'a	delighted\di-lī-t\	
mbovy'a,	entertain	
mbohory	\ˌen-tər-'tān\	
mbovy'a,	amuse	
mbohory	\ə-'myüz\	
mbovyvy sambo	baste \'bāst\	
mboyke	tilt \tilt\	
mboyke,		
mohemby, jeheja,		
jehe'a	let \'let\	
mboyku	blender \'blen-dər\	

mboyku	dissolve \di-'zälv\	
mboypyriquára	abrupt \ə-'brəpt\	
mboyvate,		
mbotuicha,	enhance	
moporã	\in-'han(t)s, \	
mboyve,	before	
yma, raẽ,	\bi-'fȯr, bē-\	
mboyvytu	blow \'blō\	
mbuekovia	substitute \'səb-stə-ˌtüt	
mbujape	loaf \'lōf\	
mbujape apoha	baker \'bā-kər\	
mbujape, *týra,*		
mbeju, chipa	bread \'bred\	
mburea, *kororõ*	bellow be-(ˌ)lō\	
mburika,*chavurro*	ass \'as\	
mburikáicha		
mymba hi'ajúra	giraffe \jə-'raf\	
mburuvicha	commander \kə-'man-dər\	
mburuvicha atypequa		
tetãyqua	senator	
oiporavóva	\'se-mə-ˌner-ē\	
mburuvicha		
quapyha	throne \'thrōn\	
mburuvicha	sovereign	
quasu	\'sä-v(ə-)rən\	
mburuvicha	princess	
quasu	\'prin(t)-səs\	
mburuvicha		
quasu rembireko	queen \'kwēn\	
mburuvicha	kingdom	
quasu retã	\'kiŋ-dəm\	
mburuvicha	despot	
ñaña	\'des-pət\	
mburuvicha		
ñaña	tyrant /'taɪrənt/	
mburuvicha		
ñaña reko	tyranny /'tɪrəni/	
mburuvicha	palace	
róga	\'pa-ləs\	
mbusia, *vutifarra*	sausage \'sȯ-sij\	
mbya, *máva*	folk \'fōk\	

mbya, _máva, yvypóra, ava kuéra_	people\\'pē-pəl\\	**mbyky**	concise \\kən-'sīs\\
mbyai, _haru, momarã_	impair \\im-'per\\	**mbyky**	brief \\'brēf\\
mbyai, _mokechē_	deform \\di-'fòrm\\	**mbyky**	brevity \\'bre-və-tē\\
mbyai, _momeguã_	bungle \\'bəŋ-gəl\\	**mbyky**	short \\'shòrt\\
mbyai, _mongu'i, mbokusugue_	destroy \\di-'stròi, dē-\\	**mbyte rasaha**	diameter \\dī-'a-mə-tər\\
mbyai, _mosarambi_	deranged \\di-'rānj\\	**mbyte,** _apyte, puru'a_	downtown \\ daùn-'taùn\\
mbyaiha	damaging \\'da-mi-jiŋ\\	**mbyte,** _apyte, puru'a_	center \\'sen-tər, \\
mbyaíva, _porombyaíva_	noxious \\'näk-shəs\\	**mbyte,** _hy'arendy_	focus \\'fō-kəs\\
mbyaju	tease \\'tēz\\	**mbyte,** _pyte/raje_	amid \\ə-'mid\\
mbyaju, _mboaju, myangekói_	bother \\'bä-thər\\	**mbytegua**	axis \\'ak-səs\\
mbyajúva	bothersome \\'bä-thər-səm\\	**mbytegua**	average \\'a-v(ə-)rij\\
mbyapakuapoi	unwrap /'ʌn'ræp/	**mbytegua**	nuclear \\'nü-klē-ər\\
mbyapakuapoi	untwist /'ʌn'twis(t)/	**me'ē**	impart \\im-'pärt\\
mbyasy	deplore\\di-plór\\	**me'ē rei**	donate\\dō-,nāt\\
mbyasy, _rombyasy,_	bemoan \\bi-'mōn, bē-\\	**me'ē** _tekotevẽrã,mbo_	provide \\pre-'vīd\\
mbyaty, _mbohovi_	amass \\ə-'mas\\	**me'ē tepyrã**	assess \\ə-'ses, a-\\
mbyaty, _mbojo'a_	cumulative	**me'ē,** _gueru_	contribution \\käntrə-byü-shən\\
mbyaty, _mbuaty_	assemble \\ə-'sem-bəl\\	**me'ē,** _kuave'ē_	dedicate \\'de-di-kət\\
mbyaty, _mbuaty_	collect \\'kä-likt \\	**me'ē,** _mbohasa, mbopojái_	deliver \\di-'li-vər, dē-\\
mbyaty, _mbuaty, hupi_	scavenge \\'ska-vənj, -vinj\\	**me'ē,** _moneĩ_	concede \\kən-'sēl\\
mbyaty, _mbuaty, mboaty_	gather \\'ga-thər \\	**me'ē,** _moneĩ_	grant \\'grant\\
mbyepoti	torture \\'tòr-chər\\	**me'ē,** _ñeme'ē_	cede \\'sēd\\
mbyja aty	constellation \\kän-stə-lā-shən\\	**me'ē**	yield /ji:ld/
mbyja, _kirito rataindy_	star \\'stär\\	**meguã**	void /vòid/
mbyja'i	asterisk \\'as-tə-,risk\\	**meguã,** _marachachã_	invalid \\(,)in-'va-ləd\\
		memby	daughter \\dò-tər \\
		membykua	abort \\ə-'bòrt\\
		membykuava	abortion \\ə-'bòr-shən\\
		meme, _py'ỹi_	assiduous

112

	\ə-'sij-wəs,
meña	sex \'seks\
ména	husband \'həz-bənd\
ména, tembireko, ndivegua	consort \'kän-ˌsȯrt\
menave'ỹ	widow /'widəʊ/
menda	bridal \'brī-dəl\
menda	wedding /'wediŋ/
menda, ména ha hembireko	marriage \'mer-ij, \
merõ	cantaloupe \'kan-tə-ˌlōp \
merõ	melon \'me-lən\
mesa	table \'tā-bəl\
michĩ	small \'smȯl\
michĩ	little \'li-təl\
michĩve, mitã	junior \'jün-yər\
michĩvéva	minimum \'mi-nə-məm\
mimbi, herakuã porã	luster \'ləs-tər\
mimbi, perere	shimmer \'shi-mər\
mimbi, vera	flashing \'fla-shiŋ\
mimby tarara	trombone /trɑːm'bəʊn /
minga, ñopytyvõ	cooperate \kō-'ä-pə-ˌrāt\
mitã	young /jʌŋ/
mitã ra'anga	wrist /rist/
mitã kuéra	childhood \'chīld-ˌhŭd\
mitã kuéra, mitã reko	boyhood \'bȯi-\
mitã pohano mbo'e	pediatrics \ˌpē-dē-'a-triks\
mitã, kunumi	child \'chī(-ə)ld\
mitã, mitãkuimba'e	boy \'bȯi\
mitãkuimba'e, mitãrusu	boyish \'bȯi\
mitãkuña, mitã	girl \'gər(-ə)l\
mitãrusu	adolescent

	\-sənt\
mitãrusu	teenager \'tēn-ˌāj\
mive	beyond \bē-'änd\
mo'ã, mokañy	hide \'hīd\
mo'äha	awning \'ȯ-niŋ \
mo'äha, óga ao	canopy \'ka-nə-pē\
mo'ĩrũ	accompanist \ə-'kəmp-nist,\
mo'ĩrũ, ñemoĩrũ	accompany \ə-'kəmp-nē\
mo'ĩrũha	accompaniment \ə-'kəm-pə-nē-
moakãraku, akãraku	excited \ik-'sīt, ek-\
moakãraku, mokyre'ỹ	inflame \in-'flām\
moambue	alter \'ȯl-tər\
moambue	adulterate \ə-'dəl-tər-ər\
moambue	transform /træns'fɔːrm /
moambue	shift \'shift\
moambue, jerova	change \'chānj\
moambue, jerova, myengovia	exchange \iks-'chānj,
moambue, mbova, ñembova	convert \kən-'vərt\
moañete	aver \ə-'vər\
moañete	assert \ə-'sərt, \
moañete	confirm \kən-'fərm\
moañete	confirmation \kän-fər-mā-shən\
moangapyhy	satisfy \'sa-təs-ˌfī\
moangapyhy	administer \əd-'mi-nə-stər\
moangekóiva, poromoange-kóiva	impertinent \im-'pər-tə-nənt\
moapeno, mbovu, mboruru	bloat \'blōt\

moapesã,	huddle	**moinge,**	allowable
mbyaty	\'hə-dəl\	*heja, moneĭ*	\ə-'laủ-ə-bəl\
moarandu, *tavy'o*	instruct \in-'strəkt\	**moinge,**	introduce
mõatyro	tackle \'ta-kəl\	*ñoña, moñepyrũ*	\,in-trə-'dũs, -'\
mo'äva	thwart \thwort'\	**moingo porã**	conciliate \kən-'si-lē-,ãt\
moha'anga,	represent		council
mbyekovia	\,re-pri-'zent\	**moingo porã**	\'kaủn(t)-səl\
mohaquinoha	yeast /ji:st/	**moingoe**	aside \ə-'sĩd\
mohatã	allege \ə-'lej\		booster
mohatã	aggravate \'a-grə-,vãt\	**moingove**	\'bủ-stər\
mohatã	exacerbate \ig-'za-sər-,bãt\	**moingove**	lively \'lĩv-lē\
mohatã, *mboaje*	affirm \ə-'fərm\	**moingove,** *ñanima*	encourage \in-'kər-ij,\
mohe'õ	bedew\bi-'dü \	**mokã**	
mohemby	economy \i-'kä-nə-mē\	**mohykuejei**	wipe /waip/
mohenda	sentence \'sen-tən(t)s,\	**moka'ẽ,** *mbichy*	broil \'brôi(-ə)l\
mohenda	radical \'ra-di-kəl\	**moka'irãi**	imprison \im-'pri-zən\
mohendá	arbitrate \'är-bə-,trãt\	**mokangy**	weaken /'wi:kən/
mohenda, *mbojuehe*	adapt \ə-'dapt, a-\	**mokangy,** *mbopy'akangy*	debilitate \di-'bi-lə-,tãt, \
mohendaha	masterful \'mas-tər-fəl\	**mokañy**	astray \ə-'strã\
mohendahára	jury \'jủr-ē\	**mokañymbyre,** *ñemihápe*	kidnapper \'kid-,nap\
moherakuã, *mbotuvicha*	glorify \'glôr-ə-,fĩ\	*ojerahàva*	\'kid-,nap\
mohesakã	explain \ik-'splãn\	**mokarapã**	twist /twɪst/
mohypy' ũ	thicken \'thi-kən\	**mokarapã,** *mboyvy*	crouch \'kraủch\
moĭ	put \'pút\	**mokarapã'o,** *myatyrõ*	rectify \'rek-tə-,fĩ\
moĭ	settle \'se-təl\	**mokõ,** *syryku*	engulf\in-gəlf\
moĭ renondépe, *jepytaso*	oppose \ə-'põz\	**mokõi**	two /tu:/
moĭ, *kuapytĩ*	lay \'lã\	**mokõiha**	second \'se-kənd \
moĭ, *mohenda*	establish \i-'sta-blish\	**mokõimbyre**	duplicity \dủ-'pli-sə-tē\
moinge pype	count \'kaủnt\	**mokõive**	both \'bõth\
moinge pype	include \in-'klüd\	**mokyre' ỹ**	stimulate \-,lãt\
moinge pype, *ike pype*	embedded \im-'be-dəd\	**mokyre'ỹ,** *moakãrakú*	amorous \'a-mə-rəs, \
		momarã	tarnish\tärnish\
		momarã, *mbyai*	damage\damij\
		momarandu	advertising \'ad-vər-,tīz\
		momarandu, *ñemoñe'ẽ*	admonish \ad-'mä-nish\

114

momarandu, kuaaukaha	communicable \kəmyü-ni-kə-bəl\
momarandu, mombe'u	notify \'nō-tə-ˌfī\
momaranduha	communication \kəmyünəkāshən\
momarangatu	justify \'jəs-tə-ˌfī\
momba, mbohypa	deplete \di-'plēt\
momba, vende	clinch \'klinch\
momba'apo rei	explosion \ik-'splō-zhən\
momba'e	dab \'dab\
momba'equasu	praise \'prāz\
momba'equasu arã	deserve \di-'zərv\
momba'equasu jejapo, jerovu	pride \'prīd\
momba'apo	tinker \'tiŋ-kər\
mombarete	assure\ə-'shür\
mombarete, mohatã	assume \ə-'süm\
mombarete, mohatã, moañete	ensure \in-'shür\
mombareteve, mbohetia'e	comfort \'kəm(p)-fərt\
mombáy	arouse \ə-'raůz\
mombáy	awaken \ə-'wā-kən\
mombe, mbope, jopy	crush \'krəsh\
mombe'u	accuse \ə-'kyüz\
mombe'u	acquaint \ə-kwānt\
mombe'u	bead \'bēd\
mombe'u	impeach \im-pēch\
mombe'u	narrate \'ner-ˌāt,\
mombe'u	exponent \ik-'spō-nənt, '\
mombe'u nunga, hechauka mo'ã	connotation \ˌkä-nə-'tā-shən\
mombe'u,	exhibit \ig-'zi-bət\
mombe'u, hechauka	expose \ik-'spōz\
mombe'u, marandu	debriefing \(ˌ)dē-'brēf\
mombe'u, mbojehu,	adjudge \ə-'jəj\
mombe'u, moañete	attest \ə-'test\
mombe'u, momarandu	apprise \ə-'prīz\
mombe'u, moneĩ, jepy'ambi	confess \kən-'fes\
mombe'u, moneĩ	avow \ə-'vaů\
mombe'u, ñemombe'u	denunciation \dinən-sē-ā-shən\
mombe'u, ñemoñe'ẽ	declare \di-'kler\
mombe'uhára	accuser \ə-'kyüz\
mombe'upy, ñemombe'u yma	legend \'le-jənd\
mombe' uvaekue	accused \ə-'kyüz\
mombe'u	tattle \'ta-təl\
mombe'u	story \'stòr-ē\
mombe'u	testify\testəfī\
mombe'u	relate \ri-'lāt\
mombe'u, mombe'urã	tale \'tāl\
mombia	detour\dē-ˌtür \
mombia, mbovã	avert \ə-'vərt\
mombia, mbovã	deflect\di-flekt \
mombo	flip \'flip\
mombo	toss \'tós
mombo, muatã	cast \'kast\
mombovy	subtract \səb-trakt\
mombu	exploitation \ek-splói-tā-shən\
mombu, joka, mbota, ñembota	dash \'dash\
mombyky	abbreviate \ə-'brē-vē-ˌāt\
mombyry	distant\dis-tənt\
mombyry	away \ə-'wā\

mombyry	far \'fär\
mombyte	central \'sen-trəl\
mombytu'u	allay \ə-'lā, ə-\
mombytu'u, *mbovevui*	alleviate \ə-'lē-vē-,āt\
momichĩ	undermine /'∧ndər'main /
momarã	
momichĩ, *mboguejy*	decrease \di-'krēs, 'dē-,\
momichĩ, *mombyky*	condense \kən-'den(t)s\
momichĩ	attenuate \ə-ten-yə-wət, \
momichĩ	abate \ə-'bāt\
momorã	commend \kə-'mend\
momorã	approve \ə-'prüv\
momorã, *mbotuicha*	recommend \,re-kə-'mend\
momorã, *momba'e*	admire \əd-'mī(-ə)r\
momuanduhe	accentuate \ik-'sen-shə-,wät\
momýi, *kuatia, kuatiamomýi*	browse \'braúz\
moñái	bandit\ban-dət\
moñái, *añamemby, mondaha*	outlaw \'aút-,ló\
moñái, *vicho*	insect \'insekt\
moñapymi	immerse \i-'mərs\
moñapymi	suffocate \sə-fə-kāt\
moñapymi	submerge \səb-'mərj\
moñapymi, *mbo'yguy*	drown \'draún\
monda	abduction \ab-'dək-shən\
monda	thieve \'thēv\
monda	steal \'stēl\
mondaha, *pomboja*	burglar,thief
mondaséva	rapacious

	\rə-'pā-shəs\
mondoho	disengage \,dis-ən-'gāj\
mondopyre	envoy \'en-,vòi, 'än-\
mondýi	frighten \'frī-tən\
mondýi, *mongyhyje*	afraid \ə-'frād\
mondyi, *mongyhýje, pytaryrýi*	startle \'stär-təl\
mondyiha	terrible \'ter-ə-bəl\
mondyry, *mbotiri, mbovo*	crack \'krak\
moñe'ẽ	read \'rēd\
moñeĩ	tell \'tel\
moñeĩ	consent \kən-sent\
moñeĩ, *mbokatu*	indulge \in-'dəlj\
moñeĩ, *moneĩ jey*	ratify \'ra-tə-,fī\
moñeko'õi	annoy \ə-'nòi\
moñemoña	beget \bi-'get, bē-\
moñemyrõ	alienate
moñemyrõ, *moñeko'õi*	offend \ə-'fend\
moñeno	beset \bi-'set, \
moñepyrũ	inaugurate \i-'nò-gyə-,rāt\
moñepyrũhára	founder \'faún-dər\
moneĩ	admit\əd-'mit, \
moneĩ	approbation \,a-prə-'bā-shən\
mongakuaa, *moñemoña*	breed \'brēd\
mongakuaa, *mopu'ã*	develop \di-'vel-əp, dē-\
mongarai	consecrate \'kän-sə-,krāt\
mongarai	baptize\baptīz\
mongarai	christen \'kri-sən\

mongaru, *hembi'ume'ẽ*	feed \'fēd\	**moporã**	adorn \ə-'dȯrn\
mongaru, *mombarete*	nourish \'nər-ish, \	**moporã**	bedeck\bi-dek\
mongarúva	nutrition \'nəm-bər\	**moporã**	component \kəm-'pō-nənt\
mongetajere	debate \di-'bāt,\	**moporã**	trim /trɪm/
mongora	encircle \in-'sər-kəl\	**moporã**	constituent \-wənt, -ənt\
mongora, *mbojoko*	block \'bläk\	**moporã akãme**	devise \di-'vīz\
mongora, *mbojoko*	forestall \fȯr-'stȯl\	**moporã,** *ñemoporã*	beautify \'byü-tə-,fī\
mongu'e, *momýi*	budge \'bəj\	**mopotĩ**	cleanse \'klenz\
monguerái	cloy \'klȯi\	**morotĩ**	white /hwaɪt /
mongueráiva	tedious \'tē-dē-əs\	**morotĩ**	blank \'blaŋk\
mongueráiva	tiresome \'tī(-ə)r-səm\	**morotĩsa'yju**	berry \'ber-ē, \
mongy'a	pollution \pə-'lü-shən\	**mosaka**	clarify\kler-ə-fī\
mongy'a héra	denigrate \'de-ni-,grāt\	**mosarambi,** *mbogue*	dissipate \'di-sə-,pāt\
mongyhyjeha	danger \'dān-jər\	**mosarambi,** *moĩ vai*	disarray \ dis-ə-'rā\
mongyhyjeha, *mondyiha*	hazard \'ha-zərd\	**mosarambi,** *muasãi*	extend \ik-'stend\
mongyhyjéva	terrify \'ter-ə-,fī\	**mosarambi,** *myasãi*	disseminate \di-se-mə-,nāt\
moñyrõ, mbo'ae	reconcile \'re-kən-sī(-ə)l\	**mosãso**	unleash /'ʌn'li:ʃ/
moõ	where /hwer/	**mosẽ,** *ity hetãgui*	displace \dis-'plās\
mopa'ã, *joko*	clog \'kläg, 'klȯg\		banish \'ba-nish\
mopa'ũ	alternate \'ȯl-tər-nət \	**mosẽ,** *juka*	eliminate \i-'li-mə-,nāt\
mopa'ã	stuck \'stək\	**mosusũ**	conjugate \'kän-ji-gət, -\
mopane, *morangue*	abortive \ə-'bȯr-tiv\	**motenondé**	anticipate \an-'ti-sə-,pāt\
moparãvé	ameliorate \ə-mēl-yə-,rāt,\	**motenonde,** *moakãrapu'ã*	promote \prə-'mōt\
mopirĩ	bristly \'bri-səl\	**motĩ,** *mbohovapytã*	blush \'bləsh\
mopirĩ	commotion \kə-'mō-shən\	**motimbo**	vaporize /'veɪpəraɪz/
moporã	compose \kəm-'pōz\	**motindy,**	humiliate \hyü-'mi-lē-,āt\
		motindy, *moambue ojaposéva*	discourage \dis-'kər-ij\
		motindy,	dishearten

117

moambue *ojaposéva*	\(,)dis-'här-tən\
motupā	endorsement \in-dòr-smənt en-\
motĭ, *motindy*	ashamed \ə-'shāmd\
moĭ renondépe	balk \'bók \
moĭ, *jopy*	applicable \'a-pli-kə-bəl \
moĭ, *jopy*	apply \ə-'plī\
moĭ, *myatyrō*	available \ə-'vā-lə-bəl\
moĭmbyre	awry \ə-'rī\
muanduhe	accent \'ak-,sent, ak-'\
mumu	tingle \'tiŋ-gəl\
mumu, reta	abound \ə-'baúnd\
muña, *moña*	persecute \'pər-si-,kyüt\
muña, *moña*	pursue\pər-'sü\
myaña	shove \'shəv\
myaña, *muaña*	boost \'büst\
myaña, *muaña*	push \'púsh\
myaña, *rairō*	coerce\kō-'ərs\
myasāi	radiate

	\rā-dē-,āt\
myatā	stretch \strech\
myatāve	bolster \'bōl-stər\
myatyrō	darn \'därn\
myatyrō	amend \ə-'mend\
myatyrō	reform \ri-'flekt\
myatyrō	arrangement \ə-'rānj-mənt\
myatyrō	arrange\ə-rānj\
myatyrō	compromise \'käm-prə-,mīz\
myendy	flammable \'fla-mə-bəl\
myendy, *muendy*	ignite \ig-'nīt\
myesakā, muesakā	clarification \'kler-ə-,fī,\
myi'ỹ	still \'stil\
mymba	beast \'bēst\
mymba ho' úva so'o	tiger \'tī-gər\
mymba rerekua	shepherd \'she-pərd\

n

nambi	ear \'ir\
nandi	vacant /'veikənt/
nandi	vacancy /'veikənsi/
nandi vera	vacuum /'vækjuəm/
nandi, *nandi* vera	empty \'em(p)-tē\
nandi, *tave'ỹ*	desert\'de-zərt\

napeteĭchai	assorted \-'sòr-təd\
ndahasýiva ñamokarapā	flexibility
ndahe'i	tasteless \'tāst-ləs\
ndaijeroviahái	irresponsible \ir-i-spän-sə-bəl\
ndaikatúiva	unbearable

jaiko hendive	/ʌn'berəbəl /
ndaipukúi	temporal \'tem-p(ə-)rəl\
ndajepokoi	tactless\taktləs\
ndajeroviahái	suspect \'səs-ˌpekt\
nde	yourself /jər'self /
nde	you /juː/
nderemba'apove ima	anymore \ˌe-nē-'mȯr\
ndive	with /wɪð/
ndohasáiva akã rupi, ndoikéiva avave ãme/	inconceivable \in-kən-sē-və-bəl\
ndojaposéiva oje'éva chupe	disobedient \-ənt\
ndojehayhúiva	unpopular /'ʌn'pɑːpjələr /
ndojehecháiva	unseen /'ʌn'siːn/
ndojepuruvéima va, mba'e tuja	obsolete \ˌäb-sə-'lēt, \
ndorekóiva	private \'prī-vət\
ndovy'áiva	sad \'sad\
ne'ẽ resakáva	frank \'fraŋk\
ne'ẽ resakáva, ñe'ẽ karẽ'ỹva	candid \'kan-dəd\
ne'ẽ hatã, ja'e ñe'ẽyvoty	recite \ri-'sīt\
ne'emombyryha ohova inimboatare	telephone \'te-lə-ˌfōn\
nehunga, jejapi, jekutu	boo-boo \'bü-(ˌ)bü\
neĩ, moneĩ	say \'sā\
ngururu, ñe'ẽngururu	grumble \'grəm-bəl\
niño ára purahéi	carol \'ker-əl, 'ka-rəl\
no domado kavaju	bronco \'brän-kō\
no'o, ruru	congestion \kən-'jest\
nohẽ	deduce \di-'düs\
nohẽ	withdraw /wɪð'drɔː/
nohẽ	broach \'brōch\
noma'ẽiva	inattentive \-'ten-tiv\
noma'ẽiva, akãraku	bigot \'bi-gət\
nomendáiva	celibate \'se-lə-bət\
nomendáiva	unmarried /'ʌn'mærid/
nomyivéima, opytaitéva	definitive \di-'fi-nə-tiv\
noñandúiva	impassive \(ˌ)im-'pa-siv\
noñemokarẽkatúiva	rigidity \rə-'ji-də-tē\
nupã	thrash \'thrash\
nupã	chastise \chas-'tīz\
nupã, mbyepoti	cling \'kliŋ\
nupã, mbyepoti	punish \'pə-nish\

ñ

ña'ẽ	bowl \'bōl\
ña'ẽ	casserole \'ka-sə-ˌrōl \
ña'ẽ	brass \'bras\
ña'ẽ guasu	basin \'bā-sən\
ña'ẽmbe	plate \'plāt\
ñahatĩ	sheriff \sher-əf\
ñakãrapu'ã, py'atã	convalesce \ˌkän-və-'les\
ñakyrã	cicada \sə-'kā-də\
ñamindu'u, su'u	crunch \'krənch\
ñaña	accursed \ə-'kərst, \
ñaña, moñái	bad \'bad\
ñaña, pochy	evil \'ē-vəl\
ñánde, ñáne	our \är,'\
ñandejára, kurusúre	crucifix \'krü-sə-ˌfiks\
ñandu kavaju	tarantula \tə-'ran-chə-lə\
ñandupe'a	anesthesia \a-nəs-thē-zhə\
ñandy hũ yvyguýgui oúva	crude \'krüd\
ñandy, kyrakue	tallow \'ta-(ˌ)lō\
ñandyry, ñandy	castor oil \'kas-tər\
ñangareko	keeping \'kēp-\
ñangareko	escrow \'es-ˌkrō, es-'\
ñangareko	tend \'tend\
ñangareko, ñongatu	careful \-fəl\
ñangareko, ñongatu	beware \bi-'wer, bē-\
ñangarekoha	custodian \kəs-'tō-dē-ən\
ñangarekoha	fork \'fork\
ñangarekohára	administrator \əd-'mi-nə-ˌstrā\

ñani	trot /trɑːt /
ñani, ñeñani	career \kə-'rir\
ñanima	dare \'der\
ñapĩ, hague'o	clip \'klip\
ñapytĩ	tie \'tĩ\
ñarõ, jatapy, kaguai	critic \'kri-tik\
ñarõ, jatapy, kaguai	castigate \'kas-tə-ˌgāt\
ñarõ, jatapy, kaguai	criticize \'kri-tə-ˌsīz\
ñarõ, jagua ñe'ẽ	bark \'bärk\
ñarõ, ñarõ iterei	fierce \'firs\
ñarõ, pochy	rage \'rāj\
ñatoĩ	abet \ə-'bet\
ñatoĩ	temper \'tem-pər\
ñay'ũ jyque pererĩ	crockery \'krä-k(ə-)rē\
ñay'ũ, ñai'ũ	clay \'klā\
ñda'ikatui sãmbyhy	unmanageable
ñe' ẽ ngatu	talkative \'to-kə-tiv\
ñe'ẽ	language \'laŋ-gwij, -wij\
ñe'ẽ jehe'a	gibberish \'ji-b(ə-)rish, \
ñe'ẽ jey jey, japo jey jey	insist \in-'sist\
ñe'ẽ yma quare	archaism \'är-kē-i-zəm, \
ñe'e ype	caw \'ko\
ñe'ẽ ype	croak \'krōk\
ñe'ẽ ype	quack \'kwak\
ñe'ẽ, chiã	gnash \'nash\
ñe'e, guyra ñe'ẽ	chirp \'chərp\
ñe'ẽ, moñe'ẽ, mokũjera	pronounce \prə-'naun(t)s\
ñe'ẽjoajuha	conjunction \kən-'jəŋ-shən\
ñe'ẽjuehegua'ỹ	antonym

120

	\'an-tə-,nim\
	bilingual
ñe'ëkõi	\(,)bī-'liŋ-gwəl\
ñe'ëkuaa syry,	inspiration
apytu'ũ roky	\inspə-rā-shən\
	covenant
ñe'ëme'ë	\'kəv-nənt, \
ñe'ëme'ë	pact \'pakt\
	commitment
ñe'ëme'ë	\kə-'mit-mənt\
ñe'ëme'ë	oath \'ōth\
	assurance
ñe'êñeme'ë	\ə-'shür-ən(t)s\
	proverb
ñe'ënga	\'prä-,vərb\
	loquacious
ñe'ëngatu	\lō-'kwä-shəs\
ñe'ëngatu	gossip\gä-səp\
ñe'ëngatu,	
jurumy'ÿi,	charlatan
my'ÿi,kumby'ÿi	\'shär-lə-tən\
ñe'ëngatu,	
juruguasu	braggart
ojejapóva	\'bra-gərt\
ñe'ëngatu,	
juruguasu,	blustering
ojejapóva	\'bləs-tər-\
ñe'ëngu,	dumbness
ñe'ëkatu'ÿ	\'dəm-\
ñe'ëngue,	contraption
tallaha, jurumy'ÿi	\kən-trap-shən\
ñe'ëngururu	chide \'chīd\
ñe'ëpapára,	
ñe'ëpoty apoha	poet \'pō-ət
ñe'ëporãmbo'e	literature
ñe'ëporahaipyre	\'li-tə-rə-,chür\
ñe'ëpoty,	
ñe'ëyvoty	poem \'pō-əm\
	blunder
ñe'ërei, mba'erei	\'blən-dər\
ñe'ëreity	allude \ə-'lüd\
ñe'ërendu,	comply
mboaje	\kəm-'plī\
ñe'ëryru,	dictionary
ñe'ërenda	\dik-shə-ner-ē \
	babble
ñe'ëtavy	\'ba-bəl\

	adverb
ñe'ëteja	\'ad-,vərb\
	grammar
ñe'ëtekuaa	\gra-mər\
	anthology
ñe'ëvoty aty	\an-'thä-lə-jē\
	thorax
ñe'ã	\'thōr-,aks\
	coiffure
ñeakãkarãi	\kwä-'fyür\
	sensation
ñeandu	\sen-'sā-shən \
ñe'ë	speak \'spēk\
ñe'ë	voice /vɔis/
ñe'ë	talk \'tók\
ñe'ë juehegua,	thesaurus
ñe'ë he'isevape	\thi-'sòr-əs\
ñë'e rupigua	verbal/'vɜːrbəl /
ñe'ëgua	vocal /'vəʊkəl/
	unison
ñe'ëjoja	/'ju:nəsən /
ñe'ekuaa	tactful
mbopy'aro'ÿ me	\'takt-fəl\
ñë'embeque	whisper/hwɪspər /
	vocabulary
ñe'ëndy	/vəʊˈkæbjələri /
	thingamajig
ñe'ënque	\'thiŋ-ə-mə-,jig\
ñe'ëngue	word /wɜːrd /
ñeha'ã	bidding \'bid-\
ñeha'ã, ta'ã	game \'gãm\
	abeyance
ñeha'arõvaerã	\ə-'bā-ən(t)s\
ñeha'ã	strain/strān\
	temptation
ñeha'ã	\tem-'tä-shən\
ñehẽ, chovi	overrun \-'rən\
	analysis
ñehesa'ÿijo	\ə-'na-lə-səs\
ñehetũ, jurupyte	kiss \'kis\
	welcome
ñehuguatĩ porã	/'welkəm/
	permission
ñeĩ, sãso	\pər-'mi-shən\
	accuracy
ñeikotevë	\'a-kyə-rə-sē, \
ñeikotevëva	necessary

	\'ne-sə-ˌser-ē\
	amenity
ñeime porä	\ə-'me-nə-tē, \
	assumption
ñeimo'ä	\ə-'səm-shən\
	concept
ñeimo'ä	\kän-sept\
ñeimo'ä, *ovevéva*	fancy
akägui	\'fan(t)-sē\
	conceivable
ñeimo'äva	\kən-sē-və-bəl\
ñeimo'ä'ÿ,	unforeseen
neha'arö'ÿ	/'ʌnfɔ:r'si:n /
	unthinkable
ñeimo'ä'ÿre	/'ʌn'θiŋkəbəl/
	shelter
ñekañyha	\'shel-tər\
	displeasure
ñeko'öi	\dis-'ple-zhər\
ñekoni, *apopë*	wave /weɪv/
	unworthy
ñeko'öi	/'ʌn'wɜ:rði /
	proposal
ñekuave'ë	\prə-'pō-zəl\
	unintelligible
ñekumby'ÿva	/ʌnɪntelədʒəbəl /
ñekytï	
ñemombykyve	trimming /'trɪmɪŋ/
	clipping
ñekytï, *ñeñapï*	\'kli-piŋ\
	glimpse
ñema'ë, *ma'ë*	\'glim(p)s\
	controller
ñemaña	\kən-'trō-lər,
	comptroller
ñemaña	\kən-'trō-lər\
ñemano,	
mano, te'õ	death \'deth\
ñembo'e	prayer \'prer\
	process
ñembo'e guata	\'prä-ˌses\
	observance
ñemboaje	\əb-zər-vən(t)s\
ñemboaje,	obedience
ñe'ẽrendu	\ō-bē-dē-əns ə\
ñembogue,	eclipse
jasy kañy, pore'ÿ,	\i-'klips\

pytũ	
	transfusion
ñembohasa	/træns'fju:ʒən/
ñembohasa voi	blast \'blast\
ñembohasakuaá	bearable
va	\'ber-ə-bəl\
	addition
ñemboheta	\ə-'di-shən\
ñembohory,	tentative
ñeha' ã	\'ten-tə-tiv\
	acclamation
ñembohovai	\a-klə-mā-shən\
ñemboja,	approach
ñemoaguĩ	\ə-'prōch\
ñemboja,	approximate
ñemoaguĩ	\ə-'präk-sə-mət\
ñembojapaite	attack \ə-'tak\
	circulation
ñembojere	\sər-kyə-'lā-shən\
	antagonism
ñembojhovái	\an-ta-gə-ˌni-zəm\
	antithesis
ñembojhovái	\an-'ti-thə-səs\
	alignment
ñembojhĩsĩ	\ə-'līn-mənt\
ñembokate,	elegance
ñembofifi	\'e-li-gən(t)s\
	renewal
ñembopyahu	\ri-'nü-əl,\
	apropos
ñembopĩ'a'peteĩ	\ˌa-prə-'pō, \
	preparation
	\ˌpre-pə-'rā-
ñembosako'i	shən\
ñembosarái	gamble\gambəl\
ñembosarái	sport \'spȯrt\
ñembosarái,	
mbojaru	play \'plā\
ñembosaraiha	toy \'tȯi\
ñembotove	ban \'ban\
ñembotove	taboo \tə-'bü\
	arrogance
ñembotuicha	\'er-ə-gən(t)s,\
ñembotuja	aged \'ā-jəd\
	abnegate
ñemboyke	\'ab-ni-ˌgāt\
ñembuepoti	abuse\ə-'byüs\

122

nembyahýi	starve \'stärv\
ñembyahýi	hunger \'həŋ-gər\
ñembyahýi	famine \'fa-mən\
ñembyahýi	hungry \'həŋ-grē\
ñembyai, jeharu	corruption \kə-'rəp-shən\
ñembyaju, angekói	annoyance \ə-'nòi-ən(t)s\
ñembyasy	agony \'a-gə-nē\
ñembyasy	sorrow \'sär-(,)ō\
ñembyasy	sadness \'sad\
ñembyasy, hovasy	blue \'blü\
ñembyasy, hovasy, asy	cheerless \-ləs\
ñembyasy, jepy'apy	grief \'grēf\
ñembyaty	accumulation \əkyümə-lā -shən\
ñembyaty	chapter \'chap-tər\
ñeme'ẽ jey va'erã	debt \'det\
ñeme'ẽ, ñembyekovia	conveyance \kən-'vā-ən(t)s\
ñemi	secrecy \'sē-krə-sē\
ñemi, ñemihapegua	clandestine \klan-'des-tən\
ñemihapegua, ñongaturã	confidential \ kän-fə-den-shel\
ñemoakamby	bifurcate \'bī-(,)fər-,kāt, \
ñemoakuruchĩ	nestle \'ne-səl\
ñemoambue	transition /træn'zɪʃən/
ñemoãmbue, mopu'ã	uprising
ñemohenda	assortment \-'sòrt-mənt\
ñemohenda	order \'òr-dər\
ñemohenda	warrant /'wɔ:rənt

	/
ñemohenda	classification \kla-səfə-kā-shən\
ñemohenda	qualification \kwä-ləfəkā-shən\
ñemohesãi	sanitation \sa-nə-tā-shən\
ñemohesakã	explicable \ek-'spli-kə-əl\
ñemoihã	standing \'stan-diŋ\
ñemoiporã	accommodation \ə-käme-dā-shen\
ñemomarandu	warning /'wɔ:rnɪŋ /
ñemomba	termination \tərmenā-shen\
ñemomba' equasu	boastfulness \'bōst-\
ñemomba'e	appropriation \ə-prōprēā-shen\
ñemomba'equas úva, jejapo	proud \'praúd\
ñemombe'u	avowal \-'vaú(-ə)l\
ñemombe'u	confessional \-'fesh-nəl, \
ñemombe'u	statement \'stāt-mənt\
ñemombyky	summary \'sə-mə-rē \
ñemombyky	synthesis \'sin(t)-the-səs\
ñemombyry	evasion \i-'vā-zhən, ē-\
ñemomobyry	retreat \ri-'trēt\
ñemomýi	traffic \'tra-fik\
ñemomýi tenonderã gotyo	evolution \ e-və-'lü-shən\
ñemoña katúva	fertile \'fər-təl\
ñemoña rekope'ỹ	bastard \'bas-tərd\
ñemoñangáva	ancestry \'an-,ses-trē\
ñemoñare	breeding \'brēd-\
ñemoñare	generation

123

	\je-nə-rā-shən\
	embezzlement
ñemonda	\im-'be-zəl, \
	abduct
ñemonda	\ab-'dəkt\
	plunder
ñemonda	\'plən-dər\
	robbery
ñemonda	\'rä-b(ə-)rē\
ñemonda	theft \'theft\
	imperil
ñemonde	\im-'per-əl\
ñemonde agaquä	vogue /vəʊg/
ñemonde ägaqua	fashion \'fa-shən\
	amazement
ñemondýi	\ə-'māz-mənt\
ñemondýi	awe \'ò\
	discourse
ñemoñe'ẽ	\'dis-ˌkòrs, \
ñemoñe'ẽ, ñe'ẽ arandu	lecture \'lek-chər, \
ñemoñe'ẽ, guerere	chat
ñemoñe'ẽ, ñe'ẽ	preach \'prēch\
	predicate
ñemoñe'ẽ, ñe'ẽ	\'pre-di-kət\
	agreement
ñemoñe'ẽpeteĩ	\ə-'grē-mənt\
ñemoñe'ẽpetẽi	accord \ə-'kòrd\
ñemoñe'ára	speech \'spēch\
	assent
ñemoneî	\ə-'sent, a-\
	acquiescence
ñemoneĩ	\-'e-sən(t)s\
	baptism
ñemongarai	\'bap-ˌti-zəm\
	christening
ñemongarai	\'kri-sən-\
	session
ñemongeta	\'se-shən\
ñemotenonde	thrive \'thrīv\
ñemotie'ÿ tupãme	blaspheme \blas-'fēm, \
ñemotĩ	bashfulness, timidity

ñemu	sale \'sāl\
ñemu	trade \'trād\
ñemu	sell \'sel\
ñemu	treat /triːt/
	contraband
ñemu ñemi	\'kän-trə-ˌband\
	smuggle
ñemu ñemi	\'sme-gəl\
ñemu renda, mba'erepy renda	market \'mär-kət\
ñemu, mongeta, jereko	bargain \'bär-gən\
	commerce
ñemu, makáte	\'kä-(ˌ)mərs\
	vendor
ñemuha	/'vendər /
ñemuha	trader \'trā-dər\
	grocery
ñemuha	\'grōs-rē\
ñemuha, hepy'ivéva	liquidation \'li-kwə-ˌdāt\
	business
ñemuha, ñemu	\'biz-nəs, \
ñemuha, ñemuhára, oñemúva	dealer \-'dē-lər\
	adjustment
ñemyengovia	\ə-'jəs(t)-mənt\
	outrage
ñemyrõ, ja'o	\'aut-ˌrāj\
ñemyronde	resentful \-fəl\
ñeñapytĩha, tajygue	ligament \'li-gə-mənt\
ñeñotÿ, te'õngue ñeñotÿ	burial \'ber-ē-əl, \
	beating
ñenupã	\'bē-tiŋ\
ñenupã tukumbópe	lash \'lash\
ñenupã, ñembyepoti	chastisement \(ˌ)chas-'tīz\
ñenupã, ñembyepoti	licking \'li-kiŋ\
ñepena' ÿ	unconcerned /'ʌnkən'sɜːrnd /
	indifference
ñepena'ÿ	\in-'di-fərn(t)s,\

124

ñepia'ã	effort \'e-fərt, \	ñepytyvõ	tandem \'tan-dəm\
ñeporandu	consult \kən-'səlt\	ñepytyvõ	subsidy \'səb-sə-dē\
ñeporandu	ask \'ask, 'äsk\	ñepytyvõ virure	
ñeporandu, porandu	question \'kwes-chən\	ñerairõ	violence /'vaiələns/
ñepu, py'akutu	compassion \kəm-'pa-shən\	ñesapymi	wink /wiŋk/
ñepu'ã	adjournment \-mənt\	ñesẽ, resẽ	exit \'eg-zət, \
ñepu'ã, churuchuchu	rebellion \ri-'bel-yən\	ñesẽporãmba	success \sək-'ses-ful\
ñepu'ã, churuchuchu	rebellion \ri-'bel-yən\	ñetĩ ñemotĩ	shame \'shām\
ñepu'ã, guyryry	connive \kə-'nīv\	ño, año, ha'eño	single \'siŋ-gəl\
ñepu'ã, guyryry	conspiracy \kən-'spir-ə-sē\	ñoha' anga	theater \'thē-ə-tər\
ñepu'ã, churuchuchu	revolution \re-və-'lü-shən\	ñombojoaju	confederacy \kən-fe-drə-sē\
ñepyrũ	adrift \ə-'drift\	ñomi, mo'ã, mokañy	conceal \kən-'sēl\
ñepyrũ	debut \'dā-,byü, dā-'\	ñongatu	curator \'kyür-,ā-tər\
ñepyrũ	drift \'drĩd\	ñongatu	withhold /wiθ'həʊld /
ñepyrũ	derive \di-'rĩv, dē-\	ñongatu	thrift \'thrift\
ñepyrũ	start \'stärt\	ñongatu	shelve \'shelv\
ñepyrũ	initiate \i-'ni-shē-,āt\	ñongatu	cipher \'sī-fər\
ñepyrũ	origin \'òr-ə-jən, 'är-\	ñongatu, ñangareko, mbohyru	keep \'kēp\
ñepyrũ	commence \kə-'men(t)s\	ñongatuha	archive\'är-kĩv\
ñepyrũ, mboypy	begin \bi-'gin, bē-\	ñongatuha	file \'fĩ(-ə)l\
ñepyrũmby	commencement \kəm-mens- mənt\	ñongatuha	storage\'stòr-ij\
ñepysanga	stumble \'stəm-bəl\	ñongatupy	conservation \kän-sər-vā-shən\
ñepytyvõ	collaboration \kə-'la-bə-,rāt\	noñyrõséiva	implacable \im-'pla-kə-bəl\
ñepytyvõ	assistance \ə-'sis-tən(t)s\	ñope, korõ	braid \'brād\
ñepytyvõ	solidarity \sä-lə-da-rə-tē\	ñopehẽngue	brotherly \'brə-thər-lē\
ñepytyvõ	help \'help\	ñopũ, hunga, mbopy'arasy	hurt \'hərt\
		ñopytyvõ	collaborate \kə-'la-bə-,rāt\
		ñorairõ	combat \käm-,bat\
		ñorairõ	altercation \ òl-tər-'kā-shən\
		ñorairõ	battle \'ba-təl\

125

ñorairõ	brawl \'bról\
ñorairõ	war /wɔːr /
ñorairõ	wrestler/reslər /
ñorairõ	warfare
ñorairõ	struggle \strə-gəl\
ñorairõ, ñombohovái	dispute \di-'spyüt\
ñorairõ, ñombohovái, ñeha'ã	fight \'fīt\
ñorairõ'i	quarrel \'kwòr(-ə)l,\
ñorairõme mbytepequa	neutral \'nü-trəl, 'nyü-\
ñotỹ, ñemitỹ	cultivate \'kəl-tə-,vāt\
ñotỹ, ñemitỹ	raise \'rāz\
ñotỹhara	unearth /'ʌn'ɜːrθ /
ñuatĩ	bur \'bər\
ñuatĩ	spine \'spīn\
ñuatĩ	thorn \'thòrn\

ñuatĩ, jukeri, sarã	bramble \'bram-bəl\
ñuatĩ, jukeri, sarã	briar \'brī(-ə)r\
ñúdo, joajuha	articulation \är-ti-kyə-lā-shən\
ñuhã	decoy\dē-kói \
ñuha, kotyruá	ambush \'am-,bush\
ñupyso	scenery \'sē-nə-rē\
ñupyso, yvy pe	level \'le-vəl\
ñuvã, mo'ã, pytyvõ	advocacy \'ad-və-kə-sē\
ñyrõ	amnesty \'am-nə-stē\
ñyrõ	pardon \'pär-dən\
ñyrõ, moñyrõ	apologize \-,jīz\
ñyrõha	clemency \'kle-mən(t)-sē\

O

ochy, mondyiha	auwful
oéva, juavy, ojoavýva	dissimilar \di(s)-si-mə-lər\
óga	house \'haůs\
óga poruha hepýre	tenant \'te-nənt\
óga ahoja	terrace\ter-əs, \
óga aperã ñay'ũ káigui	tile \'tī(-ə)l\
óga apoha, óga apohára	mason \'mā-sən\
óga guasuete	castle \'ka-səl\

oga juru	balcony \'ba-ləns\
oga tuicha	building \'bil-diŋ\
óga tuicha	edifice \'e-də-fəs\
óga tyky, óga ape kua	dropper \'drä-pər\
óga tyky, óga ape kua	leak \'lēk\
óga yvate po'i	tower \'taů(-ə)r\

óga, *ogapy*	home \ˈhōm\	oikuaaséva	bookish\bŭ-kish\
ogaguy,	gallery	oikuaáva,	conversant
ogapepoguy	\ˈga-lə-rē,\	*arandu, pohe*	\kən-ˈvər-sənt \
ogahoja	roof \ˈrüf, ˈrůf\		vagabond
ogahoja,		oikundaháva	/ˈvægəbɑ:nd /
ogasoja, óga ape	ceiling \ˈsē-liŋ\	oīmba'ỹva,	
ógape	hospitable	*noīporãiva*	lacking \ˈlak-\
moguahĕha	\hä-ˈspi-tə-bəl\	oīmba'ỹva,	deficiency
ogapy, *óga*	hearth \ˈhärth\	*noīporãiva*	\di-ˈfi-shən-sē\
oguahĕva	culminate		complete
hu'ãme	\ˈkəl-mə-ˌnāt\	oīmbáva	\kəm-ˈplēt\
	believer	oīmbãva	whole /həʋl/
oqueroviáva	\bə-ˈlēv\		anyplace
ogyke	wall /wɔːl/	oimehapereí	\-ˌplās\
	prophetic	oimeraë	some \ˈsəm\
oha'uvõva	\prə-ˈfe-tik\		anytime
	casualty	oimeraë ara	\ˈe-nē-ˌtīm\
ohasa asýva	\ˈka-zhəl-tē\	oimeraë háicha	anyway \-ˌwā\
ohasa asýva	victim/ˈvɪktəm /		anywhere
ohasa asýva		oimeraë hape	\-ˌ(h)wer, \
kiriříme	suffer \ˈsə-fər\	oimeraëva,	
	outstanding	*oimehaichagua*	any \ˈe-nē\
ohasáva	\aút-ˈstan-diŋ\		anxious
	tolerant	oipotaitereí	\ˈaŋ(k)-shəs\
ohechakuaáva	\ˈtä-lə-rənt\	oipytyvõ	unconditional
ohechakuaa'	thankless	katuetéva	/ˈʌnkən'dɪʃnəl /
ýva	\ˈthaŋk-fəl\		auxiliary
ohechakuaa'	ungrateful	oipytyvõva	\òg-ˈzil-yə-rē,\
ýva	/ˈʌn'greɪtfəl/	oja reíva,	
ohenduva	auditor\òdə-tər\	*ñemboja reíva*	catchy\ka-chē,\
oi'ỹva, *marã,*	defect	ojapóva	agent\ˈā-jənt\
noimbáiva	\ˈdē-ˌfekt, di-ˈ\	ojapóva, *tahachi*	broker \brōkər\
	impenetrable	ojehu va'ekue,	
oike'ỹha,	\im-pe-nə-trə-	*opáichavo*	case \ˈkās\
hasa'ỹha	bəl\	ojejapokatúva	viable /ˈvaɪəbəl/
	capacity		familiar
oikéva	\kə-ˈpa-sə-tē, \	ojekuaáva	\fə-ˈmil-yər\
	durable	ojekuaáva oje'e	
oiko aréva	\dùr-ə-bəl \	'ỹre	tacit \ˈta-sət\
	uncomfortable		unbroken
oiko asýva	/ʌnkʌmfərtəbəl /	ojepoko'ỹva	/ˈʌn'brəʋkən/
	inconvenient		classical
oiko asýva	\in-kən-ˈvē-nyənt\	ojepokuaáva	\ˈkla-si-kəl\
oikotevĕva	needy \ˈnē-dē\	ojeporúva,	helpful
	actually	*porurã*	\ˈhelp-fəl\
oikóva, *oikovéva*	\ˈak-ch(ə-w)ə-lē\		elastic\
oikovéva	alive \ə-ˈlīv\	ojepysóva	i-ˈlas-tik\

ojepysóva	resilient \-yənt
ojoavýva, *juavy, ikoéva*	diverse\dīvərs\
oka guasu tavapegua	square\'skwer\
okápe, *ñápy, hýpy*	outside\aútsīd\ external
okapegua	\ek-'stər-nəl\
okára, *tembiapo mbojapo haguã peteĩ*	campaign \(,)kam-'pān\
okaragua, *okaraygua*	rural \'rúr-əl\
okẽ pyrũha	threshold \'thresh-, hōld\
okéva, *ñemonge*	asleep\ə-'slēp\
omanóva hapicha kuéra oipysyrõvo	martyr \'mär-tər\
omba'apóva	busy \'bi-zē\
omba'aposégui omba'apóva reihápe	volunteer /'vä:lən'tɪr /
omboguatáva yga	crew \'krü\
omondýiva	dreadful \'dred-fəl\
omoñe'ẽ'ỹva kuatia, *olee'ỹva*	illiterate \i(l)-'li-t(ə-)rət\
omoñemyrõva	offensive \ə-'fen(t)-siv\
omoñemyrõva	obnoxious \äb-näk-shəs, \
oñandúva	sensitive \'sen(t)-sə-tiv\
oñangareko'ỹva	imprudent \-dənt\
oñangarekóva	vigilant /'vɪdʒələnt /
oñangareko'ỹva tarova	unwise /'ʌn'waɪz/
oñapymi, *mbo'yguy, juvy*	choke \'chōk\
oñe'ẽva	speaker \'spē-kər\
oñekotevẽ'ỹva,	pointless

tekorei	\'póint-ləs
oñekotevẽ'ỹva	futile \'fyü-təl\ useless /ju:sləs /
oñekotevẽ'ỹva	vertical /'vɜ:rtɪkəl /
oñembo'ỹva	
oñembyasy etereíva, *perõitéva*	desolate \'de-sə-lət,'\
oñembyasýva	sense \'sen(t)s\
oñemondýiva	bewilderment \-dər-mənt\
oñemyatãva	brace \'brās\ guidance
oñemyihápe	\'gī-dən(t)s\
oñoñe'ẽva	treatise/'tri:təs / bellicose
oñorairõséva	\'be-li-,kōs\ combatant
oñorairõva	\kəm-'ba-tənt \
oñuvãva, *omo'ãva*	protective \prə-'tekt\ absolve
oñyrõ, *ñyrõ*	\əb-'zälv\ closure
opa	\'klō-zhər\
opa mba'e orekóva peteĩ	ranch \'ranch\
opa mba'e orekóva peteĩ tekove	farm \'färm\
opa mba'e orekóva peteĩ tekove	estate \i-'stāt\ several
opaichagua	\'sev-rəl,\
opáva	total \'tō-təl\
opáyva	wakeful
opáyva, *ndokéiva*	awake \ə-'wāk\ naked
opívo, *ao'ỹ*	\'nā-kəd\ bossy
oporojokuaiséva	\'bä-sē, 'bò-\
oporojukáva	thug \'thəg\
opu'ãva mburuvicháre	insubordinate \in-sə-bór-də-

	net\
opu'äva	upright /'ʌpraɪt/
opurahéiva	singer \'siŋ-ər\
opytáva	stagnant \'stag-nənt\
opytáva, *tapiagua*	permanent \-nənt\
orekóva imbohovái	resolute \'re-zə-ˌlüt,\
oséva	outgoing \'aut-ˌgō-iŋ, \
oséva hetãgui	emigrant \'e-mi-grənt\
otíva, *oporomotíva*	embarrassing \im-'ber-əs, \
oty	chamber \'chām-bər\
otî, *picha*	abashed \ə-'bash\
ou porã 'ÿva	unwelcome

	/ʌnˈwelkəm/
ou porã'ÿva	inopportune \'i-nə-sənt\
ouháicha ojejapóva	ad lib \'ad-'lib\
oúva ñemoñaréqui	hereditary \here-də-ter-ē\
ovakambývo	astraddle \ə-'stra-dəl\
ováva, *rerováva,* *oñembojaséva*	contagious \-jəs\
ováva, *rerováva,* *oñembojaséva*	catching \'kach, 'kech\
ovecha	sheep \'shēp\
ovecha ra'y	lamb \'lam\
ovecha raque	wool /wʊl/
ovetã	window /'wɪndəʊ/
ovevéva	volatile /'vɑːlətl /

p

pa	ten \'ten\
pa, *pi*	cease \'sēs\
pa'ã, *tepoti*	constipate \'kän-stə-ˌpāt\
pa'i ruvicha, *avare guasu*	bishop \'bi-shəp\
pa'i, *avare*	clergy \'klər-jē\
pa'i, *avare*	cure \'kyúr\
pa'û	breach \'brēch\
pa'û, *hasaha*	access \'ak-ˌses\
paque	attrition \ə-'tri-shən, \
paha	conclusion

	\kən-'klü-zhən\
pahaque	at \ət, 'at\
pahaque	latter \'la-tər\
pahaque	ultimate /'ʌltəmət /
pahaque	utmost /'ʌtməʊst/
pahaque	terminal \'tərm-nəl\
pahaque	extreme \ik-strēm\
pahaque	final \'fī-nəl\
pahaque, *paha*	last \'last\
pa'irã róga	seminary
paité, *oîmbá*	all \'ôl\

paje	witch /wɪtʃ/
paje	magic \'ma-jik\
pakova, pakova kuã	banana \bə-'na-nə\
panambi	butterfly \-ˌflī\
papa	compute \kəm-'pyüt\
papa, karkula	calculate \'kal-kyə-ˌlāt\
papaha	number \'nəm-bər\
papahára	accountant \ə-'kaün-tənt\
papapy	arithmetic \ə-'rith-mə-ˌtik\
para rehegua	marine \mə-'rēn\
paraguasu	ocean\'ō-shən\
parar, batir mbovu, pyvu	break \'brāk\
pareha	mail \'māl\
pateĩ	eleven \'e-lə-ˌvāt,\
pavẽ	unanimous /juː'nænəməs /
pave'ỹ ndopavéiva	unending /'ʌn'endɪŋ/
pave'ỹ, oso'ỹva	continuous \kən-'tin-yü-əs\
pave'ỹ, oso'ỹva	continual \kən-'tin-yü-əl,\
pave'ỹ, opa'ỹva	unfinished /'ʌn'finɪʃt/
pe'a, hekýi	deprive \di-'prīv\
pe'a, juka, mbojeí	abolish \ə-'bä-lish\
pe'a, mbopaha	delete\di-'lēt, \
pe'a, mboty'o, pevu	open \'ō-pən, \
pe'a, momba	overturn \ˌō-vər-'tərn\
pe'a, momba	nullify \'nə-lə-ˌfī\
pe'a, mosẽ	dismiss \dis-'mis\
pe'a, mosẽ	remove

	\ri-'müv\
pehẽngue	chunk \'chəŋk\
pehẽngue	segment \'seg-mənt\
pehẽngue	share \'sher\
pehẽngue	fragment \'frag-mənt\
pehẽngue, kuruvi	excerpt \ek-'sərpt\
peju, mboyvytu	ventilate /'ventˌleɪt /
peju, mboyvytu, mombe'u	bluster \'bləs-tər\
pejuha	screen \'skrēn\
pejuha	ventilator /'ventˌleɪtər /
pekue, pykue	latitude \'la-tə-tüd\
peky, ropeju	immature \ˌi-mə-'tür\
penarã	knee \'nē\
pẽngue	broken \'brō-kən\
pépe	there \'ther\
pepo	wing /wɪŋ/
pepo'atã guyratã, aviõ	plane \'plān\
perevi, perevy	pancreas \'paŋ-krē-əs\
pete	thud \'thəd\
pete, japete, pitukãi, akãpete	coup \'kōp\
pete, mbota, nupã	bash \'bash\
pete, mbotã, nupa	strike \'strīk\
pete, japete, nupã, jatyka	batter \'ba-tər\
peteĩ	an \ən, (')an\
peteĩ	one \'wən\
peteĩ mba'e	user /'juːzər /
peteĩ mba'e	unit /'juːnət /
peteĩ mba'e	somewhat \-ˌ(h)wät\
peteícha	vague /veɪg/
peteĩha, ypýpe	first \'fərst\
peteĩnte	sole \'sōl\

péva	that \'that, thət\	po, popo, tutu	jump\'jəmp\
peve	until /ʌn'tɪl/	po'a	luck \'lək\
pi'aró	antipathy \an-'ti-pə-thē\	po'a'ỹ	backhand \'bak-ˌhand\
piã, dipara, mbovu kamisa lomo	escape \is-'kāp\	po'i, ku'i, sa'i	fine \'fīn\
pichãi	tweak /twiːk/	po'i, pyka'i pichi7	narrow \'ner-(ˌ)ō\
pichoro	booze \'büz\	poapu'a	fist \'fist\
pindapoi, pirakutu	angle \'aŋ-gəl\	poapy	eight \'āt\
píni ndojeĩriva	tattoo \ta-'tü\	poapy	thirteen \ˌthər(t)-'tēn
pira	fish \'fish\	poapypa	eighty \'ā-tē\
pira pire	money\'mə-nē\		
pira pytã	salmon\samən\	po'a'ỹva	unhappy /ʌn'hæpi/
pirapire	ticket \'ti-kət\	pochy reíva	uptight /'ʌp'taɪt/
pirapire heta, tavusu, táva guasu	capital \'ka-pə-təl\	pochy reíva, hajyguéva	nervous \'nər-vəs\
pirapire pyhy	charge \'chärj\	pochy, ñarõ	angry \'aŋ-grē\
pirapire, viru	banknote \'baŋk-ˌnōt\	pochy, ñarõ, hovapoi	anger \'aŋ-gər\
pire	skin \'skin\	pochy, ñeko'õi	cholera \'kä-lə-rə\
pire hũ, kamba	brown \'braùn\	poquapy, noñemováiva	constant \'kän(t)-stənt\
pire pererĩ	film \'film\	poquasu, anambusu	thick \'thik\
pirĩ, py'akyrỹi	emotion \i-'mõ-shən\	poguy	domain \dō-'mān\
piru, hypa	dry \'drī\	poguyrõ	betrayal \bi-'trā\
piru, po'i	slim \'slim\	põguyro	treason /'triːzn/
piruchĩ	thinness	pohã ñaikotevẽpáva ha oĩva tembi'úpe	vitamin /'vaɪtəmən /
pitarã'i, petỹ kuatia timbo	cigarette \ˌsi-gə-'ret\	pohã ñemuha rehegua	pharmacology \fär-mə-kä-lə-jē\
pitikiri'i	kidney \'kid-nē\	pohã pochy mbogueha	antidote \'an-ti-ˌdōt\
pititi	paint \'pānt\	pohã, pohanokuaa	medicine \'me-də-sən\
pituva	clumsy \'kləm-zē\	pohã'ỹ	chronicle \'krä-ni-kəl\
pituva	inability \ˌi-nə-'bi-lə-tē\	pohano	bewitch \bi-'wich,\
pituva	disable \dis-'ā-bəl\	pohano rape	therapy \ther-ə-pē\
pituva reko	clumsiness \'kləm-zē-\		
pituva, plíki	awkward \ó-kwərd\		
pituva, katupyry' ỹ	unfit /'ʌn'fit/		
po, akatúa	hand \'hand\		

131

pohano,		**popeno**	immense \i-ˈmens\
mbopaje,	enchant	**popete,** *jepopete*	clap \ˈklap\
moakãraku	\in-ˈchant, en-\	**popete,** *jepopete*	slap \ˈslap\
pohano,	curable	**popĩa,**	
monguera	\ˈkyür-ə-bəl\	*pohãmano,*	poison
pohano,		*jukaha*	\ˈpòi-zən\
monguera	heal \ˈhēl\	**popo,**	
pohanoha renda	dispensation \dis-pən-sā-shən\	*tutu, japyhara*	leap \ˈlēp\
pohýi eterei	excruciating \ik-ˈskrü-shē-āt-\	**por señas**	beckon \ˈbe-kən\
pohýi,		**porã**	beautiful \ˈbyü-ti-fəl\
pohyikue ñeha'ã	heavy \ˈhe-vē\	**porã**	well /wi:l/
pohýi, *vai*	grave \ˈgrāv\	**porã iterei**	delicious \di-ˈli-shəs\
pohyikue ha'ãha	overweight \ˈō-vər-ˌwāt	**porã iterei,**	delectable
poi tembiapógui	unemployment /ˈʌnɪmˈplɔɪmənt/	*he terei*	\di-ˈlek-tə-bəl\
po'i, *pererĩ piru*	thin \ˈthin\	**porã jepéva**	perfect \ˈpər-fikt\
poi'ỹ, *iko meme*	follow \ˈfä-(ˌ)lō\	**póra,** *angue*	ghost \ˈgōst\
pojera	lavish \ˈla-vish\	**porã,** *horýva*	congenial \kən-ˈjē-nē-əl\
pojera	liberalize \li-brə-līz\	**porã,** *horýva*	agreeable \ə-ˈgrē-ə-bəl\
pojera,	generosity	**porã,**	likable
ome'ẽséva	\ˌje-nə-ˈrä-sə-tē\	*horýva, piro'y*	\ˈlī-kə-bəl\
pojoapy	weapon /ˈwepən/	**porã,** *marangatu*	good \ˈgüd\
poka	wring /rɪŋ/	**porã,** *py'aguasu*	handsome \ˈhan(t)-səm\
pokarẽ	unoriginal /ˈʌnəˈrɪdʒənl/	**porãite,** *hepyete*	precious \ˈpre-shəs\
pokarẽ,		**porãite'ỹ,**	
porombotavýva	cheat \ˈchēt\	*ndaituichái ha*	middle
pokarẽme	falseness \ˈfòls-\	*naimichĩri*	\ˈmi-dəl\
poko, *povyvy*	palpable \ˈpal-pə-bəl\	**porandu heta**	canvass \ˈkan-vəs\
pokõi pa	seventy \ˈse-vən-tē\	**porãngareko**	admiration \ˌad-mə-ˈrā-shən\
pokõi ára	week /wi:k/	**porãnque**	beauty \ˈbyü-tē\
pokõiha	seventh \ˈse-vən(t)th\	**porãve**	best \ˈbest\
pokuaa	acclimate \ˈa-klə-ˌmāt \	**porãve**	better \ˈbe-tər\
pokuaa	accustom \ə-ˈkəs-təm\	**poravo jey**	reelect \ˌrē-ə-ˈlekt\
popa	fifty \ˈfif-tē\	**poravo jey**	reelect
pópe ojejapóva	manual \ˈman-yə-wəl\		

132

	\ ˌrē-ə-lekt\
poravo, *jeporavo,*	election
tembiporavo	\i-'lek-shən\
poravokuaa,	
poravoha,	
jeporavo	choice \'chȯis\
	especial
poravopyre	\is-'pe-shəl\
	chosen
poravopyre	\'chō-zən\
	superb
poravopyre	\sú-'pərb\
poravopyre	stock \'stäk\
	excellent
poravopyre	\'ek-s(ə-)lənt\
poravopyre	select \sə-'lekt\
	special
poravopyre	\'spe-shəl\
poravopyre,	classic
ojepokuaáva	\'kla-sik\
	amicable
porayhu	\'a-mi-kə-bəl\
	unfavorable
porä'ȳva	/'ʌn'feɪvrəbəl/
pore	trace \'trās\
pore,	
techaukaha, pere,	
mbore	brand \'brand\
pore,	
techaukaha, pere,	
mbore	mark \'märk\
	absent
pore' ȳva, *oi'ȳva*	\'ab-sənt\
	absence
pore'ȳ	\ab-səns\
	missing
pore'ȳ	\'mi-siŋ\
poriahu,	destitute
mboriahu	\'des-tə-ˌtüt, \
poriahu,	poor
sogue, mboriahu	\'púr, 'pȯr\
	merciful
poriahuverekóva	\'mər-si-fəl\
poro'o, *popeno,*	
mburutue,	jumbo
posogue	\'jəm-(ˌ)bō\
poroqueru, *mbou*	attract

	\ə-'trakt\
porombo'e	teach \'tēch\
porombuekoviáv	congresswoman
a, *hechaukáva*	\-(g)rəs-ˌwú-mən\
porombuekoviáv	congressman
a, *hechaukáva*	\'kän-(g)rəs-mən\
	venomous
porombyaíva	/'venəməs/
	substance
poro-mongarúva	\'səb-stən(t)s\
poro-mongarúva	pithy \'pi-thē\
poro-	dangerous
mongyhyjéva	\'dān-jə-rəs\
	sadism
poronupãse	\'sā-ˌdi-zəm,\
poroporiahuverek	insensitive
o'ȳva, noñandúiva	\(ˌ)in-'sen(t)-\
poroporiahuvere	
ko'ȳva,	
ñonandúiva pire	unfeeling
jy	\ʌn'fiːlɪŋ\
pororupiha	ascent\ə-sent \
poru	use /juːs/
poru	borrow\'bär-ō,\
poru,	
momba'apo,	employ
moneda, jokuái	\im-'plȯi, em-\
	expenditure
poru, *porupyre*	\ik-'spen-di-chər
	resource
poruha	\'rē-ˌsȯrs, \
	borrower
poruka	\bär-ō,\
poruka, *poru,*	
joporuka,	
jeporuka	lend \'lend\
	shabby
porupyre	\sha-bē\
	passion
pota	\pa-shən\
pota	want /wɔːnt /
pota	wish /wɪʃ/
	Inadvertent
pota'ȳ, *reigua*	\-tənt\
potaha, *oipotáva*	beau \'bō\
potahápe	willing /'wɪlɪŋ/
potapyre	desirable

	\di-'zī-rə-bəl\
	codify
potapyre	\'kä-də-‚fī\
poteīha	sixth \'siks(t)th\
potĩ	clean \'klēn\
potĩ, *joheipyre, marã'ỹ*	blameless \'blām-\
povã	spin \'spin\
	recognize
povyvy, *hecha*	\'re-kig-‚nīz, -\
	acknowledge
povyvy, *kuaa*	\ik-'nä-lij, ak-\
povyvy, *pu*	touch \'təch\
	tissue
poyvi	\'ti-(‚)shü\
poyvi, *ao, aopo'i*	fabric \'fa-brik\
pu reko, *purahéi reko*	tone \'tōn\
	expiration
pu'aka	\‚ek-spə-'rā-shən\
	power
pu'aka, *pokatu*	\'paü-(ə)r\
	prevail
pu'aka, *pu'akave*	\pri-'vāl\
pu'aka, *pyrũ, mboyke*	defeat \di-'fēt, dē-\
	potent
pu'akáva	\'pō-tənt\
	restless
púa, *pua tarara*	\'rest-ləs\
pu'aka rechaukaha	trophy /'trəʊfi/
	triumph
pu'aka, *tupyty, ñeguahê*	/'traiəmf /
pu'akáva	victor /'vɪktər /
	assonance
pujoja	\'a-sə-nən(t)s\
puka, *py'amano*	laugh \'laf, \
	comic
pukarã	\'kä-mik\
	comical
pukarã	\kä-mi-kəl\
	comedian
pukarã, *ombopukáva*	\kə-'mē-dē-ən\
pukarã, *ombopukáva*	funny \'fə-nē\
pukavy	smile

	\'smĩ(-ə)l\
pukavy, *juruvy*	grin \'grin\
puku, *vuku*	long \'lóŋ\
	length
puku, *vuku*	\'len(k)th\
pukukue	longer \'lóŋ\
pumbyry, *ñe'ẽmombyryha* *ohóva inim*	
oatãre	phone \'fōn\
	consonant
pundie	\kän-s(ə-)nənt\
pupu	stir \'stər\
pupu, *jy, mbopupu, momimói*	boil \'bòi(-ə)l\
purahéi	song \'sóŋ\
purahéi guyra	twitter /'twɪtər /
	composer
purahéi apoha	\kəm-'pō-zər\
	chorus
purahéi joa	\'kór-əs\
purahéi joa rehegua	choral \'kór-əl\
	choir
purahéi joa, *purahéi joja*	\'kwĩ(-ə)r\
purahéi, *momorahéi*	anthem \'an(t)-thəm\
puru	utilize /'ju:tʃaɪz /
	conception
puru'a, *he'iséva*	\'kän-‚sept\
puru'a, *hyeguasu, hyevúva, kyrajo'a*	pregnant \'preg-nənt\
	crackle
pururũ, *tarara, pororo*	\'kra-kəl\
	abusive
puruvai	\ə-'byü-siv \
py	foot \'fút\
	media
py ao, *ku'a*	\'mē-dē-ə\
py, *pyrusu*	broad \'bróch\
	conscience
py'a	\kän-shən(t)s\
	consciousness
py'a	\-nəs\
py'a atõi	impression

	\im-'pre-shən\
py'a marangatu,	benign
heko pochy'ỹva	\bi-'nīn\
py'a pe'a,	candor
ñe'ẽ karẽ'ỹ	\'kan-dər - ˌdȯr\
	benevolent
py'a porã	\-lənt\
	benevolence
py'a porã	\bə-nev-ləns\
py'a, *tekoresa*	core \'kȯr\
	calmness
py'aquapy	\käm-\,
py'aquapy, *kirirĩ*	calm \'käm, \
py'aquapy,	pacific
ñorairõ'ỹva	\pə-'si-fik\
	audacious
py'aquasu	\ȯ-'dā-shəs\
	heroism
py'aquasu	\her-ə-ˌwi-zəm\
	fearless
py'aquasu	\'fir-ləs\
py'aquasu	dauntless \-ləs\
	gallant
py'aquasu	\gə-'lant\
py'aquasu,	
ha'eve	brave \'brāv\
py'aquasu,	courage
py'apy	\'kər-ij, 'kə-rij\
py'ahatã, *ñaña*	cruel \'krü(-ə)l\
py'ahatã, *ñaña*	mean \'mēn\
	hesitant
py'aheta, *ku'e*	\'he-zə-tənt\
py'aheta,	
py'amokõi	doubt \'daȯt\
py'ajokoha,	coolant
ñemoro'ysãha	\'kü-lənt\
py'ajopyha,	obsession
akãmbotaha	\äb-'se-shən,\
py'ajoyvy	betray \bi-'trā,\
py'amano	attic \'a-tik\
py'amanóva,	
py'akañýva,	oblivious
tarova	\-vē-əs\
py'amirĩ, *py'aju*	cowardly \-lē\
	imagination
	\i-ˌma-jə-nā-
py'amongeta	shən\

	meditate
py'amongeta	\'me-də-ˌtāt\
py'amongeta	reasoning
py'amovã	coax \'kōks\
	innocent
py'apotĩ, *marã'ỹ*	\'i-nə-sənt\
	concern
py'apy	\kən-'sərn\
	bravery
py'apy	\'brāv-rē, '\
py'apy,	affliction
jepy'apy, angata	\ə-'flik-shən\
	interest
py'apy, *kuaase*	\'in-t(ə-)rəst\
py'	attentive
arechaukaha	\ə-'ten-tiv\
py'areraha	alluring \ə-'lür\
	discontent
py'aro, *ovy'a'ỹva*	\ˌdis-kən-'tent\
	desperate
py'aropu	\'des-p(ə-)rət,-\
py'atarováva	aback \ə-'bak\
	abominable
py'avai	\ə-bäm-nə-bəl\
	stomach
py'a	\'stə-mək\
	agitation
pya'e	\'a-jə-ˌtāt\
pya'e	quickly \'kwik\
pya'e	fast \'fast\
pya'e, *kyre'ỹ*	rapid \'ra-pəd\
pya'e,	
kyre'ỹ, hagẽ	brisk \'brisk\
pya'e,	
kyre'ỹ, hagẽ	quick \'kwik\
	velocity
pya'ekue	/ve'la:səti /
	tranquil
py'aquapy	/'træŋkwəl /
	undisturbed
py'aquapy	\ʌndɪs'tɜ:bd\
py'aquasu	valiant /'væljənt/
py'aquasu	valor /'vælər /
pyaha	knit \'nit\
py'ahatã	severe \sə-'vir\
pyahẽ	groan \'grōn\
pyahẽ, *chi'õ*	complain

135

	\kəm-'plän\
	afresh
pyahu	\ə-'fresh\
pyahu,	beginner
oñepyrũva	\bi-'gi-nər, bē-\
pyahu, *ramogua,*	recent
angetegua	\'rē-sənt\
py'ajoyvýva	traitor /'treıtər /
	unaware
py'amanóva	/'ʌnə'wer /
	temerity
py'amirĩ	\tə-'mer-ə-tē\
pyapẽ	nail \'nāl\
pyapẽ, *pysãpe*	claw \'klò\
pyapy jequa,	bracelet
pyapy kuja	\'brās-lət\
pyatã	stress \'stres\
pyatã	tense \'ten(t)s\
pyãtã	taut \'tòt\
	concave
pygua, *pyko'ẽ*	\kän-kāv\
pyhare,	
tupã ra`y pyhare	night \'nīt\
	captor
pyhy	\'kap-tər\
	apprehend
pyhy	\ˌa-pri-'hend\
pyhy, *japyhy*	grasp \'grasp\
pyhy,	
japyhy, jepokói	grip \'grip\
pyhy, *japyhy,*	
pojái, kuãcha'ĩ	clench \'klench\
pyhy, *moguahẽ*	get \'get,\
pyhy,	receive
moguahẽ, ñuvaitĩ	\ri-'sēv\
	pigeon
pykasu, *jeruti*	\'pi-jən\
	breadth \'bretth,
pykatu, *pykue*	\
pyko'ẽ, *pygua*	dent \'dent\
pyñuã,	ankle
pytasãngue	\'aŋ-kəl\
	aboard
pype	\ə-'bórd\
pypore	clue \'klü\
pypore reka	search \'sərch\
pyrague,	espionage

nambikupe	\es-pē-ə-ˌnäzh\
pyrũ	step \'step\
	echelon
pyrupiha	\'e-shə-ˌlän\
	capacious
pyrusu	\kə-'pā-shəs\
pyrusu	width /wıdθ/
pyrusu	wide /waıd/
	spacious
pyrusu	\'spā-shəs\
	agility
pyryrỹi	\ə-'ji-lə-tē\
pyryrỹi, *rari*	agile\'a-jəl, \
pyso	deploy\di-'plòi\
	diffusion
pysopyre	\di-'fyü-zhən\
	redeem
pysyrõ	\ri-'dēm\
	defend
pysyrõ, *pytyvõ*	\di-'fend\
	attorney
pysyrõha	\ə-'tər-nē\
pysyrõha,	lawyer
tekojoja pytyvõha	\'lò-yər, 'lòi-ər\
	defense
pysyrõhára	\di-'fen(t)s\
pysyrõmbyre,	
rorakue	bran \'bran\
	slippery
pysyry	\'sli-p(ə-)rē\
pyta	stop \'stäp\
pyta	stay\'stā\
pytã	crimson
pytaguápe	xenophobia
jehayhu'ỹ	/'zenə'fəubiə/
	season
pytaha	\'sē-zən\
	station
pytaha	\'stā-shən\
pytãngy	pink \'piŋk\
pytarovy	violet /'vaıələt/
pytaso, *oku'e'ỹ*	fixed \'fikst\
	unstable
pyta'ỹ	/'ʌn'steıbəl/
pyte, *syryku*	absorb\əbsòrb\
	breezy
pyteha	\'brē-zē\

pyteha, *tuguy*	parazite
uha	\'per-ə-ˌsīt, \
pytĩ	tiptoe \'tip-ˌtō, \
	bronchitis
pyti'a chiã	\brän-'kī-təs, \
pyti'a,	
káma, titi, ao rye,	
pa'ũ	breast \'brest\
pyti'a, *ñe'ã*	bosom\bu̇-əm \
	asthmatic
pytiã chiã	\az-mə\
pyti'u	stink \'stiŋk\
	breathing
pytu	\'brē-thiŋ\
	breathless
pytu	\'breth-ləs\
pytu	spirit \'spir-ət\
pytu	soul \'sōl\
	spiritual
pytu	\'spir-i-chə-wəl
pytũ, *ñypytũ,*	darkness
pytũmby	\'därk\
pytũ, *ñypytũ,*	
pytũmby	gloom \'glüm\
pytu, *pytuhẽ*	breath \'breth\
pytuhẽ	aspire\ə-'spīr\
pytuhẽ	applicant

	\'a-pli-kənt\
	decease
pytupa	\di-'sēs\
	recess
pytu'u	\'rē-ˌses'\
	vacation
pytu'u	/veɪˈkeɪʃən/
pytu'u	rest \'rest\
	recreation
pytu'u, *vy'a*	\re-krē-'ā-shən\
	auspices
pytyvõ	\'ȯs-pəs\
pytyvõ	assist \ə-'sist\
pytyvõ	avail \ə-'vāl\
	helper
pytyvõ	\'hel-pər\
pytyvõ	serve \'sərv\
pytyvõ	favor \'fā-vər\
pytyvõ	please \'plēz\
	consultant
pytyvõ, *moñe'ẽ*	\kən-'səl-tənt\
	bondage
pytyvõhára	\'bän-dij\
pyvoi,	
pyrũ, guata heta	kick \'kik\
pyvuha	beaten\'bē-tən\

r

raẽqua,	previous
mboyvegua	\'prē-vē-əs\
raẽqua,	
mboyvegua	prior \'prī(-ə)r\
	behave
raha	\bi-'hāv,\
raha	wear /wer /
raha, *gueraha*	carry\'ka-rē, \

raha, *gueraha*	take \'tāk\
	transport
raha, *gueraha*	/'trænspɔːrt /
rahauka	send \'send\
rairõ	violate /'vaɪəleɪt/
	assailant
rairõ, *ndyry*	\ə-'sāl\
rambosa,	breakfast

rambosaguã	breakfast	\'brek-fəst\
ramo jepe	although	\ól-'thõ\
ranque, po'a'ỹ	frustrate	\'frəs-,trāt\
rari, iñakãrakúva	fiery	'fī(-ə)-rē\
rari, ndahasýiva ñamokarapã	flexible	\'flek-sə-bəl\
rataindy	brilliance	\'bril-yən(t)s\
rehe, gui, háre	because	\bi-'kóz \
rehe, hese	against	\ə-'genst\
rehe, pe, me, rupi, pype	by	\bī;\
rehe'ỹ	without	/wiðaʊt/
rei	trivial	/'trıvıəl\
reko jey	vindicate	/'vındəkeıt /
reko, guereko	have	\'hav, \
reko, mongaru	maintain	\mān-'tān, \
rekojey	recover	\ri-kə-vər\
rekojey	recover	\ri-'kə-vər\
rekose ñanemba'e'ỹva	envious	\'en-vē-əs\
rekotee	identity	\ī-'den-tə-tē, \
rekovaerã akame	accommodate	\ə-'kä-mə-,dāt\
rekove ára	age	\'āj\
relámpago	blitz	\'blits\
rembe'y	frontier	\,frən-'tir\
rembe'y, tetã rembe'y	border	\'bòr-dər\
remby	redundant	\-dənt\
rembyre	surplus	\'sər-pləs\
renonde'a, joko mba'e vai, hecha mombyry	foresee	\fòr-'sē\
reruha,	fatal	\'fā-təl\

ikatu'ỹva jajoko		
reruha, rahaha	bearer	\'ber-ər\
reruha, rahaha	carrier	\ker-ē-ər\
resapirĩ	twinkle	/'twıŋkəl/
resapirĩ, resavi	blink	\'blıŋk\
resarái	forget	\fər-'get,\
rirequa	ulterior	/ʌl'tıriər /
ro	bitter	\'bi-tər\
ro'okue'o	discharge	\dis-'chärj\
ro'y ñepyrũ, toguekúi	autumn	\'ò-təm\
ro'y, ara	coldness	\'kōld-\
ro'y,to'ysã	chill	\'chil\
ro'y, ho'ysã	abhor	\əb-'hòr\
ro'yrõ, guero'yrõ	coddle	\'kä-dəl\
rochichĩ, mochichĩ	celebrate	\'se-lə-,brāt\
rohory, guerohory	congratulate	\kən-'gra-chə-,lāt\
rohory, guerohory, momorã	cart	\'kärt\
roja, rova	recuperate	\ri-'kü-pə-,rāt\
rojevy, reko jey	recuperate	\ri-'kü-pə-,rāt\
rojevy, reko jey	reclaim	\ri-'klām\
rojevy, reko jey, pyhy jey	reclaim	\ri-'klām\
rojevy,reko jey, pyhy jey	cardinal	\'kärd-nəl,
rojo, cardenal papýva	cheer	\'chir\
rosapukái, rohory	disapproval	\,dis-ə-'prü-vəl\
rova api, mbotove	confide	\kən-'fīd\
rovia, jerovia	complacent	\kəm-'plā-sənt\
rovia, jerovia		

rovia,	believe
jerovia, imo'ã	\bə-'lēv\
rovia, *malisia*	creed \'krēd\
	inconsiderate
royrõ	\in-kən-'si-d-rət\
	contempt
royrõ, *jahéi*	\kən-'tem(p)t\
royrõ,	despicable
jahéi, royrõ	\di-'spi-kə-bəl\
royrõ,	hateful
py'aro, tayhu'ỹ	\'hāt-fəl\
royrõ, *reko*	belittle
mba'eve, ramo	\bi-'li-təl, bē-\
ru, *gueru, mbou*	bring \'briŋ\
ru, *túva*	father,dad
ruguy, *mbohuguy*	bleed \'blēd\
ruguy, *mbohuguy*	indent

	\in-'dent\
	oncology
rurukuaa	\än-kä-lə-jē, äŋ-\
ry'ái	sweat \'swet\
	chicken
ryguasu	\'chi-kən\
ryguasu ra'y	chick \'chik\
ryguasume	cock \'käk\
	crystallize
rypy'a, *typy'a*	\'kris-tə-līz\
ryru, *mba'yru*	box \'bäks\
ryru, *mba'yru,*	container
mba'eryru, ña'ẽ	\kən-'tā-nər\
ryru, *tyryru ñande*	bladder
ryépe oĩva	\'bla-dər\
	vibrate
ryrýi	/'vaɪbreɪt /

S

	hundred
a	\'hən-drəd, \
	century
sa ro'y, *siẽ áño*	\'sen-sh(ə-)rē\
sã, *liña*	chord \'kòrd\
sa'iha	detail \di-'tāl,\
sa'y, *kolo*	color \'kə-lər\
sã'ỹ, *sãso*	free \'frē\
	barbarian
saqua'a	\bär-'ber-ē-ən\
sái	skirt \'skərt\
sa'i ñe'ẽkuaa	uninspired
syry	\nin'spaiəd\
saingo	hang \'haŋ\
saingo,	depend
jepoka, pa'ã	\di-'pend\
saingo,	dangle
mosaingo,	\'daŋ-gəl\

ñasaingo	
sakã	clearing\'klir-iŋ\
	articulate
sakã, *hesakã*	\är-'ti-kyə-lət\
	evident
sakã, *hesakã*	\'e-və-dənt\
sakã, *hesakã,*	conspicuous
ojekuaáva	\kən-spi-kyə-wəs\
sakã,	
satĩ, hesakã	clear \'klir\
sake, *je'o*	blanch \'blanch\
sãmbyhy,	
mboguata	drive \'drīv\
sãmbyhy,	management
mboguata	\'ma-nij-mənt\
sãmbyhy,	dirigible
motenondehára	\'dir-ə-jə-bəl\
sãmbyhyha	chief \'chēf\

sãmbyhyha, *guerahaha*	conducive	\-'dü-siv, \
sãmbyky	alibi	\'a-lə-,bī\
sapatu	shoe	\'shü\
sapatu puku	boot	\'büt\
sapatupe	sandal	\'sand\
sapukai	scream	\'skrēm\
sapukái	cry	\'krī\
sapukái	shout	\'shaút\
sapukái asy	clamorous	\'klam-rəs\
sapukái asy	clamor	\'kla-mər\
sapukái asy	outcry	\'aút-,krī\
sapy'a	awhile	\ə-hwīl,\
sapy'agua	exception	\ik-'sep-shən\
sapy'aitegua	instantaneous	\in-stən-tā-nē-əs\
sapy'a	sudden	\'sə-dən\
sapy'a	while	/hwail/
saraki	playful	\'plā-fəl\
sarambi	chaos	\'kā-,äs\
sarambi	clutter	\'klə-tər\
sarambi	mess	\'mes\
sarambi apoha	unsettled	/'ʌn'setļd/
sarambi apoha, *sarambipyre*	disorderly	\-'òrd-ər-lē\
sarambi'ÿva	methodical	\mə-'thä-di-kəl\
sãso	emancipation	\imansəpāshən\
sãso	freedom	\'frē-dəm\
sãso, *jei, tekosã'ÿ*	probation	\prō-'bā-shən\
sãso, *tekosã'ÿ*	liberty	\'li-bər-tē\
savana	sheet	\'shēt\
sa'y ambuevý va	tinge	\'tinj\
sa'yju	yellow	/'jeləʊ/
sẽ, *piã, ñuguaitĩ,*	depart	

ñuvaitĩ		\di-'pärt, dē-\
sevo'i	worm	/wɜ:rm /
sevói	onion	\'ən-yən\
so, *yso karu*	caterpillar	\ka-tə(r)-,pi-lər\
so'o ñemuha	butchery	\'búch-rē,
so'o ñemuha	carnage	\'kär-nij\
so'o ra'o	carrion	\ker-ē-ən \
so'o, *so'o ku'i,* **so'o ka'ẽ**	meat	\'mēt\
so'o'úva	butcher	\'bù-chər\
so'o'úva	carnivorous	\kär-'ni-v(ə-)rəs\
soque, *so'i*	insolvent	\in-'säl-vənt, \
soro, *ñemopẽ*	breakable	\'brā-kə-bəl\
soro, *ñemopẽ,* *jekakue*	brittle	\'bri-təl\
specific	specific	\spi-si-fik\
su	thousand	\'thaù-zən(d)\
su kilo	ton	\'tən\
su'u	bite	
su'u, *mindu'u*	chew	\'chü\
susu'a, *jati'i*	born	\'bòrn\
sỹi, *apesỹi*	match	\'mach\
sỹi, *apesỹi, ojeka reíva, hasy katúva*	delicate	\'de-li-kət\
sỹi, *joja, pe, ape joja*	even	\'ē-vən\
syry	torrent	\'tòr-ənt\
syry	tide	\'tīd\
syry, *syryry*	glide	\'glīd\
syryendy	electrical	\i-'lek-trik, ē-\
syryku, *jopy*	drink	\'drink\
syryry	fluency	\'flü-ən(t)-sē\
syva	front	\'frənt\

t

ta'ã, ñeha'ã, py'ara'ã, kuaara'ã	quiz \'kwiz\
ta'anga	image \'i-mij\
ta'anga	drawing \'drȯiŋ\
ta'anga	photograph \'fō-tə-ˌgraf\
ta'anga qua'u, ta'anga pukarã	caricature \'ker-i-kə-chŭr,\
ta'anga ñohẽha	camera \'kam-rə, \
ta'anga pukarã	cartoon \kär-'tün\
ta'anga, mbohovái	aftershock \-ˌshäk\
ta'angahai	graphic \'gra-fik\
ta'angahai, mombe'uanga	describe \di-'skrīb\
ta'angamỹi	cinema \'si-nə-mə,\
ta'arõ, ñeha'arõ, jerovia	hope \'hōp\
ta'uvõ	forecast \-ˌkast; \
ta'ỹi	grain \'grān\
ta'ã	trial /'traɪəl\
ta'angambyry	television \'te-lə-ˌvi-zhən
tacha marã, ky'a	blemish \'ble-mish\
taque apopyre	wig /wɪg/
taque apĩha, tague kytĩha	barber \'bär-bər\
taque, áva	hair \'her\
taque, guyra rague	pen \'pen\
taque, kavaju áva	bristle \'bri-səl\
taquino	ferment \(ˌ)fər-'ment\

tahachi	police \pə-'lēs\
tahachi, imbokáva, guarinihára, tetã rembiguái	soldier \'sōl-jər\
tahachio	commissioner \kə-mi-shnər\
tãi	cog \'käg\
tãi	tooth \'tüth\
tãi kua, tãi ñembyai	caries \'ker-ēz\
tai, purahéi ñe'ẽ	letter \'le-tər\
taiky	scenario \sə-ˈner-ē-ˌō,\
tãimbuku	canine \'kā-ˌnīn
taity, mymba kuára	burrow \'bər-(ˌ)ō; \
tajao	cabbage \'ka-bij\
tajasu reko	brutality \brü-'ta-lə-tē\
tajygue	artery \'är-tə-rē, \
tajygue	tendon \'ten-dən\
takã, yvyra rakã	bough \'baù\
takã, yvyra rakã	branch \'branch\
takamby	corner \'kȯr-nər\
takamby	angle \'aŋ-gəl\
takamby irundyjoja	rectangle \'rek-ˌtaŋ-gəl\
takamby, takamby pa'ũ	crotch \'kräch\
takambyapy	triangle /'traɪ æŋgəl/
takate'ỹ	avarice \'a-və-rəs, \

141

tako / **taku**	vagina /vəˈdʒaɪnə/
taku	fever \ˈfē-vər\
taku ha ro'y ra'ã	temperature \ˈtem-pə(r)-ˌchur\
takuára, *guaripóla*	cane \ˈkān\
takuára, *takuavusu*	bamboo \(ˌ)bam-ˈbü,\
takuvo, *jope*	ardor \ˈär-dər\
tanimbu, *kusugue*	ash \ˈash\
tanimbu, *kusugue*	cinder \ˈsin-dər\
tañykã	chin \ˈchin\
tape	way /weɪ/
tape quasu	avenue \ˈa-və-ˌnü, \
tape kua	conduit \ˈkän-ˌdü-ət, \
tape mbo'e	system \ˈsis-təm\
tape, *guataha, tape po'i*	lane \ˈlān\
taperã	itinerary \ī-ˈti-nə-ˌrer-ē\
tapere, *ogakue*	downfall \ˈdaún-ˌfol\
tapiagua	diary \ˈdī-(ə-)rē\
tapiagua	common \kä-mən\
tapiagua	usual /ˈjuːʒuəl/
tapiagua, *ko'ẽregua*	daily \ˈdā-lē\
tapiagua, *ko'ẽregua, kuatiahaipyre*	journal \ˈjər-nəl\
tapiti	rabbit \ˈra-bət\
tapiti, *akuti*	bunny \ˈbə-nē\
tapo, *ypy*	crucial \ˈkrü-shəl\
tapo, *ypy, yta*	basis \ˈbā-səs\
tapỹi, *oga'i*	cottage \ˈkä-tij\
tapỹi, *ráncho*	cabin \ˈka-bən\
tapykuegua	sequence \ˈsē-kwən(t)s
tapykuegua	retarded \ri-ˈtär-dəd\
tapykuegua, *kupegua*	rear \ˈrir, \
tapykuépe	backwardness \ˈbak-wərd\
tarara	shiver \shi-vər\
tarara, *gualala*	chime \ˈchīm\
tarave	cockroach \ˈkäk-ˌrōch\
tarova	unbalanced /ˌʌnˈbælənst/
tarova, *hekope'ỹ*	incoherent \-ənt\
taryrýi	code \ˈkōd\
taryrýi, *hakate'ỹ*	covetous \ˈkə-və-təs\
taryrýi, *hakate'ỹ*	greedy \grē-dē\
taryrýi, *hakate'ỹ*	acquisitive \ə-ˈkwi-zə-tiv\
tasẽ, *pyahẽ*	lament \lə-ˈment\
tasẽmbyrã	woeful /ˈwəʊfəl/
tasy	ache \ˈāk\
tasy, *mba'asy*	illness \ˈil-nəs\
tasy, *ñembyasy*	pain \ˈpān\
tasy'ỹ, *teko hasy'ỹ*	ease \ˈēz\
tata quasu	burner \ˈbər-nər\
tata rendy	blaze \ˈblā-tənt\
tatã tosã	stamina \ˈsta-mə-nə\
tataindy	candle\kandəl\
tataindy	sail \ˈsāl\
tataindy renda	candelabrum \-brəm\
tatapỹi	char \ˈchär\
tatapỹi	carbon \ˈkär-bən\
tatapỹi	coal \ˈkōl\
tatapỹi rendy ryru	brazier \ˈbrā-zhər\
tatapỹi resa	charcoal \ˈchär-ˌkōl\
tatarendy	ablaze

	\ə-ˈblāz\
	volcano
tatasẽ	/vɑːlˈkeɪnəʊ /
tatatĩ	smoke \ˈsmōk\
tatatina	fog \ˈfȯg, fäg\
	chimney
tatatĩsẽha	\ˈchim-nē\
	kitchen
tataypy, kosina	\ˈki-chən\
tatĩ, akãratĩ	horn \ˈhȯrn\
tatĩ, akãratĩ	antler \ˈant-lər\
táva	town \ˈtaün\
táva rehegua	urban /ˈɜːrbən/
táva rape	street \ˈstrēt\
	commune
táva róga	\kə-ˈmyün\
táva tape po'i	alley \ˈa-lē\
	capitalism
táva tetã akã	\ka-pə-tə-liz-əm\
tavaquasu,	
tavusu	city \ˈsi-tē\
tavahu, guatareí,	
ojeiko ápe ha	amble
pépe	\ˈam-bəl\
	barium
tavapy	\ˈber-ē-əm\
tavapy, tekoha	slum \ˈsləm\
	loneliness
tave'ỹ, teko año	\lōn-lē-\
tave'ỹ, yvy nandi	bleak \ˈblēk\
tavy, mbotarova	craze \ˈkrāz\
tavy,	
ndoikuaáiva,	ignorant
mbya tavy	\ˈig-n(ə-)rənt\
tavy,	
výro, tavyrai	booby \ˈbü-bē\
	tenderness
tayhu	\ˈten-dər\
	testicle
ta'ỹi	\ˈtes-ti-kəl\
ta'ỹi	seed \ˈsēd\
	humidity
te'õ, tykue	\hyü-ˈmi-də-tē\
	cadaver
te'õngue	\kə-ˈda-vər\
	autopsy
te'õngue ñekytĩ	\ˈȯ-ˌtäp-sē,

te'õngue ryru	coffin \ˈkȯ-fən\
te'ỹi	clan \ˈklan\
techa	view /vjuː/
techa	sight \ˈsīt\
	nostalgia
techaga'u	\nä-ˈstal-jə\
	disregard
techagi	\ˌdis-ri-ˈgärd\
	unguarded
techagi	/ˈʌnˈgɑːrdəd /
techagi,	default
ate'ỹ reko	\di-ˈfȯlt,\
techagi,	malpractice
ate'ỹ reko	\ˌmal-ˈprak-təs\
	consider
techakuaa	\kən-ˈsi-dər\
	thoughtful
techakuaa	\ˈthȯt-fəl\
	comprehend-
techakuaa,	sion
jekupyty	\kämprihenshen \
	telescope
techambyry	\ˈte-lə-ˌskōp\
	scandal
techauka vai	\ˈskan-dəl\
	symptom
techaukaha	\ˈsim(p)-təm\
	spectacle
techaukaha	\ˈspek-ti-kəl \
techaukaha	sign \ˈsīn\
	example
techaukarã	\ig-ˈzam-pəl\
tee, jehegua,	
mba'e tee	own \ˈōn\
tee, peteĩme	individual
guarã	\ˌin-də-ˈvij-wəl\
	chameleon
tejutara	\kə-ˈmēl-yən\
	attribute
teko	\ˈa-trə-ˌbyüt\
teko	style \ˈstī(-ə)l\
	temperament
teko	\ˈtem-prə-mənt\
	agonize
teko asy	\a-gə-ˌnīz\
teko hasýva	pathology \-jē\
teko marangatu	kindness

	\'kīn(d)-nəs\
teko	anarchy
mburuvicha'ỹ	\'a-nər-kē, \
	legislator
teko me'ẽva	\'le-jəs-,lā-,tòr\
	cleanliness
teko potĩ	\'klen-lē\
	juvenile
teko pyahu	\'jü-və-,nī(-ə)l\
	deference
teko rory	\'de-fə-rən(t)s\
teko, *lája*	class \'klas\
	essence
teko, *karaku*	\e-səns\
	manner
teko, *tape*	\'ma-nər\
	character
teko, *teko vai*	\'ker-ik-tər\
teko, *tekopy,*	demeanor
tekorã	\di-'mē-nər\
	condition
teko, *tekovia*	\kən-'di-shən\
	felony
teko'avy	\'fe-lə-nē\
teko'avy,	
tembiapo vaikue	crime \'krīm\
tekoandu,	acuity
tekokatupyry	\ə-kyü-ə-tē, a-\
	allegiance
tekojeroviaha	\ə-'lē-jən(t)s\
	equality
tekojoja	\i-'kwä-lə-tē\
	justice
tekojoja	\'jəs-təs\
	advise
tekombo'e	\əd-'vīz\
tekombo'e,	education
jehekombo'e	\,e-jə-'kā-shən\
	adviser
tekombo'eha	\əd-'vīz\
	teaching
tekombo'e	\'tēch-ing\
	quality
tekome`ẽva	\'kwä-lə-tē\
	determine
tekome'ẽ	\di-'tər-mən, \
tekome'ẽ mbo'e	jurisprudence

	\,jùr-əs-prü-dəns\
	ethical
tekoporã	\'e-thi-kəl\
	usefulness
tekoporu	\'jʊ:sfʊlnɪs\
tekoporu	utility /ju:'tɪləti/
tekopy, *tekorã,*	conduct
teko porã	\'kän-(,)dəkt\
tekorei,	unoccupied
nomba'apóiva	/'ʌn'ɑ:kjəpaɪd /
tekoreko,	
jepokuaa	usage /'ju:sɪdʒ/
tekoresa	heart \'härt\
tekotevẽ,	poverty
ñekotevẽ	\'pä-vər-tē\
tekovai	vice /vaɪs/
tekove	guy \'gī\
tekove	type /taɪp/
tekove arandu,	personality
tekove poguasu	\pər-sə-na-lə-tē\
	existence
tekove, *ñeimeha*	\ig-'zis-tən(t)s\
tekove, *teko*	being \'bē(-i)ŋ\
tekove, *teko,*	living \livi-ng\
tekove, *teko,*	
tembiasa,	
tembiasakue	life \'līf\
tekovia,	compensate
mbyekovia	\käm-pən-sāt, \
	government
tekuái	\'gə-vər-mənt\
tembe, *tembe'y*	brink \'briŋk\
tembe, *tembe'y*	brim \'brim\
tembe, *tembe'y*	edge \'ej\
tembe'y	beach \'bēch\
tembe'y, *paha,*	confine
yvy paha	\'kän-,fīn \
tembe'y,	
y rembe'y	coast \'kōst\
tembe'y	shore \'shòr\
tembi'ára,	anniversary
arajevy	\,a-nə-'vərs-rē,\
	digestion
tembi'u guapy	\dī-'jes-chən\
	esophagus
tembi'u rape	\i-'sä-fə-gəs\
tembi'u, *hi'upy*	dinner \'di-nər\

144

tembi'u'apoha	cook \'kúk\
tembiapo	act \'akt\
tembiapo	action \'ak-shən\
tembiapo	deed \'dēd\
tembiapo	work /wɜːrk /
tembiapo	task \'task\
tembiapo porã apoha	art \'ärt, ərt\
tembiapo porã apoha	artist \'är-tist\
tembiapo repy	profit \'prä-fət\
tembiapo repy	wage /weidʒ/
tembiapo, apo, mba'apoha	labor \'lā-bər\
tembiapokue	productive \prə-'dək-tiv, \
tembiapokue, osẽva tembiapógui	outcome \'aút-ˌkəm\
tembiaporã	operation \ˌä-pə-'rā-shən\
tembiaporã	exercise \'ek-sər-ˌsīz\
tembiasa	venture /'ventʃər /
tembiasa, ojehúva	occurrence \ə-'kər-ən(t)s\
tembiasaqua'u, mombe'ugua'u puku	novel \'nä-vəl\
tembiasakue	adventure \əd-'ven-chər\
tembiasakue arandu	experience \ik-'spir-ē-ən(t)s\
tembiasakue, marandeko	history \'his-t(ə-)rē\
tembiasy	tragedy \tra-jə-dē\
tembiasy rehequa	tragic /'trædʒik/
tembiayhu	treasure/'treʒər /
tembiechapy, maravichu	marvelous \'märv-(ə-)ləs\
tembiguái	chattel \'chat\
tembiguái	servant \'sər-vənt\
tembiguái	slave \'slāv\
tembipota	adjudicate \ə-'jü-di-ˌkāt\
tembiporu	tool \'tül\
tembiporu	utensil /juː'tensəl /
tembiporu renda	cabinet \kab-nit, '\
tembiporu renda	armoire \ärm-'wär\
tembipota rei, ava reko	caprice \kə-'prēs\
tembipu	bomb \'bäm\
tembireko	wife /waif/
temblón	aspen\as-pən\
tembo ryru, tembo pire	condom \'kän-dəm,\
tembyre	aftertaste \-ˌtāst\
temiandu	visitor /vɪzətər /
temikuave'ẽ	sacrifice \'sa-krə-ˌfīs\
temimbo'e	apprentice \ə-'pren-təs\
temimbota ivĩrayara	arbiter \'är-bə-tər\
temime'ẽ, temikuave'ẽ	gift \'gift\
temimo'ã, apytu'ũroky	idea \ī-'dē-ə, \
temimo'ã	seem \'sēm\
temimo'ã	thought \'thót\
temimondo	legacy\legə-sē\
temirendy, tataindy, mba'e rendy	lamp \'lamp\
temitỹngue, kogapo'o, mono'õmbyre, kochésa	harvest \'här-vest\
tenda, oga	abode \ə-'bōd\
tenda, tekoha, mamoha, ládo	place \'plās\
tendoha	authority \ə-'thär-ə-tē,\
tendota	conductor \kən-'dək-tər\

tendota, *akãguasu*	leader \'lē-dər\
tendu	audition \ȯ-'di-shən\
tenduha	auditorium \ˌȯ-də-'tȯr-ē-əm\
tendy yvate	beacon \'bē-kən\
tendyva	beard \'bird\
tenimbo	thread \'thred\
tenói, *ñehenói, amandaje*	call \'kȯl\
teñói, *ñesẽ*	birth
tenonde, *renondépe*	ahead \ə-'hed\
tenonde, *tenondépe*	forward \'fȯr-wərd\
tenondequa	antecedent \ˌan-tə-'sē-dənt\
tenondequa	foremost \-ˌmōst\
tenondequa	precedence \'pre-sə-dən(t)s\
tenondequa, *mboyvegua*	anterior \an-'tir-ē-ər\
tenonderã	future \'fyü-chər\
tenonderã	prospect \'prä-ˌspekt\
tenonderã, *poravi*	destination \ˌdes-tə-'nā-shən\
te'õngue ao	shroud \'shraüd\
tepy	tax \'taks\
tepy	tariff \'ter-əf, \
tepy me'ẽha	appraisal \ə-'prā-zəl\
tepyme'ẽ	funding \'fənd-\
téra ryru	record \ri-'kȯrd\
téra rysýi	tuition /tʊ'ɪʃən /
téra rysýi, *viru jaike haguã mbo'ehaópe*	enroll \in-'rōl, en-\
téra, *tero*	name \'nām\
terahai,	signature
teraguapy	\'sig-nə-ˌchu̇r\
terakuã porã, *terakuã guasu, mimbi*	honor \'ä-nər\
terekua	attendant \ə-'ten-dənt\
terekua, *tahachi*	guardian \'gär-dē-ən\
terrestre	crust
yvy ape	(earth crust)
tesa, sa	eye (s) \'ī\
tesa'ỹi'o, *kuaa ra'ã, ñeporandu*	examination \ig-zamənā-shən\
tesairũ	blinder \'blīn-dər\
tesakã	brightness \'brī-tən-\
tesakã	transparency /trænspærənsi/
tesakã, *mba'e ojekuaa porãva*	evidence \'e-və-dən(t)s\
tesakã, *tesape, tembipe*	clarity \'kler-ə-tē, \
tesako'õ, *angekói*	discomfort \dis-'kəm-fərt\
tesape, *tendy*	lighting \'līt-niŋ\
tesape, *tendy, tembipe, tatarendy*	light \'līt\
tesapyso	vision /'vɪʒən/
tesarái rasy	amnesia \am-'nē-zhə\
tesay	tear \'tir\
teta	abundance \ə-'bən-dən(t)s\
teta	bounty \'baün-tē\
tetã	state \'stāt\
tetã mba'ére *ojepy'apýva, heko porã*	policy \'pä-lə-sē\
tetã ñemongeta	diplomacy \də-'plō-mə-sē\
tetã ñuvãha imbokáva	army \'är-mē\
tetã rendota	king \'kiŋ\

oikove aja pukukue	
teta, *aty*	legion \\'lē-jən\
teta, *hetakue, papapy*	quantity \\'kwän-tə-tē\
tetãqua	native \\'nā-tiv\
tetãqua, *tetã rehegua*	national \\'nash-nəl\
tetã'i	ward /wɔːrd /
tetãygua	compatriot \kəm-'pā-trē-ət\
tetãyguáva	vernacular /vər'nækjələr /
tete	corps \\'kòr\
tete pehẽngue	fellow \\'fe-(ˌ)lō\
tete pehẽngue	member \\'mem-bər\
tete rehegua	physical \\'fi-zi-kəl\
tete, *hete joja, hete ñembo'y*	body \\'bä-dē\
tete...	carcass \\'kär-kəs\
teteku'e, *jetepyso*	gymnastics
tetia'e	vivacity \vi'væsiti\
tetyma, *tetyma ñokĩ*	leg \\'leg \
tevi rehegua	anal \\'ā-nəl\
tevi rehegua	annals \\'a-nəlz
tevi, *tevikua*	butt \\'bət\
te'ỹi	tribe /traɪb/
tie'ỹ	indecent \-sənt\
tie'ỹ	obscene \äb-'sēn, əb-\
tie'ỹ, *tajasu*	dishonest \(ˌ)dis-'ä-nəst\
tie'ỹ, *tavy*	boor \\'bùr\
tijeras	clipper \\'kli-pər\
tĩmbe, *hainga*	blunt \\'blənt\
tĩmbo, *tĩ*	steam \\'stēm\
tindy, *jejapose'ỹ*	humility \hyü-'mi-lə-tē\
tindy, *mirĩ, tupe*	humble \\'həm-bəl\
tiri, *jeka*	crevice \\'kre-vəs\
tĩsyrýva	brat \\'brat\
to'ysã	fresh \\'fresh\
toque, *rogue, hogue*	blade \\'blād\
toque, *rogue, hogue*	page \\'pāj\
topehýi, *kerandy*	dream \\'drēm\
topyta	base \\'bās\
tororõ	stream \\'strēm\
tory, *tetia'e*	cheerfulness \\'chir-fəl\
tory, *vy'a*	amusement \ə-'myüz-mənt\
tory, *vy'a*	jubilant \\'jü-bə-lənt\
tory, *vy'a, tetia'e*	joy \\'jòi\
toryja, *toryjára*	clown \\'klaùn\
toryja, *toryjára, jojaiha*	buffoon \(ˌ)bə-'fün\
tova	face \\'fās\
tova rehegua	facial \\'fā-shəl\
tova, *joguaha*	appearance \ə-'pir-ən(t)s\
tova, *óga rova*	façade \fə-'säd\
tova, *tova yke, tatypy*	cheek \\'chēk\
tova'atã	blatant \\'blā-tənt\
tovameguã	gesture \\'jes-chər\
tovamokõi	hypocrisy \hi-'pä-krə-sē\
tovamokõi	fake \\'fāk\
tovamõkoi	untrue /'ʌn'truː/
tovamokõi, *japu*	bogus \\'bō-gəs\
tovasa, *jovasa*	blessing \\'bles-\
tovasa, *jovasa*	boon \\'bün\
to'ysã ha hakúva ñongatuha	thermonuclear \thərmō-nü-klē-ər/
trasero	backseat

		\-'sēt\
trasero korapy	backyard	\-'yärd\
tu'ã, *hupytyrã*	goal	\'gōl\
tu'i	chatter	\'cha-tər\
tu'ã	summit	\'sə-mət\
tu'ã	top	\'täp\
tugua	background	\'bak-,(g)raúnd\
tugua, *kupe, tevi*	bottom	\'bä-təm\
tuguái	tail	\'tāl\
tuguái, apy riregua	appendage	\ə-'pen-dij\
tuguare	sediment	\'se-də-mənt\
tuguy	blood	\'bləd\
tuguy pyteha	vampire	/'væmpair /
tuguy'i, *tuguy'ÿ*	anemia	\ə-'nē-mē-ə\
tuguyno'õ, *pireũ*	bruise	\'brüz\
tuicha	great	\'grāt,\
tuicha	bulky	\'bəl-kē \
tuicha	vast	/væst /
tuicha	cumbersome	\'kəm-bər-səm\
tuicha iterei	enormous	\i-'nòr-məs, ē-\
tuicha iterei, *popeno, poro'o*	huge	\'hyüj, '\
tuicha, *guasu*	big	\'big\
tuicha, *guasu, kakuaa*	large	\'lärj\
tuichakue	dimension	\də-'men(t)-\
tuichakue	size	\'sīz \
tuja, *kue, kuepa, ngue*	old	\'ōld\
tuja, *kuera'ÿ*	chronic	\'krä-nik\
tujakue	codger	\'kä-jər\
tuku	lobster	
		\'läb-stər\
tukupi	sauce	\'sós, \
tumby, *tetyma*	thigh	\'thī\
túna	cactus	\'kak-təs\
tũngusu	flea	\'flē\
tupa	bed	\'bed\
tupã	almighty	\òl-'mī-tē\
tupa jo'a	bunk	\'bəŋk\
tupa jo'a, *tupa rerupy*	berth	\'bərth\
tupã ñe'ẽngue ryru	bible	\'bī-bəl\
tupã remimbou	apostle	\ə-pä-səl\
tupã rymba	angel	\'ān-jəl\
tupaitũ	adorable	\ə-'dòr-ə-bəl\
tupãkuaa	theology	\thē-'ä-lə-jē\
tupãmba'e	alms	\'ä(l)mz\
tupa'o	sanctuary	\saŋ-chə-wer-ē\
tupão	church	\'chərch\
tupão	temple	\'tem-pəl\
tupão guasu	cathedral	\kə-'thē-drəl\
tupão'i	chapel	\'cha-pəl\
tupãre ndojeroviáiva	atheism	\'ā-thē-,i-zəm\
tupãsy memby arete	christmas	\'kris-məs\
tupi'a, *rupi'a*	egg	\'eg, \
turu	cornet	\kòr-'net\
tuvicha	upper	/'ʌpər /
tuvicha ha'eño	dictator	\'dik-,tā-tər, \
tuvicha, *mburuvicha*	captain	\'kap-tən \
tuvy, *tuty*	uncle	/'ʌŋkəl/
ty rehegua	urinal	/'jʊrənl /
ty'ãi, *potãi*	crochet	\krō-'shā\

148

ty'ãi, potãi	hook \'hük\
tyakuã	odor \'ō-dər\
	aroma
tyakuã porã	\ə-'rō-mə\
tyapu, ayvu	noise \'nóiz\
tyapu, ayvu	fuss \'fəs\
tyapúpe, ayvúpe,	
ayvuhápe, hyapu	loud \'laůd\
tye	belly \'be-lē\
	appendicitis
tye apy ruru	\ə-,pen-də-sī-təs\
	abdomen
tyé, ojapi hyépe	\'ab-də-mən\
	bowel
tye, tyekue	\'baů(-ə)l\
tyepýpe	within /wıð'ın/
	bubble
tyjúi, kamambu	\'bə-bəl\
	brother
tyke'ýra, ryke'y	\'brə-thər\
tykéra, kypy'y,	
reindy, heindy	sister \'sis-tər\
tykue hũ	dye \'dī\
	humor
tykue, pukarã	\'hyü-mər\
tykue, ry	juice \'jüs\
tyky	trickle /'trıkəl/
	animal
tymba	\a-nə-məl\
tymba apiha,	
guyra apiha	hunter

tymba rupa	barn \'bärn\
tymba,	
tymba kuéra	cattle \'ka-təl\
tymba'i, kui7	bug \'bəg\
tymbasã	thong \'thòŋ\
typeka	seek \'sēk\
	investigate
typeka, povyvy	\in-'ves-tə-,gãt\
	research
typeka, povyvy	\ri-'sərch, \
typói	blouse \'blaůs \
	coagulate
typy'a	\-lət,\
typy'a	clot \'klät\
typycha	broom \'brüm\
typýi	spray \'sprã\
	ketchup
týra	\ke-chəp\
tyru	tick \'tick\
tyru quasu	cask \'kask\
tyru, mba'eryru	vessel /'vesəl/
tyru, yno'õmby	tank \'taŋk\
tysyigua,	linear
jehai rehegua	\'li-nē-ər\
tytýi, perere	throb \'thräb
tyvi,	
tovykã, taju, yvi	fiber \'fī-bər\
tyvy, ñenotỹha	tomb \'tüm\
	cemetery
tyvyty, te'õnguety	\'se-mə-,ter-ē\

u

	comprise		afterward
uaa	\kəm-'prīz\	**upéi**	\'af-tə(r)-wərd\
ukaha, jukahare	killer \'ki-lər\	**upéramo**	then \'then\
upe rire	after \'af-tər\	**uperiregua,**	continuance

jejapove, ãga oúva	\kən-tin-yü-ən(t)s\
urẽ, _gue'ẽ_	belch \'belch\

urẽ, _gue'ẽ_	burp \'bərp\
uru, tendota	boss \'bäs, '\

V

vacá	cow \'kaů\
vai	ugly /'ʌgli/
vai rasaha	unfortunate /ʌn'fɔːrtʃnət /
vai vai mohenda	regulate \'re-gyə-ˌlāt \
vai, _potapyre'ÿ_	negative \'ne-gə-tiv\
vaikue	ugliness \'ʌglınıs\
vaive	worst /wɜːrst /
vaive	worse /wɜːrs /
vaka ména, _vakame_	bull \'bůl, 'bəl\
vaka ro'o	beef \'bēf\
vakara'y	calf \'kaf, \
vatu, _ha_	but \'bət\
vava, _py'aheta_	hesitating \'he-zə-ˌtāt\
vera	shine \'shīn\
vera	sleek \'slēk\
vera, _mimbi_	bright \'brīt\
vera, _mimbi_	brilliant \'bril-yənt\
vera, _mimbi_	glitter \'gli-tər\
vera, _rataindy_	gleam \'glēm\
veve	flight \'flīt\
veveguarenda	aeroplano
vevúi	afloat \ə-'flōt\
vevúi	buoy \'bü-ē, \
vevúi	waft /wɑːft /
vevúi	float \'flōt\

vevúi, _po'i_	quibble \'kwi-bəl\
vichea, _hecha, maña_	look \'lůk\
vicho'i ndojehecháiva	germ \'jərm\
viru apu'a	coin \'kóin\
viru apu'a	currency \'kər-ən(t)-sē\
viru hetáva sãmbyhy	plurality \plů-'ra-lə-tē\
viru róga	bench \'bench\
virume'ẽ, _tembirepy-kueme'ẽ_	disbursement \-'bərs-mənt\
voi	early \'ər-lē\
vokói, _sapy'a_	suddenness \'sə-dən-nes\
volicho	bowling \'bō-liŋ\
volícho, _kantína_	canteen \kan-'tēn\
vore, _pehẽngue_	fraction \'frak-shən\
vore, _pehẽngue_	part \'pärt\
vosa	sack \'sak\
votõ	button \'bə-tən\
votõ	bud \'bəd\
vove, _kuépe, guare_	during \'dúr-iŋ\
vringo	strange \stränj\
vúrro rasẽ	bray \'brā\

vúrro, *mburika*	donkey \däŋkē\
vy'a	euphoria \yü-ˈfòr-ē-ə\
vy'aha, *pytu'u*	recreation \ˌre-krē-ˈā-shən\
vy'a'ÿva	unhappiness /ˈʌnˈhæpinəs /
vyrareity	dismount \(ˌ)dis-ˈmaünt\
výro, *tavy*	asinine

	\a-sə-ˌnīn\
výro, *tavy*	imbecile \ˈim-bə-səl,\
vyrorei	simplify \ˈsim-plə-ˌfī\
vyrorei, **vyrésa**, *ñe'ẽrei*	nonsense \ˈnən\

y

y mbosyryha	channel \cha-nəl\
y mbosyryha	canal \kə-ˈnal\
y me'ẽha, *tetyma*	shank \ˈshaŋk\
y rypy'a veve	snow \ˈsnō\
yapókuaá, *katupĩrĩ*	aptitude \ˈap-tə-ˌ\
yati'i	anthrax \ˈan-ˌthraks\
yehupyty	achievement \ə-ˈchēv-mənt\
yepĩ'apĩ	anxiety \aŋ-ˈzī-ə-tē\
yga mbopohyiha	ballast \ˈba-ləst\
yga ñembojaha	belated \bi-ˈlā-təd, bē-\
yga rehegua	naval \ˈnā-vəl\
yga ty'ãi	anchor \ˈaŋ-kər\
yga yguypegua	underwater /ˈʌndərˈwɔːtər /
yga yguypegua	u-boat /ju-bəʊt/
yga yguypegua	submarine \ˈsəb-mə-ˌrēn\

yga, *kachivéo*	canoe \kə-ˈnü\
ygapóra, *oikóva y rupi*	browser \ˈbraü-zər\
ygarata	ship \ˈship\
ygarataeta	fleet \ˈflēt\
ygary	cedar \ˈsē-dər\
ygáu	algae \ˈal-gə\
ygua	tea \ˈtē\
ygua, *jey'urã*	beverage \bev-rij \
yjykepe	abreast \ə-ˈbrest\
yke	side \ˈsīd\
yke, *terekua*	beside \bi-ˈsīd\
yke'a	askew \ə-ˈskyü\
yketeĩ	unilateral /ˈjuːnɪˈlætərəl/
ykua, *ña'ẽmbe*	fountain \ˈfaün-tən\
yma guare	ancient \ˈān(t)-shənt,\
yma guare, *tuja*, **yma rehegua**	antique \(ˌ)an-ˈtēk\

ymaquare,	anachronism	**yty**		trash /træʃ/
hi'arahasámava	\ənakrənizəm\	**yty,** *ytyapy*		garbage\gärbij\
	antiquity	**y'uhéi**		thirst \'thərst\
ymareko	\an-'ti-kwə-tē\			strawberry
ynambu	quail	**yvã pytã**		\'strò-,ber-ē\
yno'õ quasu	lake \'lāk\	**yva tarumáicha**		
	append	**ome'ẽva**		olive
yoajú, *yoapĩ'pĩré*	\ə-'pend\	*ñandyry*		\'ä-liv, -ləv\
ypa'ũ, *ñu pa'ũ*	island \'ī-lənd\			heaven
ype ajúra puku	swan \'swän\	**yvága,** *arapy*		\'he-vē\
ype, *guarimbe*	goose \'güs\			universe
	beginning	**yvagapy**		/'ju:nəvɜːrs /
ypy, *ñepyrũ*	\bi-'gi-niŋ\	**yvate**		up /ʌp/
	aboriginal	**yvate**		upward/ʌpwərd /
ypykue	\,a-bə-'rij-nəl\	**yvate**		north \'nòrth\
	lineage	**yvate,** *puku*		tall \'tòl\
ypykue	\'li-nē-ij \	**yvate,** *yvuku*		high \'hī\
ypykue,	ancestor			altitude
tamoi, ruyma	\'an-,ses-tər \	**yvatekue**		\'al-tə-,tüd \
	initial	**yvatekue**		height \'hīt, \
ypypequa	\i-'ni-shəl\	**yvatekue**		tier \'tir\
ỹre tapo, *ypy*	baseless \'bās-\			flower
	aquatic	**yvoty**		\'flaú(-ə)r\
yrehequá	\ə-'kwä-tik, \			bouquet
yryvu	crow \'krō\	**yvoty apesã**		\bō-'kā, \
	vulture	**yvoty morotĩ**		daisy \'dā-zē\
yryvu	/'vʌltʃər /			park
ysaja	shape \'shāp\	**yvotyty**		\'pär-dən\
	uniform			cesspool
ysajateĩ	/'ju:nəfòːrm /	**yvu pypuku**		\-,pül\
ysatĩ, *tuguyry,*		**yvy**		soil \'sòi(-ə)l\
tete rykue	lymph \'lim(p)f\	**yvy gotyo**		south \'saüth\
ysẽ, *y japyhy*	flood \'fləd\	**yvy háku,**		
ysẽha	drain \'drān\	*yvy mbyry'aiva*		tropic /'trɑːpɪk /
yso, *ysokamby*	larva \'lär-və\	**yvy jygue,**		
ysypo	ivy \'ī-vē\	*ita yvy*		brick \'brik\
ysyry michĩ	brook \'brúk\	**yvy pe**		valley /'væli/
	confluence	**yvy rogapy**		floor \'flór\
ysyry ñemoirũha	\'kän-,flü-ən(t)s, \	**yvy tuicha,**		country
ysyry, *yakã*	creek \'krēk, \	*yvy tetã mba'e*		\'kən-trē\
	another	**yvy,** *tetã*		earth \'ərth\
yta	\ə-'nə-thər\	**yvy,** *tetã*		land \'land\
yta, *jepokuita*	swim \'swim\	**yvy, tetã, yvy**		ground
	cataract	*marae'ỹ*		\'graünd\
ytororõ, *tesatũ*	\'ka-tə-,rakt\	**yvy'a**		bulb \'bəlb\
	cascade			potato
ytu, *ytororõ*	\(,)kas-'kād\	**yvy'a,** *jety*		\pə-'tā-(,)tō,\

yvyapy,	peninsula
yvy akua	\pə-'nin-s(ə-)lə\
yvyatã, yeyoguá	alike \ə-'līk\
yvyguasu,	continental
yyyvusu	\kän-tə-'nen-təl\
	downhill
yvyquejy	\ˌdaùn-'hil\
	subterranean
yvyguy	\ˌsəb-tə-'rä-nē\
yvyguy,	underground
koty yvyguy	/'ʌndergraʊnd /
	shovel
yvyjo'oha	\'shə-vəl\
yvykua	abyss \ə-'bis,\
yvykua puku	
ñorairõ quasúpe	trench /trentʃ/
	cavern
yvykua, kuára	\'ka-vərn \
yvykua,	bumpy
yno'õngue	\'bəm-pē\
yvyku'i	sand \'sand\
yvýpe, guýpe	below \bi-'lō\
	downstairs
yvýpe, guýpe	\'daùn-'sterz/
	earthly
yvypequa	\'ərth-lē\
	terrain
yvypequa	\tə-'rān \
	humanity
yvypóra reko	\hyü-ma-nə-tē \
yvyra	wood /wʊd/
	lumber
yvyra	\'ləm-bər\
yvyra	timber \tim-ber\
yvyra	tree /tri:/
yvyra juasa,	cross \'krós\

kurusu	
	gallows
yvyra juvyha	\ga-(ˌ)lōz\
yvyra karapã	arc \'ärk\
yvyra ku'ikue	chip \'chip\
yvyra pe,	
techaukaha rysýi	board \'bórd\
yvyra pe,	
techaukaha rysýi	chart \'chärt\
yvyra rãka	
michĩ	stick \'stik\
	across
yvyra rakã michĩ	\ə-'krós\
yvyra rakã'i	bush \'bùsh\
yvyra roque,	
kuarahy'ã,	bower
chamame	\'baù(-ə)r\
yvyra ropyta	trunk /trʌŋk/
	bobbin
yvyrajere	\'bä-bən\
	cinnamon
yvyrapetái	\'si-nə-mən\
yvyráre,	carpenter
omba'apóva	\'kär-pən-tər\
	cloudless
yvyreja	\-ləs\
yvyrekokuaa,	geology
yvyrekombo'e	\jē-'ä-lə-jē\
yvytu	wind /wınd/
yvytu po'i, yvytu	
kangy	breeze \'brēz\
yvytu pytu	aura \'òr-ə\
yvyty pa'ũ	dale \'dāl\
yvyty'i, yvytymi	hill \'hil\

www.ingramcontent.com/pod-product-compliance
Lightning Source LLC
Chambersburg PA
CBHW070347300526
45791CB00023B/428